Wider den Zeitgeist Bd. I
Aufsätze und Gespräche über Juden, Deutsche, den Nahostkonflikt und Antisemitismus

LAIKA Verlag

Moshe Zuckermann

Wider den Zeitgeist Bd. I

Aufsätze und Gespräche über Juden, Deutsche, den Nahostkonflikt und Antisemitismus

Impressum

©LAIKA-Verlag Hamburg 2012 // LAIKAtheorie Band 19 // Moshe Zuckermann: Wider den Zeitgeist Bd. I – Aufsätze und Gespräche über Juden, Deutsche, den Nahostkonflikt und Antisemitismus // 1. Auflage // Satz und Cover: Peter Bisping // Korrektur: Öznur Takil // Druck: CPI – Ebner & Spiegel, Ulm // www.laika-verlag.de // ISBN: 978-3942281-35-5

Inhalt

mutatis mutandis = mit den nötigen
Abänderungen

Vorwort

Der vorliegende Band enthält Heterogenes, und doch sind die in ihm aufgenommenen Texte allesamt miteinander verschwistert. Sie stehen in einem inhaltlich-thematischen Bezug zueinander, erhalten mithin ihren Stellenwert in einem Gesamtzusammenhang. Es geht in den Texten dieses Sammelbandes um Deutsche und Juden, um Israel und Zionismus, um den israelisch-palästinensischen Konflikt im Nahen Osten sowie um Antisemitismus. Über jeden dieser Themenbereiche ließe sich gesondert schreiben – und ist gesondert geschrieben worden. Jeder Themenbereich würde einen eigenen Text verdienen, eigens zu seiner Erörterung als selbstständiges Buch geschrieben. Im vorliegenden Band handelt es sich aber (mit einer Ausnahme, die später gesondert erwähnt werden soll) um die Wiederveröffentlichung von Schriften, die in den letzten Jahren bereits publiziert worden sind, teils als Beiträge in tagespolitischen Debatten, teils als Klärungsbestrebungen größerer Wirkzusammenhänge. Was indes all diese Texte kennzeichnet, ist ein sie determinierender übergreifender Kontext – genauer: die Auseinandersetzung mit den politischen, historischen und ideologischen Dimensionen einer von der Vergangenheit durchtränkten Gegenwart, die ihrerseits Bild und Deutung der Vergangenheit in entscheidender Weise prägt.

Der geschichtliche Zusammenhang dürfte auf der Hand liegen: Deutsche haben an Juden Monströses in weltgeschichtlichem Maßstab verbrochen, eine Katastrophe, die zur Beschleunigung der Gründung einer nationalen Heimstätte für die Juden im Jahre 1948 führte. Israel ist aber nicht im luftleeren Raum errichtet worden, sondern auf einem vom nichtjüdischen Kollektiv der Palästinenser bereits bewohnten Territorium, ein Besiedlungsakt, der sich als blutiger Territorialkonflikt erweisen sollte: Er führte im 1948er-Krieg zur nationalen Katastrophe der Palästinenser, der *Nakba*, und hält sich bis zum heutigen Tag als Kernproblem des sogenannten Nahostkonflikts am Leben. Dass die Kolonisierung des Landes durch Juden in der prästaatlichen Ära der britischen Mandatszeit als ein vom Zionismus initiierter Vorlauf auf dem Weg zur künftigen Staatsgründung Israels intensiv betrieben (von den Palästinensern mithin auch nicht tatenlos hingenommen) wurde, darf zunächst unerörtert bleiben. Von gravierender Bedeutung für den hier anvisierten geschichtlichen Zusammenhang war (und ist) die durch diesen historischen Kausalnexus entstandene Konstellation von Deutschland-Israel/ Juden-Palästina, eine Konstellation, in der sich seit Jahrzehnten Entscheidendes politisch, wirtschaftlich, psychologisch, gedenkethisch und ideologisch auswirkt – und austobt.

Denn zum einen sah sich die alte BRD (die DDR war in dieser Hinsicht ideologisch konträr determiniert) in der Schuld der Juden, fand aber sehr bald den Königsweg der Sühne, nämlich in deren Materialisierung mittels der Wiedergutmachungsabkommen von 1952 sowie in der damit einhergehenden Verpflichtung »Deutschlands« (bzw. der Deutschen) auf den »Judenstaat« (bzw. die Juden). Die Frage, warum gerade der nach 1945 in einer vom Kontinent des deutschen Verbrechens fernen Region gegründete Staat, dessen Bürger zum größten Teil nicht direkte Opfer dieses Verbrechens bzw. mit diesem weder physisch noch mental in Berührung gekommen waren, zur Adresse der »Entschädigung« erkoren wurde, kann nur unter dem Gesichtspunkt der auf allen beteiligten Seiten vorherrschenden Interessen beantwortet werden: Der zionistische Staat wurde nach der Shoah von den allermeisten Juden gewollt; die durch ihren Staat vertretenen »Deutschen« wollten (im Rahmen einer vom Westen als Faktor im Kalten Krieg erstrebten Reintegration der Deutschen in die »Völkergemeinschaft«) zahlen müssen; der zionistische Staat seinerseits brauchte das Geld der Deutschen, um seine angesichts bevorstehender Masseneinwanderungen von Juden nach Israel dringend benötigte Infrastruktur auf- und auszubauen. Und so begründete sich die sehr bald nach Auschwitz vorgenommene Materialisierung der Sühne schlicht und ergreifend zweckrational – der Tauschwert für den Völkermord erwies sich als Maßstab für die im Gegenzug zu leistende Anerkennung dessen, was David Ben-Gurion, Israels erster Premierminister, als erster (und zwar gerade in Israel) zu verkünden sich bemüßigt sah: das »andere Deutschland«.

Zum anderen bedeutete, wie gesagt, die zionistische Staatsgründung (deren offizielle Gewährung von den Abstimmenden in der UNO nicht zuletzt auch als moralische »Entschädigung« der Juden für den an ihnen begangenen Völkermord verstanden wurde) die nationale Katastrophe der Palästinenser. Ungeachtet der Frage, welche geopolitischen Hegemonialinteressen die Blockmächte des Kalten Krieges bei ihrer Positionierung für oder gegen Israel (und somit mutatis mutandis für oder gegen die Palästinenser bzw. jene in der arabischen Welt, die sich als Vertreter palästinensischer Interessen aufspielten) verfolgten, verdoppelte sich das moralische Problem, als die Palästinenser kollektiv begannen, sich selbst für »Opfer der Opfer« zu erachten und als solche der Weltöffentlichkeit zu präsentieren. Man mag sich noch so sehr über die Gleichsetzung des Opfer-Status mokieren und jeglichen Vergleich mit Auschwitz von vornherein abschmettern wollen – wie man es dreht und wendet, das sloganhaft formulierte Selbstbild der Palästinenser birgt einen historischen Wahrheitskern in sich. Manche werden geneigt sein, die gesamte zionistische Geschichte in Haft dafür zu nehmen, mithin 1897 zum entscheidenden Datum zu erheben. Andere werden die ereignishaft hereinbrechende nationale Katastrophe, also 1948, zum Ausgangspunkt wählen. Aber niemand wird um das Jahr 1967 herumkommen, das geschichtliche Datum, an dem die israelische Armee zwar den grandiosen Sieg im Juni-Krieg errang, mit der Eroberung der palästinensischen Gebiete des Westjordanlands, des Gazastreifens und Ostjerusalems zugleich aber auch die Voraussetzung dessen schuf, was sich bis zum heutigen Tag als das völkerrechtswidrige Siedlungswerk und repressive Regime der palästinensischen Knechtung erhält, mithin die Geschicke des lebensnotwendigen Friedens zwischen Israelis und Palästinensern materiell wie ideologisch bestimmt.

Deutsche mögen sich bei dieser objektiv entstandenen Geschichtskonstellation vor ein Dilemma gestellt sehen: Deutsche sind ja an Juden geschichtlich schuldig geworden, wie denn zionistische Juden Palästinenser zu historischen Opfern der jüdisch-nationalen Selbstbefreiung, welche nach dem von Deutschen an ihnen begangenen Völkermord im 20. Jahrhundert zur unabweisbaren Notwendigkeit geworden war, haben werden lassen. Und da Juden, zumindest im Selbstverständnis des zionistischen Israels, Israel als historische »Antwort« auf Auschwitz auszugeben pflegen, ist die Solidarität mit Israel sowohl im ideologischen Sinne einer moralisch erweiterten »Wiedergutmachung« als auch im Sinne eines politisch institutionalisierten Shoah-Gedenkens zur generellen Auflage für Deutsche geronnen. Solidarität mit Israel also als erkenn- und greifbare Aufarbeitung der deutschen Vergangenheit. Wie nun aber damit umgehen, dass das, was als kommode Praxis der ethisch-befindlichen Selbstpurifizierung sich aufzwängt – Solidarität mit Israel –, zugleich auch die indirekte Absegnung des von den Juden Israels an den Palästinensern Verbrochenen bedeuten muss? Wird damit nicht auch objektiv ein Verrat an den gegenwärtig real Unterdrückten tendenziell begangen?

So manche in Deutschland instrumentalisieren dieses Dilemma zur Selbstentlastung des »deutschen« Geschichtsgewissens: Die nazi-deutschen Verbrechen an den Juden werden dem von israelischen Juden an den Palästinensern

Verbrochenen gleich- oder zumindest doch in den Vergleich gesetzt, womit eine Entschuldung Deutschlands und der Deutschen bewirkt werden soll: Nicht nur Deutsche, auch Juden sind offenbar zu kollektiven Verbrechen fähig, dröhnt es vom rechten deutschen Stammtisch; aus Opfern sind gestandene Verbrecher geworden, weiß der deutsche Gewissensmensch (süffisant) zu postulieren – und dergleichen mehr buchhalterischer Ideologeme mit unverkennbarer Absicht, Beklemmendes aus deutschen Kollektivbefindlichkeiten zu entsorgen. Das charakteristisch Perfide daran ist, dass jene, die die palästinensische Opferrealität in dieser aufrechnenden Weise beklagen, dem Schicksal der Opfer und ihrer realen Leiderfahrung gegenüber im Grunde indifferent bleiben. Sie bedürfen ja gerade der Perpetuierung repressiver israelischer Gewalt gegen die Palästinenser, um wachhalten zu können, worum es ihnen einzig geht: die effektive Reinwaschung des geschichtsbeschädigten deutschen Gewissens.

Komplementär zu diesem Muster des Umgangs mit besagtem deutschen Dilemma hat sich in den letzten Jahren eine konträre Gesinnungsstruktur herausgebildet, welche sich mittlerweile auf den allgemeinen deutschen Diskurs über die neuralgische Konstellation Deutschland/Israel/Palästina und das aus dieser erwachsene Dilemma besonders fatal auswirkt. Eine nachvollziehbare, weil historisch berechtigte Skepsis Deutschland gegenüber zeichnete über Jahrzehnte die Grundeinstellung der kritischen Intelligenz der (alten) Bundesrepublik aus: Ein Land, das zwei Weltkriege und die industrielle Massenvernichtung des europäischen Judentums verursacht hatte, durfte einer nachgeborenen Generation mit einigem Recht nicht geheuer erscheinen, die Gefahr eines deutschen Rückfalls in die Barbarei musste denn in der Tat ständig hochgehalten werden, damit die Verdrängung dem Dringen latenter Prädispositionen zur Regression in die Barbarei keine (Bei)hilfe leiste. Das Wirken besorgter Philosophen, Schriftsteller und Künstler in den 1950er-, die Empörung revoltierender Studenten in den 1960er-Jahren bis hin zum später aufkommenden kämpferischen Schlachtruf »Nie wieder Deutschland!« radikaler Linker waren allesamt beredt-performative Evidenz der Notwendigkeit und realen Wahrung eines kritischen Bewusstseins in Deutschland.

Wie aber bereits von Adorno deutlich erkannt, birgt selbst kritisch Emanzipatorisches die Neigung in sich, Gesinnungsinhalt und kritische Form irgendwann ideologisch zu verdinglichen und dies Verdinglichte zum Fetisch geraten zu lassen – womit der emanzipatorische Impuls zumeist entsorgt wird, im häufigeren und schädlicheren Fall gar ins schiere Gegenteil umschlagen mag. Das widerfuhr bestimmten Strömungen im linken deutschlandkritischen Diskurs, als sie – nachdem der große Impact der alten 68er-Bewegung abgeebbt war – begannen, den Topos der »Wiedergutmachung« in spezifischer Weise zu politisieren, indem sie kurzschlüssige Extrapolationen aus ihrer »Deutschland« negierenden Grundeinstellung zogen: Da Deutsche an Juden historisch schuldig geworden waren, ist unbedingte Solidarität mit Juden geboten; da die Juden nach der Shoah eine nationale Heimstätte errichtet haben, ist unhinterfragbare Solidarität mit Israel (und dem Zionismus) gefordert; da Israel sich in einem zähen Dauerkonflikt mit Palästinensern/Arabern/Muslimen befindet, ist konsequente Feindschaft zu diesen angesagt (der Feind meines Fetischs ist mein Feind) – es ließen sich weitere Ableitungen ähnlicher Art anführen, die u. a. begründen sollen, warum man (aus der Logik der »Deutschland«-Negation und Juden-Israel-Solidarität) einem Proamerikanismus frönen muss und – damit einhergehend – den Antikapitalismus zu bekämpfen hat. Aber diese mögen hier unerörtert bleiben. Der freischwebenden ideologischen Assoziation sind ja keine Grenzen gesetzt. Von besonderer Bedeutung für den hier erörterten Zusammenhang ist indes ein anderes Ideologem, welches die Transformation von ursprünglich emanzipatorisch Bewegtem in ein Instrument denunziatorischer Perfidie und verlogener Polemik mit erschreckend effektiver Auswirkung vollzogen hat: die aus dem Grundpostulat der »Deutschland«-Negation extrapolierte Gleichsetzung von Judentum, Zionismus und Israel und die damit verschwisterte Gleichsetzung von Antisemitismus, Antizionismus und Israelkritik.

Es mag mehr als verwundern, mit welcher Unbekümmertheit man inzwischen diese Gleichsetzung von Antisemitismus, Antizionismus und Israelkritik vollzieht, als hätte man, wenn man sich mit den Begriffen auseinandersetzte, nicht schon längst wissen müssen, dass es sich um unterschiedliche Kategorien handelt, deren austauschbare Verwendung nicht nur in der Sache selbst unhaltbar ist, sondern leicht auch in verleumderische Praxis und gestandene Rufschädigung ausarten kann. Allein die Tatsache, dass nicht alle Juden Zionisten, nicht alle Zionisten Israelis, und nicht alle Israelis Juden sind, müsste eigentlich erhellen, dass man sehr wohl Jude, dabei aber auch nicht- bzw. antizionistisch und auch israelkritisch eingestellt sein kann, ohne deshalb schon antisemitisch zu sein; dass man jüdischer Zionist, aber gerade deshalb auch israelkritisch sein kann; dass man Israeli, ohne Jude zu sein und ohne sich für zionistisch zu erachten, sein kann, aber durchaus auch als jüdischer Israeli nicht- und sogar antizionistisch argumentieren darf. Wenn man also den Vorwurfsbegriff »antizionistischer Antisemit« mit dem Argument verwendet, man habe jemanden nicht als Antisemiten apostrophiert, sondern seinen Antisemitismus in Zusammenhang mit seinem Antizionismus gesehen haben wollen, dann verhält man sich im besten Fall scheinheilig, im Grunde aber hinterhältig. Denn entweder handelt es sich darum, dem Angeschuldigten Antisemitismus zu unterstellen, ohne sich aber zu trauen, die rigorose Bezichtigung »pur« zu vollziehen, weil der Nachweis nur schwer zu erbringen wäre, und legitimiert deshalb das sich Verbietende mit »Antizionismus« (in welchem Fall Antisemitismus mit Antizionismus gleichgesetzt wäre). Oder aber man meint wirklich, mit »antizionistischer Antisemit« eine spezifische Spielart des Antisemitismus zu benennen, was aber, wie dargelegt, in der Sache selbst nur bedingt, wenn überhaupt, haltbar ist: Will man etwa behaupten, alle orthodoxen und ultraorthodoxen Juden, die aus ihrem genuin jüdischen Selbstverständnis heraus dezidiert antizionistisch sind, seien latent, vorbewusst oder sonstwie antisemitisch? Will man allen Ernstes behaupten, die antizionistischen Bundisten (etwa Widerständler im Warschauer Ghetto wie Marek Edelman) seien Antisemiten gewesen? Will man überhaupt all den Juden, die, ohne religiös-orthodox oder kommunistisch zu sein, mit Israel und dem Zionismus nichts im Sinne haben, schon deshalb unterschwelligen Antisemitismus unterstellen? Wer so denkt, verzerrt nicht nur große historische Debatten, die sich innerhalb des Judentums in Bezug auf den Zionismus zugetragen haben, sondern macht sich auch für die gegenwärtige historische Realität blind, in der sich ein Großteil des jüdischen Volkes offenbar entschieden hat, nicht in Israel zu leben, also dem Zentralpostulat des politischen Zionismus keine praktische Folge zu leisten. Ob die »diasporischen« Juden dabei zionistisch, nicht- oder antizionistisch eingestellt sind, spielt eine eher untergeordnete Rolle. Viele israelische Juden pflegen gerade die Israelliebe der Zionisten-aus-der-Ferne milde zu belächeln.

In diesem Zusammenhang zeichnen sich die in Deutschland lebenden Juden durch eine Sonderlage aus. Denn bis in die 1980er-Jahre hinein war ihre Einstellung zu Deutschland (bzw. zur alten Bundesrepublik) einigermaßen homogen: Holocaust-Überlebende aus Europas Osten, die sie großteils waren, erachteten sie ihr Dasein in Deutschland für ein temporäres »Sitzen auf Koffern«; eine latente Schuld schwang in ihrer Lebenssituation mit, nach der Katastrophe im Land der Täter geblieben oder gar in dieses Land nachträglich eingewandert zu sein. Das änderte sich mit Ignatz Bubis, ab 1997 Vorsitzender des Zentralrats der Juden in Deutschland, der bereits Mitte der 1980er-Jahre nicht müde wurde zu verkünden, jüdisches Gemeindeleben möge in Deutschland wieder erblühen.

Dies bedeutete nicht zuletzt, dass die angestammte jüdische Indifferenz gegenüber öffentlichen Belangen der BRD aufgehoben werden müsse, eine Wandlung, die vor allem innerhalb der »zweiten Generation« Fuß fassen sollte. Was aber als ein emanzipatives Moment der in Deutschland lebenden Juden gedeutet werden mochte, erwies sich, vor allem bei jüdischen Führungspersonen, als Faktor gestandener Schizophrenie, welche bis zum heutigen Tag anhält, ja nachgerade ideologischen Status erlangt hat: Zum einen sind die Juden nunmehr angehalten, Treue zu Deutschland zu demonstrieren, nicht zuletzt, um Ausgrenzungsbestrebungen entgegenzuwirken, wenn man ihnen etwa zum israelischen Unabhängigkeitstag gratuliert und sie bittet, die Gratulation an »ihren Staatspräsidenten« weiterzuleiten (wie es Bubis widerfuhr). Zum anderen proklamieren sie aber, Israel sei ihre »geistige Heimat« bzw., wie von Ralph Giordano mit Emphase apostrophiert, ihr »Mutterland«. Man kann diese Gespaltenheit durchaus nachvollziehen; es ist wie bei dem von Georg Simmel als solchen charakterisierten Fremden: Nicht mehr der Wandernde, der heute kommt und morgen geht, sondern der, der heute kommt und morgen bleibt, »sozusagen der potentiell Wandernde, der, obgleich er nicht weitergezogen ist, die Gelöstheit des Kommens und Gehens nicht ganz überwunden hat«. Zum Problem wird dieser Ambivalenzzustand, wenn er opportunistisch instrumentalisiert wird, und zwar unter inflationärer Verwendung des Antisemitismus-Vorwurfs: Antisemit ist der, der Bubis zum Unabhängigkeitstag »seines Heimatlandes« Israel gratuliert. Antisemit ist aber auch der, der Giordanos »Mutterland« Israel kritisiert. Man kann ja den Kuchen essen wollen und ihn zugleich ganz behalten. Zumindest sollte man aber dann fähig sein, sich Rechenschaft darüber abzulegen, dass man Unmögliches anstrebt – dringlicher noch: reflektieren, dass man gerade in dieser verqueren Kompensation des eigenen lebensgeschichtlichen Defizits den Begriff des Antisemitismus nach und nach aushöhlt.

Bringt aber die konstruierte Affinität von Antisemitismus und Antizionismus einem Nichtjuden leicht den Antisemitismus-Vorwurf ein (und es muss ja gar nicht geleugnet werden, dass diese Affinität Bestand haben *kann*), so muss man sich bei einem Juden diesbezüglich eher vorsehen. Für diese ideologische Anstrengung hat man sich denn spezifisches Rüstzeug zugelegt: Man bedient sich unbeschwert der Nomenklatur des »jüdischen Selbsthasses« bzw. des »jüdischen Antisemiten«. Zum »jüdischen Antisemiten« ist hier schon genug gesagt worden. Besonders prekär wird es aber, wenn man »jüdischen Selbsthass« bemüht. Denn wer sich psychologischer Kategorien in diesem Zusammenhang bedient, muss sich auch psychologische Entgegensetzungen gefallen lassen. Und so wäre zu fragen, ob die Unterstellung von »Selbsthass« anderen Juden gegenüber nicht letztlich von einer unbewältigten eigenen narzisstischen Kränkung herrührt, die – nicht bewusst gemacht – auf Juden, welche dem eigenen Selbstbild nicht entsprechen, als »Selbsthass« projiziert wird. Der Zionist (auch der Zionist-aus-der-Ferne), der den Vorwurf nicht ertragen kann, dass der israelische Staat (nicht zuletzt in seinem Namen) Verbrechen begangen habe, wird sich leicht der Auseinandersetzung mit dieser Möglichkeit versperren; seine eigene Psyche wird keinen anderen Schluss zulassen als den, dass der zionismus- bzw. israelkritische Jude von »Selbsthass« erfasst sei. Dies enthebt ihn quasi der kritischen Auseinandersetzung mit dem eigenen kollektiven Selbst und bietet ihm zudem die psychisch verkraftbare Möglichkeit, Andersdenkende im eigenen Kollektiv zum Objekt pathologischer Unzulänglichkeit zu machen und diffamierend auszugrenzen.

Was nun aber, wenn die einst auch als Tugend hochgehaltene traditionelle jüdische Selbstkritik (und Selbstironie), die im jüdischen (israelischen wie nichtisraelischen) Kritiker Israels fortlebt, einer tiefen Sorge um die moralische Integrität des Landes, nicht minder aber auch um seine existenzielle Zukunft entstammte? Was, wenn das brutale Okkupationsregime, das Israel seit über vierzig Jahren betreibt, nicht nur aus human-moralischen Gründen für unerträglich erachtet wird, sondern die Fortsetzung der Besatzungspraxis als Bedrohung einer objektiv entstehenden binationalen Struktur gerade von israelischen Zionisten, die einer Zweistaatenlösung das Wort reden, als Gefährdung des gesamten zionistischen Projekts angesehen wird? So jedenfalls wird mittlerweile die sogenannte »demografisch tickende Zeitbombe« von den höchsten Funktionsträgern der israelischen politischen Klasse gedeutet, denen wohl niemand »Selbsthass« wird vorwerfen wollen. Nicht zu leugnen ist, dass der Staat Israel eine menschenrechtsverletzende Politik betreibt. Wer das nicht sieht, ist entweder ignorant, ideologisch verblendet oder hat einen unverantwortlich elastischen Begriff von Menschenrechtsverletzung. Der Aufschrei von Juden dagegen lässt sich in eine lange humanistische Tradition einreihen, die aus der jüdischen Verfolgungsgeschichte genau die emanzipatorisch-kritische Konsequenz gezogen hat, dass solcherlei Unrecht keinem Kollektiv auf der Welt zu keiner Zeit widerfahren dürfe – ganz gewiss nicht aus der Hand von Juden. Kein »Selbsthass« unterliegt der vehementen Verurteilung solcher Menschenrechtsverletzungen, sondern die tiefe Scham und die Wut darüber, einem Kollektiv anzugehören, dem man sich verbunden fühlt und das solches verbricht. Dass dabei eine spezifisch jüdische Idiosynkrasie mit im Spiel sein mag, sollte als Tugend, nicht als Pathologie gedeutet werden: Wenn jüdische Israelis »Tod den Arabern!« brüllen, dann tun sie es nicht als Israelis (denn sie leben ja in einer Gesellschaft, die 1,3 Millionen israelischer Araber zu ihren Bürgern zählt), sondern als in Israel lebende Juden. Wenn aber ihr jüdisches Selbstverständnis sie in eine solche Verhetzungspraxis treibt, dann sind das eben jüdische Vergehen, die von jedem anständigen Menschen, mithin von jedem integren Juden bekämpft werden müssen. Und was für den innerisraelischen Gesellschaftszustand gilt, gilt allemal für die Okkupationsrealität in den besetzten Gebieten.

Um aber beim Konnex von »Antisemitismus« und »jüdischem Selbsthass« zu bleiben: Wie soll man als Jude bzw. als jüdischer Israeli damit umgehen, dass der Vorsitzende des Rabbinerrats im Westjordanland angesichts des Abrisses zweier illegal erbauter Häuser (der »Farm« des ultrarechten Siedlungsführers Noam Federman) und der Räumung seiner Insassen durch das israelische Militär aufschreit, die Maßnahmen des Militärs erinnerten ihn an das, was seiner Familie durch die Nazis in Polen widerfahren sei, und dass viele Siedler dabei das israelische Militär verwünschen, sich mithin von der Raison des israelischen Staates, der es eingesetzt hatte, lossagen? Ist besagter Rabbiner, sind die den Staat verfluchenden nationalreligiösen Siedler von »jüdischem Selbsthass« angefressene »Antisemiten«? Ist etwa das israelische Militär von antisemitisch beseeltem jüdischem Selbsthass durchsetzt? (Wobei zu bedenken gilt: Die fundamentalistischen Siedler pflegen die Verwendung des Ideologems des »jüdischen Selbsthasses« allen Israelis gegenüber, die sich ihnen entgegenstellen.) Oder sind die Siedler nichts als perfide Gesetzesübertreter, die den Holocaust, wo immer es opportun ist, zu ihren fremdbestimmten Zwecken zu instrumentalisieren geneigt sind, und die man als solche zu verurteilen und zu bekämpfen hat (mal ganz abgesehen davon, welchen horrenden nationalen Schaden sie – und eben auch der israelische Staat, der sie über Jahrzehnte unterstützt hat – durch ihr Siedlungswerk angerichtet haben). Wie soll man den Shoah-Überlebenden begegnen, die über Jahrzehnte vom israelischen Staat um ihre Rechte geprellt worden sind (wofür sich »der Staat« mittlerweile selbst offiziell entschuldigt hat), und die darob den Judenstaat heute anklagen und anprangern? Sind auch sie als Israelkritiker »jüdische Antisemiten«? Oder ist die israelische Gesellschaft etwa selbst von »Selbsthass« angefressen, von der Aversion jenen gegenüber, deren Schicksal als Opfer man die eigene staatliche Raison d'Être zu »verdanken« hat, für die man aber über das Lippenbekenntnis hinaus jahrzehntelang wenig, wenn überhaupt etwas, geleistet hat? Solche Absurditäten ließen sich hier seitenlang auflisten. Aber darum kann es im hier erörterten Zusammenhang nicht gehen. Es soll lediglich darauf hingewiesen werden, dass man kein »antizionistischer Antisemit« zu sein braucht, um den Staat Israel und seine Praxis gegenüber Juden wie Nichtjuden aufs Entschiedenste zu kritisieren, wie es denn nicht eines »jüdischen Selbsthasses« bedarf, um Juden, die sich gegen Menschenrechte vergehen (und sich dabei auch noch als jammernde bestohlene Diebe gebärden), aufs Konsequenteste bekämpfen oder zumindest doch verurteilen zu wollen.

Zu bedenken wäre zudem, wo die Auseinandersetzung, die hier anvisiert wird, stattfindet, mithin welchen Stellenwert dabei der Sprechort einnimmt. Es gibt viele jüdische Israelis, die, selbst wenn sie nichts mit dem Ideologem des »Selbsthasses« im Sinn haben, der Meinung sind, dass man die »schmutzige Wäsche« nicht »draußen« (also außerhalb Israels), sondern »zuhause« (also im eigenen Land) zu waschen habe. Was in Deutschland früher mit dem unseligen Ausdruck der »Nestbeschmutzung« benannt wurde, hat in diesem Fall mit einer langen jüdischen Diaspora-Erfahrung zu tun, die die Juden gelehrt hatte, das, was man an sich selbst zu bemängeln und zu kritisieren hat, Nichtjuden vorzuenthalten. Eine solche Erwägung ist in der total globalisierten Medienwelt von heute schon aus rein praktischen Gründen widersinnig geworden. Man kann nichts mehr geheim halten, schon gar nicht das, was sich in seiner Selbstevidenz so präsentiert, dass sich seine Benennung nur noch als verbaler Nachschlag begreifen lässt. Wie Antisemitismus zustande kommt, soll hier unerörtert bleiben. Gewiss ist nur, dass nichts den Antisemitismus besser zu nähren vermag als eine Praxis (in dem Fall die des sich selbst als solchen begreifenden Judenstaates), die dem Antisemitismus zu seiner vermeintlichen Legitimation verhilft. Dabei darf aber der Bote, der die schlechte Nachricht überbringt, nicht erschlagen werden: Den Antisemitismus zu konfrontieren, ihn zu bekämpfen, kann nicht bedeuten, diejenigen, die diesen Wirkzusammenhang benennen, ideologisch mundtot machen zu dürfen. Zu bedenken wäre da eine alte Einsicht von Adorno, der im Zusammenhang der Erörterung der Frage »Was bedeutet: Aufarbeitung der Vergangenheit?« schrieb: »Mir selbst will es eher scheinen, das Bewußte könne niemals so viel Verhängnis mit sich führen wie das Unbewußte, das Halb- und Vorbewußte. Es kommt wohl wesentlich darauf an, in welcher Weise das Vergangene vergegenwärtigt wird.« Hinzuzufügen wäre nur: nicht nur das Vergangene, sondern auch das Gegenwärtige bzw. das sich im Gegenwärtigen niederschlagende Vergangene.

Zur regelrechten Perversion gerät aber die Bezichtigung von Juden, »antizionistische Antisemiten« zu sein bzw. von »jüdischem Selbsthass« angefressen zu sein, wenn die Bezichtigung nicht von Juden anderen Juden gegenüber praktiziert, sondern von nichtjüdischen Deutschen kritischen Juden gegenüber zum Vorwurf erhoben wird. Da kann es schon mal vorkommen, dass – rigide kodiert – Nachkommen der nazistischen Tätergeneration die Nachkommen der Generation der Shoah-Überlebenden mit derlei Vorhaltungen moralisch wie politisch züchtigen zu sollen meinen, ohne sich dabei freilich die geringste Rechenschaft darüber abzulegen, wovon sie selbst in diesem ihren Tun angetrieben sind. Bemerkenswert ist dabei nicht zuletzt, dass viele dieser neuen selbsternannten Patronen und Wächter des korrekten (also zionistischen, mithin israelsolidarischen) Judentums von Juden dem Lager der deutschen Linken (oder zumindest dessen, was man einst für ein solches halten mochte) entstammen: Sie gebärden sich zuweilen zionistischer als jüdische Zionisten, israelischer als jüdische Israelis. Wie lässt sich dieses Phänomen erklären? Das ist nicht ganz ausgemacht, hat aber auf jeden Fall einiges mit linker »Wiedergutmachung« für historische Zionismus- und Israelkritik zu tun; mit der unbewussten Sehnsucht, auch mal »Opfer«, ja »Jude« sein zu dürfen, vor allem aber mit einigem Opportunismus im aktuellen deutschen Kontext und der projektiven Kompensation eigener Identitätsdefizite. Dass sich dabei dieses Syndrom randständiger deutscher »Linker« Muster und Neuralgien der hohen politischen Klasse Deutschlands sowie der hegemonialen deutschen Medienwelt verschwistert weiß, lässt es zu einer genügend gewichtigen Erscheinung geraten, um sie auch in einigen der in dem vorliegenden Band aufgenommen Texte aufzugreifen und zu dekonstruieren. Allein die jüngst vorgeführte ideologische Farce um die bundestägliche Auseinandersetzung mit einem angeblichen Antisemitismus in der Linken-Partei wäre Anlass genug, sich ideologiekritisch darum zu bemühen.

Die Texte dieses Bandes, die sich aus Artikeln in diversen Publikationsorganen und separat geführten Gesprächen mit der Hamburger Journalistin Susann Witt-Stahl zusammensetzen, verstehen sich als (auf)klärende Interventionen mit übergreifendem Bezug auf die hier beschriebene historische Konstellation Deutschland/Israel/Palästina. Ausdrücklich erwähnt sei gleichwohl, dass es sich bei dem den Band abschließenden Gespräch um eine aktuelle Erstveröffentlichung handelt. Das Gespräch befasst sich mit der Misere der Linken-Partei, mit ihrem Einknicken vor der neokonservativ durchwirkten Meinungshegemonie, der Diskreditierung der Kapitalismuskritik, dem Niedergang der Antisemitismus- und Faschismusforschung, dem virulenten Islam- und Linkenhass als Legitimationsideologie des neoimperialistischen »War on Terror« und einigem mehr an verräterischen »linken« Metamorphosen. Von selbst sollte dabei klar sein, dass diese Texte den verlogenen Anschein abgehobener Neutralität erst gar nicht zu erwecken trachten – was freilich primär damit zu tun hat, dass man in besagter Konstellation, so wie sie sich historisch herausgebildet und verfestigt hat, nicht um eine Gesinnungspositionierung herumkommt: Allzu vehement manifestieren sich in ihr atavistisch anmutende Wirkzusammenhänge von Herrschaft, Gewalt und Repression, von Tätern und Opfern, von Geschichte, Politik und Ideologie. Deshalb sind die Texte allesamt von einer unverhohlenen emanzipativen Emphase getragen – freilich mit dem Risiko, sich im gegenwärtig herrschenden Zeitgeist gerade deshalb unerbittlicher ideologisierender Polemik ausgesetzt zu sehen. Nicht zuletzt aus diesem Grund sei hier Einspruch wider den Zeitgeist postuliert.

Moshe Zuckermann
Tel Aviv, 2012

Zionistischer und palästinensischer Nationalismus

Dass die Erscheinungsformen des Nationalismus im Zeitalter der Moderne vielfältig und oft genug divergent waren, darf heute als Binsenweisheit gelten. Es will zuweilen scheinen, als verbiete sich eine Wesensbestimmung des Nationalismus, wenn man nicht Gefahr laufen möchte, sich mit einer Flut von historischen wie zeitgenössischen Beispielen auseinandersetzen zu müssen, die sich nicht nahtlos unter dessen abstrakte Definition subsumieren lassen. Und doch darf bei der Bestimmung des Nationalen auf drei für jede moderne Nationalstaatsbildung unabdingbare Grundkoordinaten insistiert werden: die der Einheit des Territoriums, die der Einheit des Kollektivs, das den Anspruch auf dieses Territorium erhebt, und die der kulturellen Konsolidierung des Kollektivs, welche sich primär in der Etablierung einer verbindlichen Nationalsprache manifestiert. Dass diese Grundvoraussetzungen mit den Ursachen der Niederwerfung prämoderner Staats- und Gesellschaftsformen, die sich im Feudalismus herausgebildet hatten, einhergingen, ist zum einen als historischer Wirkzusammenhang zu begreifen, verlieh aber dem Selbstverständnis der nationalen Einheitsideologie darüber hinaus auch eine normative Dimension im Hinblick auf das Progressive des Nationalen im Vergleich zu den feudal-absolutistischen Kollektivformationen der Prämoderne. Gleichwohl kann nicht ignoriert werden, dass die Genese des Nationalismus (und der sich von ihm herleitenden Gründungen nationaler Gebilde) sich zumeist heterogen, zuweilen in gegensätzlichen Mustern, vollzog. Für paradigmatisch kann man in diesem Zusammenhang Hans Kohns 1967 erschienenes Werk *Prelude to Nation-States: The French and German Experience, 1789–1815* erachten, in welchem er die strukturellen Unterschiede der Herausbildung des französischen und deutschen Nationalismus überzeugend darlegt und erörtert hat. Denn nicht nur um den dem Nationbegriff essenziellen Unterschied zwischen Demos und Ethnos ging es dabei, sondern vor allem darum, *woran* sich das nationale Gefühl des jeweiligen sich als Nation selbstbestimmenden Kollektivs schärfte: Während sich in Frankreich die Nationbildung in großem Maße dem revolutionären Kampf gegen die traditionellen Mächte *im eigenen Land* verdankte, sättigte sich das in Deutschland nach und nach sich profilierende nationale Sentiment am Widerstand gegen die napoleonische *Fremdherrschaft*. Das ist ein in der Tat gravierender Unterschied, wenn man bedenkt, wie schwer sich die Deutschen bei der Erhebung gegen ihre politischen Autoritäten taten, und welche Folgen dieser Umstand späterhin im sogenannten »deutschen Sonderweg« zeitigte. Und doch darf generell behauptet werden, dass der moderne Nationalismus, wie immer heterogen er sich im spezifisch Einzelnen herausbilden mag, sich auf einer bestimmten Ebene stets auch *ex negativo* formt: sei es gegen Adel und Klerus im eigenen Land (die als solche aus der Nation ausgeschieden und in revolutionären Zeiten entsprechend unerbittlich verfolgt werden); sei es als fremde Herrschaft, die dem eigenen Nationalen wesenhaft entgegensteht (und der es sich daher konsequent zu entledigen gilt).

Wie sind, so besehen, der zionistisch-jüdische und der palästinensische Nationalismus im Nahen Osten zu begreifen? Bei der Beantwortung dieser Frage muss zunächst hervorgehoben werden, dass beide Nationalismen ohne die Wirkmächtigkeit des europäischen Kolonialismus und dessen imperialistischen Auswirkungen am Ende des 19. und zu Beginn des 20. Jahrhunderts nur schwer denkbar wären. Begreift man zudem den Ersten Weltkrieg als das globale Resultat des europäischen Imperialismus, dürfen der zionistische und palästinensische Nationalismus – welche geschichtliche Vorläufer sie auch ansonsten ideologisch heranziehen mögen – als teils direkte, teils indirekte Folgen des weltgeschichtlichen Ereignisses angesehen werden. Die Dinge sind bekannt: Schon vor dem Ersten Weltkrieg, erst recht aber im Zuge der sich in seinem Verlauf abzeichnenden neuen Perspektiven, bestimmten die geopolitischen Interessen der sich bekriegenden Staaten Europas das Schicksal der gesamten Nahostregion, mithin des mächtigen, gleichwohl marode gewordenen Osmanischen Reichs. Sosehr man im 19. Jahrhundert noch darauf aus war, es zu stabilisieren, um Krieg zu vermeiden, sah man nun seinen Zusammenbruch kommen und schmiedete sehr früh schon Pläne für die Aufteilung seiner Überreste. Dabei waren die Freund-Feind-Verhältnisse relativ klar gestellt: Da es Deutschland gelang, das Osmanische Reich im Krieg an seine Seite zu ziehen, war abzusehen, was passieren würde, wenn Deutschland den Krieg verlieren und England und Frankreich als Sieger hervorgehen würden. Da Russland seinerseits aus ebenso unverkennbaren geopolitischen Interessen bestrebt war, sich Konstantinopels zu bemächtigen, konnte man das riesige Reich im Osten mit diesbezüglichen Versprechungen, die freilich erst nach dem Krieg eingelöst werden sollten, in die Verbündetenkonstellation gegen Deutschland schleusen. Und so kam es zur Unterzeichnung des bekannten Sykes-Picot-Sasonow-Abkommens von 1916, in welchem Großbritannien, Frankreich und Russland unter sich festlegten, welche Gebiete des Nahen und Mittleren Ostens nach Beendigung des Krieges unter ihre direkte Herrschaft bzw. ihren indirekten Einfluss gebracht werden sollten. Für den hier erörterten Zusammenhang erwies sich als besonders folgenreich, dass die Briten mit einiger Emphase den arabischen Nationalismus gegen das Osmanische Reich schürten (und zwar aus zweckrationalen, den großbritischen Interessen dienlichen Gründen), eine Politik, in deren Rahmen die rührige Aktivität des T.E. Lawrence zu jenem Mythos anwuchs, der dem historischen Protagonisten späterhin den auratischen Status des Hollywood-Helden eintragen sollte. Bedeutender noch als die (letztlich zynisch-instrumentell beseelte) Entfachung nationaler Gefühle unter den Arabern war indes die komplette Neuordnung der Landkarte des alten Mittleren und Nahen Ostens, welche vor allem Großbritannien und Frankreich während und nach dem Weltkrieg vornahmen. Denn zwar entstand sowohl die von General Mustafa Kemal gegründete türkische Republik als auch das von Ibn Saud in der arabischen Halbinsel errichtete Königreich Saudi-Arabien gegen den Willen der Briten, aber es steht außer Zweifel, dass der Irak, Jordanien und Israel im Ursprung britische wie denn Syrien und der Libanon französische Kreationen waren.

Für Israel und Palästina spielte dabei das den Briten vom Völkerbund im Jahre 1920 übertragene Mandat über das Territorium, das im Verlauf des 20. Jahrhunderts zum gefährlichen Schauplatz von Krieg, Gewalt, Terror, perennierendem Elend und Unrecht gerinnen sollte, die entscheidende Rolle. Denn die britische Realisierung des internationalen Auftrags erwies sich als eine Melange von spätkolonialer Gesinnung und aus tagespolitischer Not geborener Verwaltung; ideologisch Grundsätzliches vermengte sich mit Entscheidungen über Entwicklungen konkret-aktueller Natur. Dass sich die Briten dabei souverän wähnten, lässt sich daraus ersehen, dass sie sich an Vereinbarungen, die die World Zionist Organisation (WZO) im Jahre 1919 mit dem Emir Syriens im sogenannten Faisal-Weizmann-Abkommen abgeschlossen hatte, nach der Mandatsübernahme nicht gebunden fühlten. Immerhin hatte dieses Abkommen zum Inhalt, dass die Araber einem jüdischen Staat im Raum Palästina zustimmen würden, sobald sie selbst die ihnen von den Briten versprochene Unabhängigkeit erlangen würden, unter dem Vorbehalt freilich, dass sie die Hoheit über die islamischen Heiligtümer bewahren dürften. Die britische Souveränität manifestierte sich in einer (freilich oft opportunistischen) »Parteilosigkeit« den in allmähliche Feindschaft geratenen Juden und Palästinensern gegenüber: Sagte die Balfour-Deklaration von 1917 noch der WZO Unterstützung für den Aufbau einer »nationalen Heimstätte für das jüdische Volk in Palästina« zu, so betonte zwar das von der britischen Regierung 1930 veröffentlichte »Weißbuch«, dass sich Großbritannien Arabern und Juden in Palästina verpflichtet sehe, woraus sie aber den Schluss zog, dass es für neue jüdische Siedler keinen Raum geben könne. Das bedeutete, dass die für das zionistische Projekt unabdingbare jüdische Einwanderung eingeschränkt werden musste (was zur Folge hatte, dass eine organisierte Bewegung illegaler jüdischer Einwanderung begann). Als bezeichnend darf dabei gelten, dass obwohl die Balfour-Deklaration im »Weißbuch« keine Erwähnung fand, die britische Regierung ihre im »Weißbuch« verkündete Position wenig später zurücknahm und sich zur Immigration der Juden bekannte.

Man geht also mit der Behauptung kaum fehl, dass sich der jüdisch-zionistische wie denn der palästinensische Nationalismus am britischen Mandat schärften. Damit ist allerdings in beiden Fällen lediglich der formale Rahmen der nationalen Erhebung und Konsolidierung angezeigt. Die Protagonisten beider Seiten (vor allem die des zionistischen Lagers) erachteten zwar die Bekämpfung des britischen Mandats für eine wichtige Dimension ihrer Selbstbefreiung und nationalen Selbstbestimmung, aber nicht sie machte die Substanz ihres Nationalismus aus.

Im Zionismus rührte das Pathos der Notwendigkeit einer »nationalen Heimstätte für das jüdische Volk in Palästina« primär von seiner Wahrnehmung der Situation des europäischen Judentums in der zweiten Hälfte des 19. Jahrhunderts her. Beschwingt von der Emphase nationaler Staatsgründungen infolge der Französischen Revolution und der ihnen verschwisterten Heranreifung der bürgerlichen Gesellschaftsformation keimte und verfestigte sich nach und nach auch der Anspruch der europäischen Juden auf bürgerliche Emanzipation. Was zunächst aber noch als Assimilation der Juden in ihren jeweiligen Residenzgesellschaften anvisiert worden war (»deutsche Bürger mosaischen Glaubens«), erhielt mit der zeitgleichen Heraufkunft des europäischen Antisemitismus in der zweiten Hälfte des 19. Jahrhunderts einen gewichtigen Dämpfer. Nicht von ungefähr bildeten sich denn drei alternative Wege zur Lösung und Überwindung dessen, was (von Nichtjuden) als »die jüdische Frage« bzw. »das jüdische Problem« apostrophiert wurde: besagte *Assimilation*, der internationalistisch ausgerichtete *Sozialismus* und eben der nationale *Zionismus*. Der Zionismus erwies sich dabei als reaktiv. Zwar erging er sich (zumindest theoretisch) im Pathos der »nationalen Erneuerung«, aber die Dringlichkeit einer solchen »Erneuerung« speiste sich aus einer ideologischen Sicht, derzufolge der diasporische Jude zu einem im Wesen degenerierten Dasein der Wehr- und Produktivlosigkeit verurteilt sei, mithin als Epiphänomen seiner (feindlich gesinnten) nichtjüdischen Umwelt ein unwürdiges Leben zu fristen habe. Von entsprechender Emphase waren beide Zentralpostulate des klassischen Zionismus getragen: »Negation der Diaspora« und komplementär dazu die historische Genese des »Neuen Juden«. Dabei konnte sich das erste Postulat auf die Realität des konkreten Zusammenhangs seiner Entstehung berufen. Das zweite Postulat (gleichsam die »Lösung« des im ersten angezeigten »Problems«) trug einen zwangsläufig projektiven Charakter, denn der »Neue Jude« sollte nicht in den alten Residenzgesellschaften geboren werden, sondern in einem erst künftig zu errichtenden Staat. Die historischen Voraussetzungen für eine solche Staatsgründung, eben die, welche man gemeinhin für unabdingbare Koordinaten des modernen Nationalstaates erachtet – Einheit des Territoriums, Einheit des nationalen Kollektivs, Einheit der nationalen (Sprach)kultur – waren im Fall des Zionismus gar nicht gegeben:

Theodor Herzls Diktum »In Basel gründete ich den Judenstaat« enthält bereits das ganze Paradox: Der Staat der Juden wurde in der Tat im Überbau einer nicht existierenden Basis gegründet. Damit die Basis bestehe, war es notwendig, ihr Territorium zu bestimmen. Damit das Territorium tatsächlich das seine werde, musste es erobert (dabei aber auch auf seine Wahrnehmung als »Einöde« insistiert) werden. Für diese Eroberung aber war eine besiedelnde Bevölkerung nötig; so sorgte man für die Ankunft eines kolonisierenden Volkes. Erst dann konnte der Staat als formaler Rahmen jener Siedlungsbewegung gegründet werden. Und erst nach der Gründung des Staates wurde die kritische Masse ihrer Bürgerbevölkerung importiert. Der Staat der Juden, ausgesprochene Spätfolge der europäischen Nationalstaatsideologie, ist der einzige Staat der Welt, der ideell bestimmt wurde, bevor es die materielle Basis für die Verwirklichung der Idee gab; der territorial bestimmt wurde, ehe es das Kollektiv für die Besiedlung dieses Territoriums gab; der gegründet wurde, ehe die notwendige Bürgermasse für seine Existenz bestand. Ein basisloser Überbau also? Ein Überbau ohne gesellschaftliche Praxis? Nein. Denn das Bewusstsein der *Notwendigkeit* der Gründung eines Judenstaates ist durch das soziale Sein der (europäischen) *Diaspora* bestimmt worden. Das ist der Grund für die zentrale Rolle, die das Postulat der Diaspora-Negation in der zionistischen Ideologie spielte (und noch immer spielt). Lange bevor der Zionismus wusste, was es mit dem »Neuen Juden« auf sich hatte, wusste er, was er auf keinen Fall sein sollte: Der »Neue Jude« sollte das Negativ des »diasporischen Juden« bilden. Das *Ex negativo*, welches die Grundlage der Ideologie der praktischen Umsetzung von utopisch Projiziertem abgab, sollte sich dann über Dekaden als Matrix der »Absetzung von ...«-Ideologie des zionistischen Nationalismus herausstellen: Absetzung der Israelis vom diasporischen Judentum, Absetzung von den Arabern im eigenen Land und im geopolitischen Umfeld, Absetzung von der als feindlich, mithin »antisemitisch« wahrgenommenen »Welt«.

Und der palästinensische Nationalismus? Auf welche historischen Wurzeln verweist er? Woran schärfte er sich? So wie der zionistische Nationalismus sich reaktiv am aufkommenden Antisemitismus rieb und ideologisch zuspitzte, so darf man vom palästinensischen Nationalismus als Epiphänomen der Etablierung des Zionismus in Palästina sprechen. Es ist bezeichnend, dass der arabische Widerstand gegen die jüdische Expansion in der prästaatlichen Phase Israels gerade nach der massiven Einwanderung aus Nazideutschland geflohener Juden in Palästina (allein im Jahre 1933 waren es rund 40.000) eskalierte. Man neigt heute dazu, Mohammed Amin al-Husseini, Präsident des obersten islamischen Rats und Großmuftis von Jerusalem, eines nazideutschen und Hitler-affinen Antisemitismus zu zeihen. In der Tat darf er seit den 1920er-Jahren als herausragender Führer der Bewegung eines arabischen Nationalismus angesehen werden, und es war in dieser seiner Funktion, dass er die erweiterte Immigration jüdischer Siedler nach Palästina ablehnte – nicht aber, weil er in irgendeinem europäischen Sinne antisemitisch gewesen wäre, sondern weil er die von den Briten verfolgte Politik der jüdischen Einwanderung als Mittel der Festigung ihrer Kolonialherrschaft im Nahen Osten deutete. Daraus erklärte sich der unter seiner Ägide im Frühjahr 1936 ausgerufene Generalstreik, der von massiven bewaffneten Unruhen sowohl gegen die in Palästina lebenden Juden als auch gegen das britische Militär begleitet war. Die öffentlich bekundete »Solidarität« Nazideutschlands und des faschistischen Italiens mit den arabischen Nationalisten in Palästina hatten einiges mit deren geopolitischen Kalkül, wenig, wenn überhaupt etwas, aber mit einem heute gern ideologisch hochgespielten »palästinensischen Antisemitismus« zu tun.

Diese historischen Keime des palästinensischen Nationalismus sollten freilich erst *nach* der nationalen Katastrophe der Palästinenser im Jahre 1948 zu einer formierten Bewegung mit Zielen, Strategien und Kampfpraktiken heranreifen. Von selbst versteht sich dabei der traumatische Stellenwert der *Nakba* im Kollektivgedächtnis der Palästinenser. Und doch darf das Jahr 1967 als historischer Wendepunkt der Genese des palästinensischen Nationalismus angesehen werden. Nicht etwa, weil sich erst mit ihm der Antizionismus seiner Träger einstellt (die Wurzeln des Konflikt lassen sich, wie gesagt, bis ins frühe 20. Jahrhundert zurückverfolgen), sondern weil mit der in diesem Jahr beginnenden Okkupation der Palästinenser durch Israel eine repressive Routine einsetzt, eine Alltagspraxis der Unterdrückung, der Gewaltanwendung, der Erniedrigung und der Beleidigung, die alle Kopfgeburten der »nationalen Einheit« (im Vergleich) als fahle Abstraktion erscheinen lässt. Nichts könnte das emphatische Postulat der nationalen Selbstbestimmung der Palästinenser intensiver und andauernder speisen als die tägliche Leiderfahrung, als die reale erlebte Schmach. Daran, mehr als an allem anderen, wird sich dieser Nationalismus abarbeiten, daran wird er sich (auch gewalttätig) abkämpfen, solange die realen Bedingungen der Verhinderung seiner Aspirationen andauern werden.

Hat der Erste Weltkrieg etwas mit diesem Zustand zu tun? Wenn man davon ausgeht, dass es historische Momente gibt, in denen sich lange Prozesse zusammenballen, in denen sich Quantität zu einer neuen Qualität verdichtet, in denen geschichtliche Energien die Plattform für das politisch, ökonomisch und kulturell Neue herrichten, dann ja – der Erste Weltkrieg und die in seiner Folge strukturierte Neuordnung des Nahen (und Mittleren) Ostens waren es, die die materiellen, mentalen und weltpolitischen Voraussetzungen für die Verwirklichung der nationalen Ideologie des Zionismus geschaffen haben, und damit mutatis mutandis auch die für den palästinensischen Nationalismus.

[2010]

Die Auserwählten – ein Volk ohne Grenzen

Was das Judentum sei – eine Religion, ein Volk, eine Nation –, ist bis zum heutigen Tag unter Juden so strittig, dabei aber auch offenbar von solch formaler Relevanz, dass die Unentschiedenheit darüber, wer Jude sei (*mihu jehudi*), Grund genug zu sein scheint, von der Verabschiedung einer bindenden Verfassung für den Staat Israel vorläufig abzusehen. Was sich dabei für den demokratischen Republikaner der westlichen Hemisphäre merkwürdig, um nicht zu sagen anachronistisch anhört, ist für den jüdischen Israeli zumindest dahingehend von essenzieller Bedeutung, als sich über die Beantwortung dieser Frage bestimmen würde, welchen politischen Charakter der Staat Israel, mithin die gesamte israelische Gesellschaft anzunehmen hätte. Denn im Gegensatz zu den allermeisten Ländern des Westens (und am Westen messen sich nun einmal der israelische Staat und die ihn tragende zionistische Ideologie) ist die rigide Trennung von Staat und Religion in Israel nie recht vollzogen worden. Zwar verstand sich der klassische Zionismus sowohl in seiner sozialistischen als auch in seiner liberalen Ausrichtung als wesentlich säkular und sah seine historische Mission gerade in der Loslösung vom religiös-orthodoxen Judentum der Diaspora, mithin von den in ihr über Jahrhunderte etablierten Lebenswelten und -weisen; da er sich aber in seinen Anfängen vor der geschichtlichen Realität gestellt sah, dass keine der für die europäischen Nationalstaatsbildungen erforderlichen Bedingungen – Einheit des Territoriums, Einheit eines das Territorium bevölkernden Kollektivs und Einheit der nationalen Kultur in der Form einer bindenden Nationalsprache – auf ihn zutraf, ließ er die Religion gleichsam durch die Hintertür wieder in das Koordinatensystem seines Selbstverständnisses herein. Was hätte er auch einem über alle Erdteile und Länder versprengten Volk, dem kein Territorium für seine nationale Selbstbestimmung zur Verfügung stand, und dessen späterhin zur nationalen erkorene Sprache seit vielen Jahrhunderten nur in der Liturgie und im religiös-gelehrten Schrifttum praktiziert wurde (mithin keine lebendige Alltagssprache abgab), anderes denn die Religion als kollektives Bindemittel anbieten können? Nicht von ungefähr bestimmte daher der frühe Zionismus das biblisch-historische *Eretz Israel* als das Territorium, auf dem der moderne Staat Israel künftig errichtet werden sollte, und die hebräische Bibelsprache (allerdings erst nach bestandenem Sprachstreit mit dem unter aschkenasischen Juden verbreiteten und lebensweltlich gebrauchten Jiddisch) als die – freilich erst zu erneuernde – Nationalsprache.

Mehr noch: Jüdische Religionszugehörigkeit wurde zum Kriterium für den Anspruch auf die israelische Staatsbürgerschaft erhoben, und zwar unabhängig davon, ob der Jude/Jüdin seinen/ihren Glauben praktiziert oder an diesem überhaupt festhält. Das Judesein kann sich verschieden begründen – etwa fremdbestimmt durch die Erfahrung der Ausgrenzung oder Verfolgung als Jude; lebensgeschichtlich durch die schiere Geburt in ein jüdisches Kollektiv; kulturell durch bewusste Berufung auf jüdische Geschichte und Tradition, mithin auf dem Anspruch, sich national und kulturell zu konsolidieren. All diese Momente flossen durchaus in die Ideologie des Zionismus ein; als *formale*s Kriterium für den legitimen Anspruch auf nationale Zugehörigkeit zu dem sich als solchen verstehenden Judenstaat wurde gleichwohl die *religiöse* Definition des Juden bestimmt, und zwar gerade in seiner orthodoxen Version: Jude ist nach jüdisch-orthodoxem Glauben, wer von einer jüdischen Mutter geboren wurde oder als Nichtjude eine streng beobachtete orthodoxe Konversion zum Judentum vollzogen hat. Das muss im hier erörterten Zusammenhang nicht nur deshalb hervorgehoben werden, weil das Konversionsmonopol des israelischen orthodoxen Establishments im Jahre 2010 per Gesetz erneut ratifiziert wurde (was sogleich den Aufschrei des Reformjudentums in den USA, welches sich durch diesen Gesetzesbeschluss von Israel abgestoßen sieht, zeitigte), sondern weil sich darin auch der instrumentelle Charakter des Umgangs mit der Religion in Israel – in diesem Fall primär macht- und parteipolitisch motiviert – darstellt: Obgleich gewichtige Teile des (halb)religiösen Judentums in der Welt sich dem reformistischen bzw. konservativen Glauben verpflichtet wissen, gelten gerade sie der in Israel herrschenden Religionsorthodoxie als schlimmster Feind, der rigoros bekämpft werden muss.

Dabei darf die Einstellung der jüdischen Orthodoxie (besonders ihrer ultraorthodoxen Strömungen) zum zionistischen Staat im besten Fall für gespalten erachtet werden. Aus Gründen, die mit rigiden Glaubenssätzen messianischer Erlösungsverheißung zusammenhängen, deutete (und deutet) die Orthodoxie das gesamte historische Projekt des politischen Zionismus als ein Vergehen gegen den wahren jüdischen Gottesglauben. Teile dieser Orthodoxie leben zwar im Staate Israel, erkennen aber diesen in seinem zionistischen Selbstverständnis nicht an; die radikalsten unter ihnen sind ihm gar dezidiert feindlich gesonnen. Der israelische Staat seinerseits erkannte bezeichnenderweise die Einstellung der Orthodoxie ihm gegenüber insofern an, als er ihren Forderungen in Bezug auf die Gestaltung ihrer eigenen Lebenswelten und Wahrung ihrer strengen Glaubenskultur durch das Zugeständnis ihrer Autonomie im Bereich der Schulerziehung und der weitgehenden Befreiung vom obligatorischen Militärdienst nachkam. Warum er so handelt bzw. schon zur Zeit der Staatsgründung handeln musste, liegt auf der Hand: Wenn der Zionismus die Versammlung des gesamten jüdischen Volkes in einem Judenstaat postulierte, konnte kein Teil des Volkes davon ausgenommen werden – schon gar nicht nach der Shoah, als sich die Ausgrenzung oder gar Verfolgung von Juden durch Juden wie von selbst verbieten musste. Das Zusammenleben der zionismusfeindlichen Orthodoxie und des säkularen, religionsabstinenten Zionismus war, so besehen, dem aus der jüdischen Katastrophe hervorgegangenen Nationalstaat der Juden ideologisch wie strukturell von Anbeginn eingeschrieben.

Den Versuch einer Quadratur des Kreises unternahm in diesem Zusammenhang die bereits in der prästaatlichen Ära wirkmächtig gewordene nationalreligiöse Bewegung. Im Gegensatz zur traditionellen Orthodoxie, die die Kluft zwischen dem modernen politischen Zionismus und ihren Glaubensdoktrinen für unüberbrückbar hielt, redete diese einer Synthese von Zionismus und Orthodoxie das Wort: Sie wendete die Abgrenzungslogik der Orthodoxie, indem sie die schiere Gründung der jüdisch-nationalen Befreiungsbewegung und die späterhin erfolgte Errichtung des Staates Israel als einen manifesten historischen Schritt auf dem Weg zur nahenden *messianischen* Erlösung des jüdischen Volkes deutete, womit sie denn den Keim für das, was im Laufe der Zeit zu ihrer prononcierten politischen Theologie gerinnen sollte, säte. Beide rivalisierenden Richtungen des religiösen Judentums in Israel nehmen sich bis zum heutigen Tag gegenseitig mit steigendem Argwohn, ja mit feindseligem Abscheu wahr. Fügt man noch das (freilich in Israel kaum je wirklich zum Zuge gekommene) Reformjudentum hinzu, welches sowohl von der religiösen Orthodoxie als auch vom nationalreligiösen Establishment mehr oder minder missachtet bzw. abgewiesen wird, so ergibt sich das Bild einer in der Staatsräson sich zwar als säkular begreifenden Kollektivität, welche aber in ihrer sozialen Realität von gewichtigen, wenn auch untereinander schwer verfeindeten religiösen Bestandteilen durchzogen und mitgeprägt ist.

Wie immer vage sich das Verhältnis zwischen jüdischer Religion und Zionismus an sich gestalten mochte, darf mit Bestimmtheit behauptet werden, dass der »Moment der Wahrheit« dieses ambivalenten Verhältnisses erst dann zutage trat, als die Religion aufhörte, sich als lippenbekennendes Epiphänomen des hegemonialen zionistischen Staatsgeschehens zu gerieren und begann, einen realen dominanten Faktor bei der Gestaltung des politischen wie kulturellen Lebens Israels zu bilden. Dies geschah erst infolge des Junikrieges von 1967: Erst mit diesem Krieg materialisierte sich die biblische Parole vom »Land der Urväter« und verwandelte sich in ein handfestes Kapital, welches sich solch dichotomen Deutungsparadigmen wie »Land der Urväter« einerseits und »besetzte Gebiete« andererseits unterwerfen lässt. Erst nach dem 1967er-Krieg konnte sich also die *religiös*-jüdische Sicht zum legitimen Bestandteil des herrschenden politischen Diskurses, mithin zum akzeptierten religiösen Element innerhalb der weitgehend säkularen Legitimationspraxis der israelischen politischen Kultur wandeln. Man mag diese Entwicklung begrüßen oder verdammen. Man mag in ihr aber auch ein authentisches Erbe des Zionismus insgesamt erkennen. Denn wenn man bedenkt, wie gravierend sich das in den besetzten palästinensischen Gebieten errichtete jüdische Siedlungswerk auf die innere wie äußere Politik Israels in den letzten Jahrzehnten ausgewirkt hat, muss man sowohl die religiöse Motivationslogik dieser Expansionspraxis als auch die Funktion, die sie über das eigene Selbstverständnis hinaus erfüllt, ins Auge fassen.

Die religiöse Siedlungsemphase basiert auf den festen Glaubenspostulaten, dass das jüdische Volk das von Gott erwählte und dass das Heilige Land ihm als solchem von Gott verheißen worden sei. Auf dieser Grundlage ließ sich auch die Zionisierung des messianischen Erlösungsgedankens vollziehen: Wenn die Errichtung des israelischen Staates als historische Station auf dem Weg zur erlösenden Ankunft des Messias gewertet werden konnte, ließ sich die Eroberung des Westjordanlandes im 1967er-Krieg als die Endphase dieses Prozesses, mithin als endgültiger Abschluss der jüdisch-diasporischen Geschichte deuten. In der Tat bildete genau dies die Voraussetzung für die sehr bald nach dem Krieg ausgebrochene Euphorie, vor allem aber für den von dieser Euphorie angetriebenen Aktionismus der »Rückkehr in das Land der Urväter«, womit sowohl die religiöse Ekstase als auch die »historische« Legitimation des ihr inhärierenden territorialen Anspruchs in eins gebracht werden konnten. Dass der dem harten Kern der Siedler eignende Fanatismus sich nicht nur aus der Gewaltlogik des Konflikts mit den in den besetzten Gebieten lebenden Palästinensern speist, lässt sich daraus ersehen, dass sich dieser Kern der Ultras mittlerweile durchaus mit der israelischen Staatsräson anzulegen bereit ist, wenn eine israelische Regierung sich einfallen ließe, sich im Rahmen eines Friedensabkommens mit den Palästinensern aus den besetzten Gebieten zurückzuziehen – und zwar mit der schlichten Begründung, dass das religiöse Recht (das heißt das von den zuständigen Rabbinern so ausgelegte Gottesrecht) über das säkulare Recht des zionistischen Staates stehe. Für den wahrhaft gläubigen nationalreligiösen Siedler ist das von Juden okkupierte Westjordanland deshalb nicht verhandelbar, weil der Rückzug aus dem Land, zu dem man im Rahmen der Gottesverheißung »zurückgekehrt« war, nichts anderes als ein Sakrileg sein kann. Der Erwähltheitsgedanke versteht sich für ihn, so besehen, als Auszeichnung und Verpflichtung zugleich, mithin als politisch aktive Verpflichtung, sich der göttlichen Auszeichnung würdig zu erweisen.

Dieses Moment der Glaubensimmanenz steht aber, wie gesagt, im Widerspruch zur politischen und kulturellen Realität des sich zivilgesellschaftlich ausrichtenden israelischen Kollektivs (wie widersprüchlich sich dieser Anspruch freilich allein schon durch die Okkupationspraxis gestalten mag). Unter allen Konfliktkoordinaten, die die israelische Gesellschaft durchwirken – die ethnische Spannung innerhalb der jüdischen Bevölkerung, die sich stets vertiefende sozial-ökonomische Kluft, der Riss zwischen Juden und Arabern oder etwa die unüberbrückten Diskrepanzen zwischen Neueinwanderern und Alteingesessenen –, darf der Konflikt zwischen religiösen und säkular lebenden Juden als der geladenste gelten. Das hat seinen Grund nicht zuletzt darin, dass sich die integrative Funktion der zionistischen Ideologie in den letzten Jahren zunehmend abgeschwächt hat, weshalb sich das identitäre Selbstverständnis des Staates als akutes Problem ausnimmt. Denn wenn sich der Gegensatz zwischen einem »Judenstaat« und einem »Staat all seiner Bürger« als Matrix der Alternativen abzeichnet, unter denen man zu wählen hätte (wobei davon ausgegangen werden darf, dass nahezu alle jüdischen Bürger Israels einer wie immer gearteten Version vom »Judenstaat« anhängen), erweist sich die Klärung der Frage, wer Jude sei, als dringender denn je. Klar ist dabei, was die orthodoxen Juden wollen. Einigermaßen umreißbar auch, was der wohl größte Teil der nationalreligiösen Juden anstrebt. Gar nicht klar ist hingegen, was die säkularen Juden Israels in diesem Zusammenhang im Blick haben (außer die Möglichkeit, den Kuchen aufzuessen und ihn doch ganz zu behalten).

Diese Konstellation hat mit historischen Strukturbedingungen und daraus abgeleiteten Vorstellungen vom Notwendigen zu tun. Sie verdankt sich jedoch nicht minder einer lange eingeübten Positionsschwäche säkularer jüdischer Israelis, welche freilich ihrerseits von Grundsätzlichem herrührt. Denn zwar weiß der rationale Diskurs, dass er nichts Definitives über die Existenz bzw. Nichtexistenz Gottes zu sagen hat, aber genau dazu muss er sich hergeben, wenn er etwas Relevantes über die zwischen religiösen Gläubigen und (atheistischen) Säkularen herrschende Diskrepanz aussagen möchte. Dies schon deshalb, weil nun einmal eine unüberbrückbare Kluft zwischen der Grundannahme, dass Gott den Menschen erschaffen habe, und der, dass Gott ein Erzeugnis des Menschen sei, besteht. Für den Gläubigen Juden ist der (jüdische) Atheist denn ein »irrgeleitetes Kind« im noch versöhnlichen Fall und ein Verleugner des Allerheiligsten im Regelfall. Für den atheistischen Säkularen ist Religion, mithin der Gottesglaube, das Produkt menschgemachter Geschichte und gesellschaftlich-kultureller Entwicklung im noch neutralen Fall und eine »Zivilisationsneurose« bzw. ein bewusstseinstrübender ideologischer Faktor und Grundlage aller fetischistischer Weltwahrnehmung des Menschen im (eher raren) Extremfall.

Der moderne Nationalstaat, revolutionär darauf bedacht, seine Legitimationsquelle auf den Menschen bzw. den Bürger zu verlagern, »löste« das Problem besagter Kluft durch Einführung des Prinzips der Trennung von Staat und Religion. Das zentrale Aktionsfeld der Religion wurde weitgehend in die Sphäre privater Lebenswelten verwiesen. Ihre Institutionen existierten zwar weiterhin öffentlich und fungierten als einflussreiche Sozialisationsagenten, wurden aber zugleich der Oberhoheit des Staates unterstellt, welcher somit das ihm von der Moderne beigemessene Primat wahrte. Man ging dabei von der Grundannahme aus, dass der moderne Bürgerstaat die Religion in sich aufzuheben vermag, ohne ihr Wesen zu gefährden, während die Religion als politische Herrschaftsinstanz die bürgerlich-säkularen Grundlagen des modernen Staates nicht »verdauen« kann, ohne diese von Grund auf zu unterwandern.

In diesem Sinne birgt die Dichotomie von »Judenstaat« und Israel als »Staat all seiner Bürger«, der den israelischen Diskurs in den letzten zwei Jahrzehnten umtreibt, einen zweifachen Widerspruch in sich: Nicht nur reduziert das Judentum (als Kriterium staatsbürgerlicher Zugehörigkeit) die Kategorie der Staatsbürgerschaft bis hin zur Entleerung ihrer demokratischen Wesensinhalte, sondern als ideologische Basis des Existenzrechts des »Judenstaates« zwingt sie dem atheistischen israelischen Säkularismus ein heteronomes Moment auf. Dies ist vermutlich der eigentliche Grund dafür, dass so wenige jüdische Israelis ihre Säkularität über die gängige Wut auf »die Religiösen« (besonders auf »die Orthodoxen«)

hinaus zu überschreiten vermögen: Kraft ihres religiösen Glaubens halten jene das Monopol über das, wovon diese sich letztlich nie wirklich zu verabschieden vermochten, ohne sich dies freilich selbst einzugestehen. So erklärt sich denn, dass das leere Gerede vom »vollen Wagen« der religiösen Geistigkeit es in der Tat schafft, die der säkularen »israelischen Identität« eignende Unsicherheit der Religion gegenüber zu provozieren und an ihren Grundfesten zu erschüttern. In der Tat mag man sich fragen, was von jenem für die jüdisch-israelische Existenz unabdingbaren Judentum übrig bliebe, wenn die Religion als rituelle »Tradition«, vor allem aber als kulturelle Institution des Glaubens an den »Gott der Juden«, abgezogen würde. Hitler?

Nun, es kommt darauf an, was man legitimieren möchte. Wenn es darum geht, die Notwendigkeit der Existenz eines zionistischen Staates Israel als historische Antwort auf ein das jüdische Volk durch die gesamte diasporische Zeit begleitetendes Amalek-Prinzip zu begründen, ist »Hitler« tatsächlich die ideologische Basis dafür. Wenn es hingegen um die innenbestimmte Persistenz des gesamten jüdischen Volkes *in der Welt* geht, ist die Religion in der Tat ein unabdingbarer Faktor bei der Herstellung eines (solidarische »Einheit« garantierenden) gemeinsamen Nenners zwischen den in aller Welt versprengten Teilen des Volkes. Man kann freilich in ganz anderen Kategorien denken – Kategorien einer Identität, die aus realen, gemeinsam erfahrenen sozialen und kulturellen Lebenspraktiken erwachsen ist und im Vertrauen auf diese Existenzlogik einer dynamisch ausgerichteten Heterogenität, welche sich abstrakten Vorbestimmungen und ideologischen Beherrschungsmechanismen zu entziehen trachtet, das Wort redet. Aber das würde die elementare Infragestellung anderer gewichtiger Grundpostulate der jüdisch-israelischen Identität erfordern. Und so wird wohl die »Trennung von Staat und Religion« den allermeisten säkularen Israelis weiterhin als ein beliebiges Lippenbekenntnis dienen, welches ihnen auch in Zukunft ermöglichen wird, ihren sich »demokratisch« dünkenden Staatsbürgerbegriff in den Koordinaten des ihn letztlich bestimmenden religiösen Paradigmas zu belassen.
[2010]

Zionismus und Rassismus

Am 10. November 1975 geschah etwas, das man entweder für gravierend oder – gemessen daran, dass dies Gravierende späterhin annuliert wurde – für nichtig erachten kann. Die UNO-Vollversammlung entschied: »[...] der Zionismus ist eine Form des Rassismus und der rassischen Diskriminierung«. Die Stimmverteilung für und wider das Verdikt darf sowohl beim Beschluss als auch bei dessen nachmaliger Annullierung außer Acht gelassen werden; sie verdankte sich der jeweiligen, deutlich zeitgeistgeschwängerten politischen Konstellation der UNO-Vollversammlung. Da aber der an den Zionismus ergehende Vorwurf des Rassismus durch die Aufhebung der institutionellen Entscheidung mitnichten aus der Welt geräumt ist, lohnt es sich, das Problem besagter Zuschreibung grundsätzlich zu reflektieren.

Man kann es sich dabei leicht machen, indem man den Begriff des Rassismus auf seine ursprüngliche, namentlich biologistische Grundbedeutung zurückführt und nachweist, dass sich der historische Zionismus nicht durch ein ideologisches Postulat der Rassenreinheit auszeichnete. Zwar weist die jüdische Halacha in ihrer Definition des Juden eine biologische Komponente auf – Jude ist, wer von einer jüdischen Mutter geboren wurde –, aber zum einen gründet diese Doktrin nicht im Zionismus, sondern im religiösen Judentum; zum anderen ist selbst sie prinzipiell »überwindbar«: Denn Jude ist auch der, der eine orthodox anerkannte Konversion zum Judentum begangen hat. Es stimmt zwar, dass das religiöse Judentum (in striktem Gegensatz zum Christentum und Islam) nicht missionarisch ausgerichtet ist, traditionell mithin einer Abgrenzung gegenüber Nichtjuden das Wort redet, aber dies hat nichts mit der Ideologie einer modernen Rassenbiologie zu tun, sondern, wenn überhaupt, mit dem religiös-archaischen Auserwähltheitsgedanken sowie mit der historisch begründeten Ambition, als Religionsgemeinschaft im Diasporischen und im Kontext einer langen Verfolgungsgeschichte zu überdauern. Ein Blick auf Israels Straßen genügt zudem, um sich davon zu überzeugen, wie »rassisch« und ethnisch durchmischt das aus aller Herren Länder im Einwanderungsland Israel zusammengekommene jüdische Kollektiv selbst ist. Selbst wenn man in Anschlag bringt, dass ein Theodor Herzl seinerzeit sich nur schwerlich hätte vorstellen können, dass der von ihm antizipierte Judenstaat dereinst auch dunkelhäutige äthiopische und »nichtweiße« orientalische Juden zu seinen Bürgern zählen würde – und in der Tat verstand sich das zionistische Projekt ursprünglich primär als ein europäisches, mithin aschkenasisches Unterfangen –, so kann ihm nicht im Nachhinein unterstellt werden, rassistischem Gedankengut aufgesessen zu sein.

Nun ist aber auch kaum anzunehmen, dass der gegen den Zionismus erhobene Vorwurf des Rassismus biologistisch gedacht war. Gemeint war vielmehr, dass der Zionismus das proklamierte Objekt seiner Emanzipationsbestrebung so eng fasst, dass sich diese Bestrebung mit Postulaten westlicher Emanzipationsvorstellungen als letztlich unvereinbar erweist. Denn der nicht von ungefähr abstrakt konzipierte, spätestens seit der Französischen Revolution zum politischen Maßstab geadelte Bürgerbegriff wollte sich gerade solcher Partikulareinschränkungen wie Religion, Rasse, Ethnie und (späterhin) Geschlecht entledigen, was zwangsläufig mit der Kategorie des Juden als ausschließlichem Kriterium der Zugehörigkeit zum sich als Nation konstituierenden (zionistischen) Kollektiv und des damit einhergehenden Anspruchs auf automatische Staatsbürgerschaft kollidieren musste. Wenn nur Juden (und zwar jeder Jude, wo immer er lebt) einen unhinterfragbaren Anspruch auf die israelische Staatsbürgerschaft erheben dürfen, dann findet sich darin in der Tat ein Element diskriminierender Ausschließlichkeit. Was dabei dieses spezifische Moment der Diskriminierung von anderen vergleichbaren Exklusionspostulaten, wie sie sich heutzutage zunehmend als Ausländer- und Fremdenfeindschaft europäischer Länder manifestiert, unterscheidet, ist der schiere Umstand, dass im Falle des Zionismus das Kriterium der Ausschließlichkeit von Anbeginn zur staatsoffiziellen Doktrin, ja zur Raison d'Être des zionistischen Staates erhoben wurde.

Zu fragen ist freilich, ob dies für sich genommen angreifbar ist. Denn nicht die Tatsache, dass der Zionismus sich von vornherein als nationale Befreiungsbewegung *der Juden* definierte, wäre in diesem Zusammenhang zu hinterfragen, sondern die historischen Vorbedingungen der schieren Notwendigkeit, die Juden separat emanzipieren zu sollen. Es gibt zwar Strömungen im heutigen Zionismus, die behaupten, der Zionismus hätte sich auf jeden Fall *von sich aus* als Bewegung der kulturellen wie nationalen Erneuerung des diasporisch degenerierenden Judentums konstituiert, aber man geht wohl kaum fehl, wenn man dem gegenüberhält, dass die Schlagkraft dieser (national-kulturellen) Erneuerung sich aus einem reaktiven Moment des Zionismus speiste, namentlich aus dem für das europäische Judentum im ausgehenden 19. Jahrhundert zur nicht ignorierbaren Bedrohung gewachsenen Antisemitismus. Nicht Juden, sondern Nichtjuden schufen das sogenannte »jüdische Problem«; als es sich aber als solches formuliert und gesellschaftlich-politisch etabliert hatte, mussten sich Juden, die es verinnerlicht hatten, mit ihm nolens volens auseinandersetzen. Dabei boten sich ihnen drei säkulare Lösungswege: der (vor allem von deutschen Juden angestrebte) Weg der Assimilation; der (von kosmopolitisch ausgerichteten Juden erwählte) des Sozialismus; und eben der des auf die Errichtung einer nationalen Heimstätte für die Juden zielenden politischen Zionismus. Letzterer kann nicht einfach als partikulare, daher unzureichende Lösung wegdiskutiert werden. Denn nicht nur erwuchs der politische Zionismus aus dem Geiste nationaler Emanzipationsbestrebungen des europäischen 19. Jahrhunderts und verstand sich darin eben als *partikulare* Bestrebung, wie sie allen nationalen Aspirationen jener Zeit zu eigen war; sondern man muss auch bedenken, dass selbst ein Mann vom Schlage Moses Hess, immerhin dem Kreise von Marx und Engels verbunden und zunächst dezidiert universalistischen Erlösungsvorstellungen verpflichtet, sich angesichts der Nationalkonflikte Europas und des anwachsenden Antisemitismus letztlich doch der Idee eines sozialistisch beseelten Zionismus verschrieb, mithin postulierte, »das jüdische Problem« bedürfe der *nationalen* Lösung.

Nimmt man noch hinzu, dass sich mit dem Holocaust die vom Zionismus angetriebene nationale Lösung des »jüdischen Problems« als akute Notwendigkeit der Schaffung einer Zufluchtsstätte für die Überlebenden der welthistorischen Monstrosität ausnahm, dann relativiert sich das Partikularitätsproblem der den Juden unmittelbar nach der Katastrophe real angebotenen »Lösung« ihres »Problems« zumindest in der Logik jenes historischen Ausnahmezustands und des ihm verschwisterten Gefühls gebotener Dringlichkeit.

Nun hat sich aber das, was sich damals als reale historische Notwendigkeit ausnahm und alsbald verobjektivieren sollte, nicht im luftleeren Raum, sondern in einem neuralgischen Kontext zugetragen. Die Gründung des zionistischen Staates ging bekanntlich mit der kollektiven Katastrophe der palästinensischen Bevölkerung im Territorium dieses Staates und einem gewaltigen, von Juden am palästinensischen Kollektiv verübten historischen Unrecht einher. Ob sich dieses Unrecht aus dem *Wesen* des Zionismus (also als etwas von vornherein im Zionismus Angelegtes) ableitete oder sich als tragische Konstellation im zeitgenössischen Zusammenhang deutet, spielt im hier erörterten Kontext eine eher geringe Rolle. Dieses Unrecht besteht und ist, mit der israelischen Okkupationspraxis seit

1967 intensiviert, mithin immer wirkmächtiger geworden *ungeachtet* der Apostrophierung des Zionismus als »eine Form des Rassismus«. Zu fragen bleibt freilich, ob die realen geschichtlichen Voraussetzungen für den Zustand des perpetuierten Unrechts in sich schon die strukturelle Tendenz zu dem bargen, was sich nachmalig als Rassismus ausnehmen mochte. Die Antwort darauf könnte positiv, mit nicht minderem Recht jedoch auch negativ ausfallen. Denn würde es beispielsweise zu einer Beilegung des israelisch-palästinensischen Konflikts im Sinne der Zweistaatenlösung kommen (von der binationalen Lösung ganz zu schweigen, aber die würde ja auch das Ende des historischen zionistischen Projekts bedeuten), würde sich kaum jemand noch einfallen lassen, den befriedeten Zionismus als rassistisch zu bezeichnen. Man würde sich in diesem Falle einer ohnehin prekären Wesensbestimmung des Zionismus enthalten und sich den auch in ihm angelegten Potenzial historischen Wandels verschreiben wollen.

Zu eilig darf man freilich nicht zu diesem (eh noch visionären) Urteil gelangen. Denn der israelische Alltag wie auch die gegenwärtig vorwaltende hohe Politik Israels setzen offenbar alles daran, dem UNO-Verdikt von 1975 noch im Nachhinein Geltung zu verschaffen. Viel ließe sich dazu anführen; dies würde aber den hier gebotenen Rahmen sprengen. Wenige ausgesuchte Beispiele seien stattdessen exemplarisch dargelegt.

»Das Eindringen des Faschismus aus den Straßenrändern in die Korridore der Herrschaft«, schreibt der israelische Historiker Danny Gottwein (*Haaretz*, 9.11.2010, S. B1), »ist einer der Wege, deren sich die israelische Rechte bedient, um sich mit dem Wandel der gesellschaftlichen Funktion der Okkupation auseinanderzusetzen. Die Modifikation des Staatsbürgerschaftsgesetztes, die darauf aus ist, einen Treueeid auf Israel als einen jüdischen und demokratischen Staat einzubeziehen, ist ein Ausdruck davon.« Gottwein verweist in diesen wenigen Sätzen auf die strukturelle Diskrepanz zwischen dem Selbstbild Israels als einem demokratischen Staat, der sogar vorgibt, die einzige Demokratie im Nahen Osten zu sein, und seiner politischen Realität, die sich gesetzlicher Mittel bedient, welche bei jedem Demokraten berechtigtes Entsetzen hervorrufen dürften. Denn nicht nur ist das Kriterium des Jüdischen unter Juden selbst mitnichten konsensuell geklärt (das Gegenteil ist der Fall) – Israel ist darüber hinaus nun einmal ein Staat, in welchem (staatsoffiziell anerkannt) mindestens 1,3 Millionen Nichtjuden, arabische Bürger, leben. Die irreale, dafür mit umso größerer Emphase ausgesprochene Erwartung, dass diese nichtjüdischen Bürger Israel als einen *jüdischen* Staat anerkennen (und nicht etwa als den Staat *all seiner Bürger*, in welchem sie als gleichberechtigte Bürger einbezogen wären), läuft auf nichts anderes hinaus als auf ihre strukturelle Exklusion aus der bürgerlichen Gemeinschaft des Landes. Dies ist freilich schon seit Gründung des Staates das etablierte Grundmuster. Offiziell sind Israels Araber gleichberechtigte Bürger des Staates; de facto leben sie aber seit Jahrzehnten (in nahezu allen Lebensbereichen) als Bürger zweiter Klasse. Neu ist die nunmehr gesetzlich vorangetriebene Identitätsfarce, die – aus der politischen Ecke Avigdor Liebermans kommend – der bewussten Diskriminierung der arabischen Bevölkerung des Landes eine legale Grundlage zu verschaffen trachtet. Das hat mit *biologistischem* Rassismus nichts zu tun, sehr wohl aber mit einem ethnisch beseelten politischen Rassismus, der sich mit der faschistischen Brachialität Liebermans nur zu gut in Einklang weiß.

Danny Gottwein indiziert, dass die faschistische Tendenz sich von den Rändern der Straße in die Mitte der politischen Herrschaft bewegt. Zu denken ist eher eine dialektische Wechselwirkung: Die politische Klasse nimmt auf, was ihr »die Straße« zufaucht, formt aber zugleich das Fauchen, facht es an und legitimiert es. So eröffnet etwa die Publizistin Avirama Golan eine mit der Drohung »Du bist der nächste Araber« betitelte Kolumne (*Haaretz*, 3.11.2010, S. B1) mit den Worten: »Was ist so schlimm daran – sagte mir G. –, dass Menschen in Gemeinden sich ihre Nachbarn aussuchen wollen? Ich rede von der Bestrebung, in einem schönen, sauberen Ort zu leben, den Kindern eine hochwertige Erziehung in einer qualitativ hochstehenden Gemeinde angedeihen zu lassen; was ist also so schlimm daran, dass man keine Araber haben möchte? Sie passen doch wirklich nicht zu einer Ortsgemeinde mit jüdisch-zionistischer Couleur.« Golan klärt G., einen orientalischen Juden mit einer Frau aus der ehemaligen Sowjetunion, auf, macht ihm plausibel, warum er selbst kaum eine Chance hätte, in der von ihm idealisierten Gemeinde aufgenommen zu werden, und beendet ihre Kolumne wie folgt: »G. ist in eine faschistische Falle hineingetappt, die ihn mit dem hohlen Titel ›Jude‹ entschädigt, während sie seine staatsbürgerliche israelische Identität ausradiert, damit er nicht merkt, wie sehr seine Selbstsicherheit bereits erschüttert worden ist. Aber wieso siehst du das nicht, G.? Weißt du denn nicht, dass in den Aufnahmekomitees [besagter Gemeinden] und in allen künftig kommenden du der nächste Araber sein wirst?«

Was sich bei Avirama Golan wie anekdotische Fiktion des Feuilletons ausnimmt, ist krude israelische Realität, dezidierte Praxis der parlamentarischen Legislative. In der Tat hat der Verfassungsausschuss der Knesset Ende Oktober dieses Jahres einen Gesetzesentwurf verhandelt, der die Aufnahmekomitees von Gemeinden gesetzlich ermächtigen soll, Anwärter auf Aufnahme in die Ortsgemeinden nach Kriterien »der Anpassung an die Grundanschauung der Gemeinde« und »der sozialen Anpassung an den Geist der Gemeinde, ihre Lebensweise und ihre soziale Zusammensetzung« anzunehmen oder abzuweisen. Nicht von ungefähr heißt es im Leitartikel der *Haaretz* vom 27.10.2010 (S. B1): »Das ist ein empörender Entwurf, der einen Beschluss des Obersten Gerichtshofes [...] skrupellos umgeht. Die Ortsgemeinden werden auf öffentlichem Boden errichtet und bieten den Anwärtern eine hohe Lebensqualität zu relativ niedrigem Preis an, um das kontroverse Ziel einer ›Judaisierung‹ ganzer Landstriche zu verwirklichen.« Soziale »Anpassung« ans »Jüdische« des Ortes also zwecks prästabilisierter Ausgrenzung von Arabern (oder auch anderen unliebsamen Nichtjuden), welche ihrerseits in einer von oben generierten Politik der »Judaisierung« arabisch bevölkerter Landstriche Israels gründet. Dieses Postulat landnehmender Expansion eignete freilich dem Zionismus von seiner Frühzeit an.

Die Konstellation wechselseitiger Wirkung von diskriminatorischer hoher Politik und alltagsrassistischem Ressentiment verbandelt sich in Israel auch zunehmend mit der Religion. Das letzte eklatante Beispiel für diese unselige Verschwisterung war in der nordisraelischen Stadt Safed zu verzeichnen. Auch dieses Falls nahm sich ein Leitartikel der *Haaretz* an (8.11.2010, S. B1): »500 arabische Studenten, die im College der Stadt lernen, waren Opfer einer hässlichen öffentlichen Attacke, die in Gewalt gegen drei von ihnen gipfelte. Der oberste Rabbiner der Stadt, Shmuel Eliyahu, veröffentlichte letztens ein halachisches Verdikt, welches Juden verbietet, Arabern in der Stadt Wohnungen zu vermieten; von einer Notversammlung, an der 18 Rabbiner und rund 400 Anhänger teilnahmen, ging ein ähnlicher Aufruf aus. Der Vizebürgermeister der Stadt unterstützte die Versammlung. Ein 89-jähriger Bürger der Stadt [...] wurde in seinem Leben bedroht, nachdem er seine Wohnung an beduinische Studenten vermietete.« Shmuel Eliyahu ist kein Kind von traurigen Eltern: In der Vergangenheit rief er bereits dazu auf, Araber aus dem College der Stadt Safed zu verjagen, und ging gar so weit, die Ermordung Unschuldiger zu befürworten, wenn sie Palästinenser sind. Dass Regierungsangehörige und die Munizipalobrigkeit diesen blanken Rassismus durch Schweigen legitimieren, darf nicht verwundern. Auch nicht, dass der Rabbiner seine rassistischen Auslassungen damit begründet, dass es »so in der Thora geschrieben steht«. Denn was ist schon von einer Regierungsmannschaft zu erwarten, die einen Avigdor Lieberman, den Initiator des Treueeid-Gesetzes, zum Außenminister und die rechtsradikalsten Elemente der israelischen Parteienlandschaft zu Koalitionspartnern erkoren hat? Auch die bigotte Bibeltreue des Stadtrabbiners birgt einen realen Wahrheitskern – denn in der Tat lässt sich manches der Thora entnehmen, das den Rassismen des Rabbiners vollauf kompatibel wäre. Ein orthodoxer Rabbiner ist seinem Beruf nach nun einmal ein Vermittler der Thora, Werber halachischer Lebensweise und Bekämpfer all dessen, was seinen religiösen Wahrheiten entgegensteht.

Nur stellt sich dann halt die Frage aufs Neue, ob somit der Zionismus vielleicht doch für rassistisch zu erachten sei. Die Antwort lautet weiterhin: nein – jedenfalls insofern der Zionismus als prononciertes Erzeugnis des europäischen Nationalismus begriffen wird. Was Rassismus, Fremden- und Ausländerhass anbelangt, hat er keinem anderen Nationalstaat des Westens etwas vor. Die Spezifität der ihm nachweisbaren rassistischen Elemente (die hier nur lapidar skizziert werden konnten) erklärt sich aus seinem Entstehungszusammenhang und seiner präzedenzlosen historischen Genese, mithin aus seinem wesentlich *reaktiven* Charakter: Der zionistische Rassismus »verdankt« sich in Vielem dem europäischen Antisemitismus, nicht zuletzt in seiner ideologischen Selbstgewissheit und seinem selbstgerechten Hang zur (geschichtlichen) Verdrängung. Am Rande bemerkt sei hier nur, dass er darin auch im innerjüdischen Diskurs (etwa zwischen aschkenasischen und orientalischen Juden) nicht haltmacht.

Eine ganz andere Frage ist freilich, ob sich Israels Staats- und Gesellschaftsrealität (ungeachtet essenzialistischer Wesensbestimmungen des Zionismus als solchen) durch Rassismus auszeichnet. Und diese Frage muss – zumindest im Hinblick auf die immer beredter sich manifestierende Gesamttendenz – entschieden bejaht werden. Die unselige Konstellation von geschichtlicher Verfolgungsneurose, politischer Ideologie der Expansion, religiös-messianischem Wahn und realer (selbstgewollter?) Sackgasse in der Handhabung des Nahostkonflikts hat inzwischen die ursprüngliche Idee emanzipierter nationaler Souveränität in eine regressiv-repressive »Rückbesinnung auf sich selbst« umkippen lassen, bei der die historische Angst vor dem Verfolgtsein in eine brachiale Ideologie der Verfolgung, »Judentum« zur reaktionären Kampfparole gegen Fremde und das Gedenken an historischem Rassenwahn in eigenen Rassismus umgeschlagen ist. Das hat nicht unbedingt etwas mit Zionismus, viel aber mit der Art und Weise, wie sich seine Träger in den »Straßenrändern« und den »Korridoren der Herrschaft« gegenwärtig setzen zu sollen meinen.

[2010]

Die Kulturalismusfalle am Beispiel des Nahostkonflikts

Was immer man als den Nahostkonflikt ansehen und wen man alles zu seinen Protagonisten zählen möchte, eines steht fest: Es geht nicht um das, was man mit zunehmender Vorliebe als »Kampf der Kulturen« zu apostrophieren pflegt. Der von Huntington stammende, inzwischen zum modischen Schlagwort avancierte Begriff geht am Wesen des Konflikts vollkommen vorbei, insofern er die nunmehr eine Jahrhundert währende Kollision im Nahen Osten als einen Kulturkampf gedeutet wissen will. Diese Deutung erweist sich nämlich dahingehend als ideologisch, als sie bewusst (oder nicht) kaschiert, was in diesem Konflikt den Kampf antreibt, den Hass schürt und die Gewalt befördert.

Wenn man den Nahostkonflikt als Kampf zwischen Juden und Arabern bzw. zwischen (jüdischen) Israelis und Palästinensern ansieht, so handelt es sich zunächst und vor allem um einen *Territorial*konflikt mit all den möglichen wirtschaftlichen, politischen und militärischen Auswirkungen, die derlei Konflikte immer schon gezeitigt haben. Dass es zu diesem Konflikt kam, ist schlicht darauf zurückzuführen, dass zwei Kollektive – ein geschichtlich bereits ansässiges und ein aus geschichtlichen Gründen zugewandertes – um ein und dasselbe Territorium streiten. Die Ansprüche der Palästinenser können sich dabei auf das ursprünglich nationalitätslose Autochthone berufen. Das Anrecht der Juden auf das Land beruft sich entweder auf biblische Gottverheißung und die damit einhergehende »Rückkehr in das Land der Urväter« oder aber auf den abstrakt generierten territoriumslosen Nationalstaatsgedanken in der zionistischen Moderne.

Den in der ersten Hälfte des 20. Jahrhunderts in Palästina lebenden Arabern galten die zugezogenen Juden als Usurpatoren ihres Landes, mithin als Träger einer Kolonialbewegung. Die das Land besiedelnden Zionisten verstanden ihr Werk als Verwirklichung des Postulats, dass ein Volk ohne Land in ein Land ohne Volk einziehe. Dass sich der palästinensische Nationalismus am (entweder aus Not geborenen oder gesinnungsbeseelten) Eindringen der jüdischen

Immigranten ins palästinensische Territorium schärfte, korrespondiert mit der reaktiven Herausbildung des jüdischen Nationalstaatsgedanken, namentlich als »Lösung« des »jüdischen Problems« angesichts des Aufziehens des modernen Antisemitismus in Europa. Klar sollte aber bei alledem bleiben, dass es sich bei diesem Konflikt weder um einen religiösen Krieg noch um einen (wie immer zu verstehenden) ethnischen Zwist handelte. Denn nicht nur existierten das Judentum und der Islam historisch nie in solcher Feindschaft nebeneinander wie etwa Christentum und Judentum. Auch der gern herangezogene ethnische Faktor gerät spätestens dann ins Wanken, wenn man bedenkt, dass ein Großteil der jüdischen Bevölkerung Israels sich aus Menschen orientalischer Provenienz zusammensetzt. Deren kulturelle Affinität ist, zumindest ursprünglich, vielmehr der arabischen als einer europäischen bzw. westlichen Zivilisationssphäre zuzuordnen.

Genau deshalb argumentiert man auch letztlich ideologisch, wenn man den in der innerisraelischen Realität vorherrschenden Konflikt zwischen aschkenasischen und orientalischen Juden als einen ethnisch-kulturellen deutet. Denn sosehr sich das Ressentiment mittlerweile selbst als Resultat ethnischer Kollision apostrophiert, darf man nicht vergessen, dass es sich dabei um eine sozioökonomische Klassendiskrepanz handelt: Die oberen Schichten der israelischen Gesellschaft sind weitgehend von aschkenasischen, während die niedrigeren von orientalischen Juden bevölkert sind. Die untersten Schichten bilden die Araber, die zu einer kritischen Masse angewachsenen Gastarbeiter und – insofern der wirtschaftliche Aspekt belangt ist – orthodoxe Juden. Was immer wieder ausgeblendet wird, ist, dass sich diese Klassenschichtung aus der spezifischen Einwanderungs-Chronik der zionistischen Geschichte Ende des 19. und im Verlauf des 20. Jahrhunderts erklärt.

Der politische Zionismus gestaltete sich nun einmal historisch als ein westliches Projekt der europäischen Moderne; seine Träger waren es, die die Infrastruktur des Landes in der vorstaatlichen Ära anlegten. Sie waren es, die sich institutionell konsolidierten – und sie waren es eben auch, die die politisch-ökonomische Hegemonie innehatten, als *nach* der Staatsgründung die großen Einwanderungswellen von Juden arabischer Provenienz ins Land kamen. Dass dabei zionistische Gleichheitsparolen mit objektiven (mithin bewusst fortgesetzten) Sozialdiskrepanzen kollidierten, mochte späterhin in kulturalistisch eingefärbte ethnische Parolen des Ressentiments münden. Aber man machte sich dabei blind für die Realität des geschichtlichen Wirkzusammenhangs – genauso wie man heute mit Lust zu vergessen geneigt ist, wo die historischen Bedingungen für die Verfestigung des überall auf der Welt wütenden Hasses zwischen Juden und Arabern lagen.

[2010]

Juden in Deutschland – Deutschland in den Juden

Die Möglichkeit, dass eine deutsch-jüdische Symbiose je bestanden habe, hat Gershom Scholem bekanntlich in den 1960er-Jahren mit solcher Rigorosität in Abrede gestellt, dass man seine Apodiktik seither als Wahrnehmungsparadigma der Beziehung zwischen Deutschen und Juden sehen darf, einer durch die negativen Vorzeichen des repressiven Verkettungsverhältnisses von Tätern und Opfern geprägte Beziehung, in der selbst die zaghaften Annäherungsversuche der letzten Jahrzehnte von beiden Seiten eher schief beäugt oder doch zumindest als prekär registriert werden. Die deutsch-jüdische Symbiose habe es nie geben *können*, meinte Scholem, denn die »unglücklich liebenden« Juden hätten gewollt, was die Deutschen nie zuzulassen gewillt gewesen seien; die jüdischen Avancen habe man als einen »Schrei ins Leere« zu begreifen.

Scholems Behauptung muss ernst genommen werden: zu monströs das im 20. Jahrhundert Geschehene, als dass es nicht zu einem sowohl offiziell ideologisierten als auch subjektiv latent gefühlten historisch-empirischen Kriterium einer Beurteilung der Beziehung zwischen Deutschen und Juden erhoben würde. Korrekt müsste es freilich »zwischen *nichtjüdischen* Deutschen und Juden« heißen. Denn es gab ja in der Vergangenheit deutsche Juden, zumindest im Selbstverständnis derer, die sich als solche apostrophierten. Gerade das würde zwar Scholem in Abrede gestellt haben wollen, aber darin liegt eben auch das Defizitäre seines Postulats: Die Unmöglichkeit einer deutsch-jüdischen Symbiose ist eine Ex-post-facto-Feststellung, also finalistisch begründet; sie ignoriert die (wie immer *im Nachhinein* vergebliche) Bestrebung von Juden, sich im Deutschland des 19. Jahrhunderts bürgerlich einzurichten, und die Tatsache, dass es nirgends in Europa ein Land gegeben hat, in welchem die realen Erfolgsaussichten dafür besser bestellt waren. Nicht Juden hatten ein »jüdisches Problem« postuliert; als aber dieses von ihnen nach und nach als ein solches verinnerlicht wurde, standen ihnen drei aus der Logik der Moderne geborene Optionen für seine Lösung zur Wahl: der nationale, mithin partikular ausgerichtete Zionismus; der emanzipativ beseelte, universelle Sozialismus und eben die bewusste Assimilation der Juden in ihre jeweiligen Residenzgesellschaften. Fraglich, ob die allermeisten Bewohner des osteuropäischen Stetls die dritte Option je als real zu verwirklichende in Erwägung gezogen haben, aber von großen Teilen des deutsch-jüdischen Bürgertums wurde sie emphatisch vertreten. Man sollte dies a posteriori nicht allzu eilfertig als Irrweg belächeln oder gar zum Vorwurf erheben. Zumindest aus Respekt vor dem bewussten Willen der historischen Akteure, wenn schon nicht aus Achtung vor der Wirkmächtigkeit geschichtlicher Kontingenz, sollte man die Bestrebungen deutscher Juden im vorhitlerischen Zeitalter zur Kenntnis nehmen und zeitrelevant einzuschätzen wissen.

Das aber, was einst deutsche Juden waren und sein wollten, ist nun mal katastrophisch untergegangen, Geschichte geworden. Als sozial geschlossene Gruppe sind deutsche Juden kaum noch in Deutschland vorzufinden. In Deutschland leben zwar Juden, aber keine, die sich selbst ungebrochen als Deutsche sehen. Das hat nicht nur mit der Ermordung und Vertreibung der historischen Juden Deutschlands zu tun, sondern vor allem mit den historischen Umständen und dem Selbstverständnis derer, die nolens volens ihre »Nachfolge« antraten. Denn was sich in der unmittelbaren Nachkriegszeit im Rahmen der sich in der alten Bundesrepublik spärlich bildenden jüdischen Gemeinden einfand, waren großteils osteuropäische Shoah-Überlebende, mithin Menschen, denen ihr jüngst durchlebtes Schicksal das subjektive Gefühl eines Gegensatzes zu allem, was infolge der NS-Zeit für deutsch erachtet wurde, gleichsam von selbst aufprägte. Die nach dem Holocaust in Deutschland sich einrichtenden Juden waren keine »unglücklich Liebenden« mehr, ihr »Schrei ins Leere« hatte nichts mit der emphatischen Bestrebung, Deutsche zu sein, zu tun, sondern einzig mit dem Grauen, das Deutsche an ihnen verbrochen hatten.

Und doch blieb man in Deutschland. Nicht viele waren es, und die, die es waren, führten stets den rationalisierenden Spruch im Munde, man befinde sich nur auf einer Zwischenstation, sitze mithin auf gepackten Koffern, um sich ja nicht niederzulassen bzw. gegebenenfalls schleunigst wieder ausreisen zu können. Ob nun ehrlich gemeint oder (zumindest bei einigen) nur als Lippenbekenntnis vorgetragen, sollten sich diese Beteuerungen bei den allermeisten in Deutschland nach 1945 gebliebenen oder zugereisten Juden objektiv als handfeste Lebenslüge erweisen. Denn nicht nur die Generation der (zumeist) osteuropäischen Shoah-Überlebenden richtete sich in der wirtschaftswunderlichen Bundesrepublik ein, sondern auch ihre in Deutschland geborenen bzw. aufgewachsenen Kinder, die sogenannte »zweite Generation«, blieben – sie lernten, studierten, gründeten Familien und etablierten sich beruflich. Als dann nach und nach lebensweltlich relevante Gemeindeeinrichtungen institutionalisiert wurden, dämmerte es allmählich allen, auch den emphatischsten Auf-den-Koffern-Sitzern, dass die Geschichte ihr zwar zaghaftes, aber eben auch unüberhörbares Wort gesprochen hatte: Die ursprünglichen Platzhalter des deutschen Judentums waren zwar aus Deutschland verschwunden, aber Juden in Deutschland gab es sehr wohl, mochten sie sich zunächst noch so bemühen, öffentlich nicht aufzufallen.

Nicht von ungefähr kam es also, dass Ignatz Bubis Mitte der 1980er-Jahre den Gordischen Knoten zu durchhauen und den bürgerlichen Scheincharakter jüdischer Existenz in der alten Bundesrepublik zu entlarven und zu wenden trachtete. Zwar gibt Bubis' am Ende seines Lebens resignierender Ton hinsichtlich dessen, was er während seiner Amtszeit als Präsident des Zentralrates der Juden in Deutschland in der Beziehung zwischen jüdischen und nichtjüdischen Deutschen bewirkt habe, zu denken. Aber er hat vermutlich mehr bewirkt, als er selber zu realisieren vermochte: Allein schon sein öffentlich erhobenes Postulat, jüdisches Gemeindeleben möge in Deutschland wieder offiziell legitimiert und lebensweltlich entfaltet werden, kam, gemessen an den Denk-, vor allem aber Gefühlsnormen der meisten seiner in Deutschland lebenden jüdischen Generationsgenossen, einem Tabubruch mit weitreichenden Folgen nahe. Und doch stellte sich die späte Nachdenklichkeit nicht zufällig ein. Denn in der Tat hatte die berüchtigte Auseinandersetzung mit Martin Walser (die sogenannte Walser-Bubis-Debatte) ein Moment des Unüberbrückbaren zutage gefördert: Sosehr man sich dem Risiko der fremdbestimmten Vereinnahmung von vornherein aussetzt, wenn man sich auf die bewusste Funktionalisierung des Gedenkens zum interessengeleiteten Politikum einlässt, wie es Bubis nolens volens tat, war doch Walsers aufrechnende Behauptung, er habe sich mit dem Problem der kollektiven Erinnerung auseinandergesetzt, als Bubis, sein »Kontrahent«, noch mit ganz anderen Dingen beschäftigt gewesen sei, ein geradezu unfassliches Novum. Eine Symmetrie war zwischen dem die künftige Erinnerung Verweigernden und dem auf die Erinnerung pochenden Überlebenden hergestellt worden, eine Symmetrie, die offenbar akzeptiert wurde – wenige nur hatten sich über den Vergleich entsetzt –, und somit die Gleichwertigkeit der Erinnerung *und* der Entsorgung ebenderselben mutatis mutandis legitimierte. Dass Walser alsbald mit unverhohlener Begeisterung von Kreisen zitiert werden konnte, die eine Ideologie der »Normalität« betreiben und den »Schlussstrich« schon seit langem anstreben, war nicht verwunderlich; dass aber seine Argumentation, die diese Art von Beifall zu zeitigen vermochte, leichterdings der des ehemaligen Opfers ohne nennenswerten Widerspruch gegenübergestellt werden konnte, indizierte eine vorläufig nur latente, und dennoch schon recht spürbare Wende im deutschen Diskurs über den Umgang mit der Vergangenheit.

So stellten sich die Dinge noch vor rund einem Jahrzehnt dar. Im ersten Jahrzehnt des angebrochenen neuen Jahrhunderts traten jedoch zwei gravierende Momente ein, die den Diskurs über Juden in Deutschland merklich affizierten. Zum einen änderte sich durch die massive Einwanderung von Juden aus der ehemaligen Sowjetunion nach Deutschland die jüdische Demografie dieses Landes von Grund auf. Denn nicht nur vervielfachte sich im Zuge dieser Immigration die jüdische Bevölkerung Deutschlands, wodurch eine zur neuen Qualität umgeschlagen substanzielle Quantität zustande kam, sondern es reproduzierte sich zugleich eine innerjüdische ethnische Spannung zwischen den Alteingesessenen und den neuen Zugezogenen, die man strukturell aus früheren Zeiten der Geschichte der in Deutschland lebenden Juden kannte, namentlich als ressentimentbeladene Begegnung zwischen deutschen Juden und den von diesen als »Ostjuden« apostrophierten jüdischen Flüchtlingen aus dem osteuropäischen Raum zu Beginn des 20. Jahrhunderts. Ironie des geschichtlichen Schicksals: Waren es noch alteingesessene deutsche Juden, die damals die Juden aus dem östlichen Raum als Fremde »in Empfang« nahmen, waren es diesmal ehemalige, freilich mit dem Dünkel der Alteingesessenen sich schmückende Ostjuden, die die neuen Ostjuden als solche misstrauisch beäugten, was allerdings auch mit der quantitativen Dimension der diesmaligen Einwanderung zu tun haben mochte: Ähnlich wie in Israel wurden »die Russen« als Fremde rezipiert, die man aber ob ihrer großen – wirtschaftlich wie politisch gravierenden – Masse schlechterdings nicht ignorieren konnte.

Zum anderen aber »entdeckte« man in diesem Jahrzehnt »Israel«, vor allem aber – damit freilich einhergehend – den »Antisemitismus«. Nicht dass die im Deutschland der Nachkriegszeit lebenden Juden keine Affinität zu Israel bezeugt hätten: Sie bekundeten ihre Solidarität mit dem »Judenstaat«, spendeten, investierten in ihn, kamen zu regelmäßigen Besuchen; aber überblickt man die Ernte der jahrzehntelangen Arbeit der Zionistischen Jugendorganisation Deutschlands (ZJD) in den 1960er- und 1970er-Jahren (spätere Jahrzehnte dürfen hier von vornherein ausgeblendet werden), so ergibt sich ein klägliches Bild: Wenige der ohnehin wenigen, die den Weg der Alijah beschritten haben, sind in Israel geblieben; viele der gerade in jenen Jahrzehnten aktivsten Organisationsmitglieder sind wieder nach Deutschland zurückgekehrt. Nicht darum geht es indes im anstehenden Zusammenhang, sondern um das Phänomen einer »Israelsolidarität«, die sich darin gefällt, jede (noch so berechtigte) Kritik am zionistischen Staat reflexartig als Antisemitismus zu (de)kodieren, und zwar nicht nur, um die Kritik als solche abzuschmettern, sondern zugleich auch den verhassten Kritiker öffentlich mitzudesavouieren. Dass besagte Israelkritiker zuallermeist nichts mit Antisemitismus im Sinne haben, und die Antisemitenjäger es offenbar nicht fertig bringen, zwischen Antisemitismus, Antizionismus und Israelkritik kategorial zu unterscheiden, hat dazu geführt, dass der Begriff des »Antisemitismus« gerade im Munde derer, die ihn heute als Juden in Deutschland zu bekämpfen meinen, zur leeren Worthülse verkommen ist. Waren die Juden der ersten Generation nach 1945 noch bemüht, keine Wellen zu schlagen, um ja nicht aufzufallen (zumal man sich als der deutschen Gesellschaft nicht zugehörig fühlte), schlug dieses Muster bei intellektuellen Vertretern der nachfolgenden Generation und der institutionalisierten Repräsentanz der Juden Deutschlands ins Gegenteil um: Mit unverhohlener Emphase geißelt man alles, was auch nur entfernt als »antisemitisch« verwertbar scheint, um sich befindlichkeitsgeschwängert selbst zu setzen; man gehört zwar nach eigenem Bekunden noch immer nicht dazu (und will es auch wohl nicht), umso heftiger beklagt man dafür die paranoid aufgespürten Symptome des Nichtdazugehörens und bedient sich dabei des Gedenkkapitals der historischen Opfer zu fremdbestimmten Zwecken.

Bittere Ironie: Die Israelsolidarität der in Deutschland lebenden Juden gemahnt an Scholems »unglücklich Liebenden« (mit neuen Protagonisten und anderen Vorzeichen freilich). Denn die allermeisten Israelis mögen das von Deutschland nach Israel kommende Geld, sie lieben die stramme Solidarität der deutschen politischen Klasse mit Israel, viele lieben auch »deutsche Kultur«, neuerdings auch den touristischen Besuch in Deutschland; eines aber lieben sie mit Gewissheit nicht: in Deutschland lebende Juden. Das hat weniger mit den realen Juden und jüdischen Gemeinden in Deutschland zu tun als vielmehr mit einem Residuum der klassischen zionistischen Ideologie. Denn wenn die Raison d'Être des Zionismus die Negation der Diaspora postulieren musste, die Diaspora mithin zum negativen Grundbestand dessen avancierte, woran sich zionistische Identität und israelisches Selbstbewusstsein über Jahrzehnte schärfte, so standen die nach Auschwitz in Deutschland lebenden Juden auf der alleruntersten Stufe der diasporischen Hierarchie. Nicht nur verstanden (und verstehen viele) Israelis nicht, wie sich Juden nach der geschichtlichen Katastrophe im Land der Täter einzurichten vermochten, sondern die schiere Tatsache, dass sie es taten, wurde für einen unhinterfragbaren moralischen Defekt erachtet. Man sollte allerdings hinzufügen, dass die in Deutschland lebenden Juden ihrerseits Israel und die Israelis eher abstrakt, eben aus angemessener Entfernung, zu »lieben« pflegen. Von der israelischen Lebensrealität und den strukturellen Problemen des Landes haben sie gemeinhin nur ein begrenztes Wissen, und das, welches sie haben, wird gemeinhin mit der ideologischen Patina der Verklärung oder eben des rigorosen Engagements für die vermeintliche »jüdische Sache« überzogen.

»Juden in Deutschland« ist, so besehen, nicht von »Deutschland in den Juden« zu trennen. Das festzustellen, mag nach Auschwitz trivial klingen. Nicht trivial ist es hingegen, darauf hinzuweisen, dass sich dieses Grundmuster früher oder später zu kruder Ideologie verfestigen muss, wenn nicht in Betracht gezogen wird, dass sich die Zeiten geändert haben und die neuen Herausforderungen an Juden und Deutschland, an Israel und seine Beziehung zu Deutschland, zu Deutschen und zu in Deutschland lebenden Juden historischem Wandel unterworfen sind, mithin begonnen haben, sich neu zu strukturieren.

[2010]

Die Shoah-Kodierung Deutschlands in Israel

»Deutschland« ist in Israel kodiert. So war es zwangsläufig von Anbeginn, das heißt seit Bestehen des jüdischen Staates, der ganze drei Jahre nach der Befreiung von Auschwitz gegründet wurde. Denn schon durch diese enge zeitliche Nähe wurde Deutschland, begrifflich abstrahiert, zum Synonym für die Shoah. Dass dabei die alte Bundesrepublik im israelischen öffentlichen Diskurs sehr bald schon – im Verlauf der Debatte um die 1952 abgeschlossenen Wiedergutmachungsabkommen zwischen Deutschland und Israel – zum »anderen Deutschland« avancieren konnte, ist keinesfalls als Widerspruch, sondern vielmehr als komplementäre Dimension besagter Kodierung zu begreifen. Deutschland, das Urheberland der jüdischen Shoah, wurde als materieller Garant des (durchaus auch in seinem Selbstverständnis) aus der Shoah hervorgegangenen Judenstaates. Dabei war Ben-Gurion, Israels Premierminister und maßgeblicher Befürworter der Wiedergutmachungsabkommen, darauf bedacht, Deutschland vor der in ihrer Haltung gegenüber den Abkommen gespaltenen israelischen Öffentlichkeit als Sühnepartner zu legitimieren: Lange bevor in der alten Bundesrepublik der Begriff des »anderen Deutschland« ideologisch-normativ kursieren durfte, war er in der öffentlichen Diskussion im Israel der frühen 1950er-Jahre aufgetaucht. Nicht von ungefähr waren hier die von Ben-Gurion stets ausgegrenzten Revisionisten der Herut-Partei Begins und die israelischen Kommunisten diejenigen, die sich jenem Abkommen widersetzten und es im ersten öffentlichen Skandal des gerade gegründeten Staats thematisierten. Wer die Verbindung zu (West-) Deutschland aus welchen emotionalen, politischen oder moralischen Motiven auch immer ablehnte, wurden von Seiten des politischen Establishments in Israel marginalisiert. Das Paradoxe bestand also darin, dass die israelische Shoah-Kodierung Deutschlands von Anfang an mit einer engen Bindung Israels an Deutschland einherging; keine sieben Jahre nach Auschwitz wurde ein offizielles Abkommen zwischen beiden Staaten unterzeichnet; ganze zwanzig Jahre nach Beendigung des Zweiten Weltkrieges wurden volle diplomatische Beziehungen zwischen ihnen aufgenommen. Ob dabei »Realpolitik« am Werk war, spielt in diesem Zusammenhang eine eher untergeordnete Rolle. Denn gerade die Legitimierung der Beziehung zu Deutschland verweist schon im Kern darauf, welchen Charakter besagte Shoah-Kodierung auf offizieller Ebene hatte und welcher (pragmatische) Geist sie durchwehte.

Hier muss jedoch auch streng differenziert werden. Die Deutschlandpolitik der israelischen Regierung darf nicht als getreuer Spiegel dessen verstanden werden, was sich in den einzelnen Lebenswelten, in den Privatsphären und im Rahmen spezifischer Auseinandersetzungen innerhalb der israelischen Gesellschaft abgespielt hat. Sosehr sich die Politik in dieser Angelegenheit im Sinne der den Zweck heiligenden Mittel nach und nach homogenisierte, erwiesen sich die Debatten in der Bevölkerung, die freilich als solche sehr oft nicht an die »Oberfläche« gelangen durften, als ungleich heterogener und vielschichtiger. Dies rührte nicht nur von einer grundsätzlichen Differenz zwischen Staat und Gesellschaft her, sondern hatte seine strukturellen Wurzeln in der ihrem Wesen nach ohnehin zutiefst heterogenen israelischen Einwanderungsgesellschaft. Da Israel als ein Land entstand, dessen jüdische Bevölkerung erst nach der Staatsgründung in mehr oder minder massiven Schüben aus aller Herren Ländern gleichsam »importiert« werden musste, formierte sich die Gesellschaft von Anfang an als ein multiethnisches und – damit zusammenhängend – multikulturelles Sozialgebilde. Darüber hinaus brauchte der säkulare Zionismus die jüdische Religion als Kriterium für die Anerkennung der israelischen Staatsbürgerschaft. Diese vermeintlich gemeinsame Matrix der religiösen Zugehörigkeit erwies sich sehr bald als Faktor großer Divergenz: orthodoxe Juden, nationalreligiöse Juden und säkulare Juden sind in ihren Auffassungen über das Wesen des israelischen Staates und der Bestimmung seiner Gesellschaft zutiefst uneins. Dies blieb nicht ohne Einfluss auf die Shoah-Rezeption in der israelischen Kultur. Denn während der säkulare Zionismus die Shoah als ultimatives Argument für sein ideologisches Postulat der Diaspora-Negation, also der historischen Notwendigkeit, das jüdische Exil aufzuheben, in Anspruch nahm, interpretierten gewisse Strömungen im orthodoxen Judentum die Shoah als Gottes Bestrafung des jüdischen Volkes für die Beschreitung des zionistischen Weges und für die eigenmächtige, dem messianischen Erlösungsdenken zuwiderlaufende Gründung eines jüdischen Staates. Die beiden Auslegungsmuster sind miteinander nicht zu vereinbaren: Während für die Zionisten der jüdische Staat als eine historische Notwendigkeit aus dem Holocaust hervorgegangen und die Shoah folglich als dessen Ursprung gedacht wird, fungiert für die Jüdisch-Orthodoxen gerade der zum eigenmächtig errichteten Staat führende Weg des Zionismus als Grund für die über das jüdische Volk hereingebrochene Katastrophe. Wenngleich diese Differenz die grundsätzliche Shoah-Kodierung von »Deutschland« änderte, zeigt sie doch beispielhaft, wie dieser innerjüdische Diskurs mit unterschiedlichen Inhalten aufgeladen wird. Bedenkt man zudem, dass sich die jüdische Bevölkerung Israels nicht nur aus westlich-aschkenasischen Juden zusammensetzt, sondern auch zum großen Teil aus den jüdischen Ethnien Afrikas und Asiens, die durch keine unmittelbare Holocaust-Erfahrung lebensgeschichtlich geprägt worden sind, und vielen Menschen aus der ehemaligen Sowjetunion, die in einer politischen Kultur aufgewachsen sind, in der die Shoah keine nennenswerte Rolle gespielt hat; nimmt man noch die über ein Sechstel der Gesamtbevölkerung ausmachende nichtjüdische arabische Minderheit, die im Kernland Israel lebt, hinzu, dann kann man sich ausmalen, wie parzelliert letztlich die Shoah-Wahrnehmung in den unterschiedlichen Lebenswelten sein muss. Dennoch ist in den »kanonisierten« Gedenkinstitutionen und in der offiziellen Holocaust-Gedenkideologie die Wahrnehmung als homogen dargestellt.[1] Kaum etwas bringt säkulare Israelis stärker in Rage als orthodoxe Juden, die den Stillstand beim Erklingen der Gedenksirene am Holocaust-Gedenktag missachten, weil sie meinen, dass die Sirenen samt des dazugehörigen Strammstehens nichts mit jüdischer Kultur, geschweige denn mit jüdischer Religion zu tun hätten.

Der offensichtliche Widerspruch zwischen der Shoah-Kodierung Deutschlands in der politischen Kultur Israels und der zunehmenden »Normalisierung« der Beziehung zwischen beiden Ländern zeitigte ein merkwürdiges Phänomen, das es eigens zu erwähnen lohnt. Es gibt keine israelische Institution, von der sich behaupten ließe, sie habe ein wirklich negatives oder gar hasserfülltes Verhältnis zu Deutschland – mit einer bezeichnenden Ausnahme: dem halboffiziellen Verbot der öffentlichen Aufführung von Richard Wagners Werken. Dass Wagner ein »deutsches Ärgernis« darstellt, ist im innerdeutschen Diskurs zum Gemeinplatz geworden: Die Konstellation von schöpferischer Genialität und menschlicher Verkommenheit, von revolutionärem Kunstpathos und politischer Reaktion, von mächtigem Kunstentwurf menschlicher Erlösung und immer obsessiver werdendem Rassenantisemitismus hat die deutsche Wagner-Rezeption stets in wachsamer Unruhe gehalten. Es gibt gute Gründe, sich von Wagner fernhalten zu wollen, obwohl niemand den immensen Einfluss seiner Werke auf die Entwicklung des Musiktheaters seiner Zeit oder auf die Musiksprache der Moderne, ja selbst auf Hollywoods Filmkonzeptionen im 20. Jahrhundert ernsthaft bestreiten dürfte. Dies prägte jedoch nicht die Wagner-Rezeption in Israel. Vielmehr bewirkte der Antisemitismus des Menschen Wagner in Verbindung mit der spezifischen Aufnahme, die er im Kulturleben des Dritten Reiches insgesamt erfuhr, den halboffiziellen Bann. Wagner avancierte sozusagen zum halbstaatlich kodierten Symbol des Holocaust-Gedenkens in Israel. Das erstaunt. In einem Staat, der, wie dargelegt, recht bald nach seiner Gründung ein ökonomisches Abkommen mit dem »anderen Deutschland« traf und somit die Materialisierung der Sühne absegnete; in einem Land, welches (aus nachvollziehbaren praktischen Gründen) ganze zwanzig Jahre nach der weltgeschichtlichen Monstrosität, die den Juden widerfahren war, volle diplomatische Beziehungen mit dem Land der Täter etablierte; in einem Land, das nicht wenige seiner Institutionen, Unternehmen sowie seine militärischen wie zivilen Anschaffungen durch deutsche Gelder finanziert, dessen Straßen, Gebäude und Geschäfte mit Waren aus dem reichen Deutschland angefüllt sind – in diesem Land ist ein im Jahre 1883 verstorbener Komponist zu einer Art Symbol seines quasi-ambivalenten Verhältnisses zum Land der Täter geworden. In diesem Rest öffentlichen »Gedenkens« manifestiert sich ein nicht unerhebliches Maß an bedenklicher Holocaust-Trivialisierung. Wenn es das ist, was die staatlich gesteuerte Öffentlichkeit neben den jährlichen patriotischen Zeremonien zur Erinnerung anzubieten hat, dann steht es mit der israelischen Kollektiverinnerung des Holocaust wahrlich nicht zum Besten.[2]

Natürlich bleibt die Rücksicht auf die Empfindungen der Holocaust-Überlebenden unabdingbar. Dies darf jedoch nicht daran hindern, den ideologischen Kontext des Wagner-Boykotts kritisch zu hinterfragen. Es ist an der Zeit, damit aufzuhören, die israelischen Shoah-Überlebenden als monolithischen Block mit einheitlichem Gefühl und gleichgeschaltetem Willen zu betrachten. Das Argument der Empfindlichkeit, das oft im Namen der Überlebenden (nicht unbedingt von ihnen selbst) vorgebracht wird, nimmt sich häufig bevormundend aus und perpetuiert paradoxerweise gerade jene tumb-dreiste Überheblichkeit, die große Teile der israelischen Öffentlichkeit in ihrer Beziehung zu den Holocaustüberlebenden von jeher charakterisierte. Denn gerade die israelische Gesellschaft (wenn einmal der ideologische Hegemonialdiskurs herangezogen werden darf) hat sich über Jahre durch ihre krude Unsensibilität gegenüber der Lebens- und Empfindungswelt von Überlebenden ausgezeichnet. In den Überlebenden wurde die Manifestation alles »Diasporischen« par excellence gesehen. Bereits in den ersten Jahren des neu gegründeten Staates wurden die Überlebenden nicht ausreichend gewürdigt, weil sie gleichsam ergeben wie »Vieh zur Schlachtbank« gegangen seien, eine Haltung, die (ungewollt) die eigene, inadäquate Auseinandersetzung mit der den Opfern widerfahrenen Katastrophe erkennen ließ. Überrascht darf man freilich nicht sein. Denn was ließ sich schon von einer neu konstituierten Gesellschaft erwarten, die sich staatsideologisch auf den »Neuen Juden« ausrichtete und im Holocaust und seinen Überlebenden den ultimativen Beweis für die Berechtigung ihres ideologischen Zentralpostulats, der »Negation der Diaspora«, sah? Der israelischen Ideologie diente die Shoah von Anbeginn als Argument und ihre Überlebenden als »Beweis«. Sie war nie von wirklicher Sensibilität gegenüber dem von ihr in Beschlag genommenen überlebenden Opfern selbst geprägt. Es erhebt sich daher die unbequeme Frage, ob nicht gerade jene, die – wie immer ehrlich gemeint – das Empfindlichkeitsargument in die Debatte bringen, das ideologische Muster fortschreiben, welches sich wenig um die Empfindungen der Überlebenden kümmert, und damit auf einer Homogenität der Erinnerung insistieren, die es freilich nie gab.[3]

Wenngleich diese Haltung als typisch für die israelische Öffentlichkeitskultur bezeichnet werden kann, weiß man freilich doch nie, wo sich die nächste Überraschung einstellen wird. Zuweilen kann diese nahezu groteske Formen annehmen. »Symbole sind auch wichtig, und man kann ja die Gefühle der Bevölkerung nicht ignorieren.« Mit diesen Worten wurde im August 2001 aus israelischen Regierungskreisen die Entscheidung der israelischen Armee erklärt, Mercedes-Jeeps anzuschaffen, die aber weder Namen noch Markenzeichen des Herstellers tragen sollten. Hunderte der gepanzerten Jeeps wollte die Armee erwerben. Im Sicherheitsministerium hieß es weiter, »man befürchte, dass Militärfahrzeuge mit dem Markenzeichen ›Mercedes‹ im Lande nicht positiv aufgenommen würden – wegen des Shoah-Andenkens«. In einem Land, dessen Straßen voll sind mit Mercedes-Limousinen, möchte die staatliche Institution auf »die Gefühle der Bevölkerung« Rücksicht nehmen, ohne de facto auf die eigentliche Ursache für eine mögliche Verletzung der Gefühle verzichten zu müssen. Das Muster entstand, wie gesagt, vor Jahrzehnten, als den »Gefühlen der Bevölkerung« mit der vermeintlich rücksichtsvollen, staatsoffiziellen Behauptung, dass die Wiedergutmachungsabkommen mit einem »anderen Deutschland« getroffen worden seien, begegnet wurde. Der ideologische Tauschwert der »Gefühle der Bevölkerung« schlägt sich in der doppelbödigen Nomenklatur nieder: Die Mercedes-Jeeps sollen unter dem Deckmantel einer »speziellen Gesellschaft, die hierfür gegründet werden und einen anderen Namen tragen soll« nach Israel gelangen. Der falsche

Schein der Haltung der Regierung passt nur zu gut zur vermeintlichen Monolithik der »Gefühle der Bevölkerung« – die für das »Problem« gefundene »Lösung« verschmilzt mit der Ambiguität des offiziellen israelischen Holocaust-Gedenkens von jeher. So gesehen ist es auch nur zu natürlich, dass die Jeeps der Besatzungsarmee in den von ihr okkupierten Gebieten dienen sollen.[4]

Nun lässt sich nach Jürgen Habermas behaupten, eine Gesellschaft könne nichts für ihre Tradition, es liege aber bei ihr, wie sie damit umgehe. Zu fragen wäre entsprechend, ob die israelische Gesellschaft angesichts der jüdischen Geschichte, der Diaspora und des Holocaust diese Freiheit überhaupt habe. Eine schwere Frage, deren Beantwortung u. a. das grundsätzliche Problem der *heteronomen* Instrumentalisierung der Shoah-Erinnerung tangiert. In Israel hat sie Ende der 80er-Jahre der israelische Historiker Yehuda Elkana prägnant auf den Punkt gebracht, als er zwischen der universellen (»Es soll nie wieder passieren«) und der partikularen (»Es soll nie wieder *uns* passieren«) von Auschwitz abzuleitenden »Lehre« unterschied.[5] Die partikulare Lehre wird charakterisiert durch den Zweck der Bewältigung eigener Angst und durch die fundamentale Sorge um Sicherheit. Die partikulare Lehre sieht sich allerdings unter Umständen mit dem Problem der Vereinnahmung der Opfer für eine immer neue Opfer schaffende Politik konfrontiert, wobei dann nicht mehr der Opfer im Stande ihres Opferseins gedacht wird, sondern der Rechtfertigung eines fremdbestimmten politischen, militärischen oder sonstigen Ziels. Hierbei muss freilich differenziert werden, denn die konkrete Bedeutung der Vereinnahmung wird durchaus auch vom Kontext der Instrumentalisierung mitbestimmt: Während es für den deutschen Gedenkdiskurs stets bedeutend ist, nicht allzu leicht zu vergessen, dass Juden die Hauptopfer dieses Zivilisationsbruchs waren, also hier nicht zu schnell ins Universelle abgeleitet werden darf, wird es für die im Kontext des großen Gewaltzirkels sich bildende israelische Erinnerungspraxis immer wichtiger, die gesamtzivilisatorische, universelle Dimension der Shoah mit einzubeziehen. Der Albdruck der Geschichte lastet auf den Geschlechtern, darüber kann es keinen Zweifel geben. Zu fragen ist aber stets, wann er Ideologisierungen zum Opfer fällt oder zum politischen Selbstzweck verkommt.[6]

Eine unlängst von der Friedrich-Ebert-Stiftung initiierte und von den Soziologen Nathan Sznaider und Roby Nathanson sowie dem Historiker Dan Diner durchgeführte Untersuchung, die sich mit dem Deutschlandbild jüdisch-israelischer Jugendlicher befasste, hat erwiesen, dass ein beachtlicher Teil der Befragten Deutschland nicht mehr ressentimentbeladen bzw. ausschließlich negativ rezipiert, sondern mehr oder minder indifferent eingestellt ist;[7] ein Befund, der vor einem Jahrzehnt schier undenkbar gewesen sein dürfte. Dies ist zum einen als Hinweis darauf zu deuten, dass bei objektiv zunehmender Entfernung vom geschichtlichen Ereignis das Ereignis selbst zunehmend ideologisiert, mystifiziert, ja verdinglicht und fetischisiert werden kann. Es bedeutet aber zum anderen auch, dass das Ereignis seinen unmittelbaren emotionalen Charakter nach und nach verliert. Die Entfernung ermöglicht, das zunächst Unfassbare, mithin Unzugängliches, sowohl psychisch als auch begrifflich-rational fassbarer und durch Kodierung gleichsam handhabbarer zu machen. Das garantiert freilich nicht, dass sich dadurch neuralgische Punkte der Kollektiverinnerung in Wohlgefallen auflösen. Das Neuralgische scheint stets auf eine Gelegenheit zu warten, sich »auf legitime Weise« paroxysmal zu entladen. Von größtem Interesse ist dabei der aus dem jeweiligen Kontext herauslesbare Ideologiecharakter der Entladung. Dass dabei im Falle Israels und Deutschlands eine beidseitige Wechselwirkung am Werk ist, soll hier anhand des virtuellen »Dialogs« von Möllemann und Scharon exemplarisch angerissen werden.[8]

Guido Westerwelle, hieß es in der israelischen Tageszeitung *Haaretz*, habe bei seinem Israel-Besuch einen »kühlen« Empfang erfahren. »Einige schwere Fragen« seien ihm von Israels Staatspräsident Moshe Katzav und von Premierminister Ariel Scharon gestellt worden. Der damalige Meretz-Vorsitzende Yossi Sarid sagte sogar sein geplantes Treffen mit dem FDP-Chef ab. Solche rigorosen Reaktionen so unterschiedlicher politischer Persönlichkeiten wie Scharon und Sarid gaben in der Tat zu denken. Unbestreitbar dürfte zum einen die ehrliche Sorge um den wieder virulent gewordenen »europäischen Antisemitismus« gewesen sein. Seit 1945 reagieren Juden überall in der Welt auf alles, was antisemitische Charakterzüge aufweist, mit gesteigerter Aufmerksamkeit – was als nur zu verständlich gelten dürfte. Zum anderen mutete aber die staatsoffizielle Erregung eines Scharon, und zwar gerade nach den von ihm initiierten Aktionen in den Städten der besetzten Westbank, merkwürdig an. Es lohnt, über die Komplexität dieser Diskurszusammenhänge einige Gedanken zu verlieren. Handelte es sich beim Möllemann-Skandal wieder einmal um eine »deutsche Debatte«, bei der alles nur Mögliche durcheinandergewirbelt wurde?

Zunächst Elementares: Judentum, Zionismus und Israel sind zumindest begrifflich strikt auseinander zu halten. Nicht alle Juden sind Zionisten; nicht alle Zionisten sind Israelis; nicht alle Israelis sind Juden. Man kann also Israel kritisieren, ohne gleich gegen Juden zu sein. Man kann Juden nicht mögen und Israel dennoch hoch schätzen (weil man z. B. Araber noch mehr hasst). Man kann auch den Zionismus kritisch hinterfragen, ohne antisemitisch, antiisraelisch, sogar ohne antizionistisch zu sein – denn es ist eine Sache, die realen Entwicklungsstrukturen des Zionismus kritisch zu beäugen, eine ganz andere, das Existenzrecht Israels prinzipiell infrage zu stellen. Das Nahost-Problem ist völlig anders gelagert: Israel betreibt seit Jahrzehnten ein Okkupationsregime, unterdrückt die Palästinenser und verhindert ihre nationale Selbstbestimmung. Jeder anständige Mensch muss diese historisch unbestreitbare Realität verurteilen. Wer es nicht tut, muss Rechenschaft darüber ablegen, von welchen heteronomen Motiven er angetrieben wird. Die Frage der Solidarisierung (mit Israel) steht zunächst nicht an, sondern es ist lediglich festzustellen, dass Israel an den Palästinensern ein historisches Unrecht begangen hat. Wohl mag es ein historisches Unrecht sein, das aus der Monstrosität des in Europa Geschehenen hervorgegangen ist, aber es lässt sich als Unrecht schlechterdings nicht wegdiskutieren. Um dieses aus der Welt zu schaffen, erfordert es die politische Überwindung des inzwischen festgefahrenen israelisch-palästinensischen Konflikts. Warum es bislang nicht zu einer Lösung dieses nunmehr Jahrzehnte schwelenden Konflikts gekommen ist, mag im hier debattierten Zusammenhang unerörtert bleiben. Ein ganz anderes Problem besteht in der Rezeption dieses katastrophalen Konflikts bzw. in der Art und Weise, wie er von allen Seiten instrumentalisiert wird.

In Deutschland wird immer wieder heftig projiziert. Es lässt sich feststellen, dass es bei den sogenannten »Nahost-Debatten« oft primär um deutsche Befindlichkeiten geht, wobei nicht auszuschließen ist, dass sich auch Antisemitisches in die vermeintlich sachlichen Debatten einschleicht. Wie bereits hervorgehoben, ist nicht jede Israelkritik gleich Antisemitismus. Gleichwohl kann nicht außer Acht gelassen werden, dass sich harsche Israel- bzw. Zionismuskritik sehr wohl als verbrämter Antisemitismus erweisen kann. Hier gilt es nun strikt auseinanderzuhalten: Der Antisemitismus muss bekämpft werden, ohne dabei aber von der Kritik an Israel, wo immer sie real berechtigt ist, abzulassen. Ob dann eine Rhetorik sich eventuell dazu versteigt, unangemessene Vergleiche anzustellen, muss im Einzelfall genau analysiert werden. Nicht jeder rhetorische Ausrutscher muss gleich die Heraufbeschwörung des »Vierten Reichs« bedeuten. Zugleich ist nicht jeder Liberale immun gegen den Antisemitismus. Gerade im Kontext der neuen deutschen Geschichte lässt sich hier eine unselige Verbindung nachweisen.

In Israel wird nicht minder instrumentalisiert. Zuweilen scheint es sogar, als könne der politischen Klasse Israels nichts Besseres widerfahren als ein periodisch auftretender Antisemitismus, vorzugsweise in Europa. Dieser ermöglicht manchen Politikern, sich populistisch zu echauffieren, folglich aber auch von den eigenen Untaten abzulenken. Jüngstes Beispiel ist Ariel Scharons Behauptung, die europäische Kritik an seinem militärischen Vorgehen gegen die Palästinenser rühre vom europäischen Antisemitismus her; wenn er den heutigen europäischen Antisemitismus sehe, könne er gut verstehen, wie es zur Shoah habe kommen können. Es sind solche den Holocaust banalisierende Aussagen, die den Anschein erwecken mögen, dass hier der Antisemitismus zur Rechtfertigung der eigenen, menschenverachtenden Xenophobie herangezogen wird. Komplementär dazu wird jede rhetorische Entgleisung (verhängnisvolle Vergleiche mit dem NS-Regime oder Auschwitz, wie sie jüngst dem portugiesischen Literaturnobelpreisträger José Saramago [1922-2010] widerfuhr) sogleich hochgespielt, um damit mit umso größerer Selbstgerechtigkeit eigenes Unrecht zu kaschieren.

Weil nun aber Deutsche an Juden Monströses verübt haben und Israel zum selbst ernannten Anwalt alles Jüdischen, der israelische Zionismus somit zum Synonym von »Juden«, »Judentum« und »Jüdischem« geworden ist, wird das, was nicht zusammengehört, immer wieder miteinander vermischt. Ob dabei Möllemann Antisemitisches geäußert hat, die FDP gar mit latentem Antisemitismus Politik macht, geht jeden nichtzionistischen Juden (und letztlich alle freiheitlich gesinnten Menschen) mindestens ebenso an wie die staatsoffiziellen Vertreter des zionistischen Israels. Ob gerade Scharon der geeignete Ankläger des »europäischen Antisemitismus« ist, darf ebenso bezweifelt werden wie die Angemessenheit von Kritik an Israel aus dem Munde eines Möllemann. Brisant ist jedoch, wie sich die Möllemanns und Scharons komplementär ergänzen.

Es fällt auf, dass »Deutschland« und »Europa« in diesem Fall austauschbar geworden sind: Hat »Deutschland« in Israel eine Shoah-Kodierung erfahren, so ist »Europa« nunmehr einer nicht mehr Deutschland allein vorbehaltenen Antisemitismus-Kodierung unterworfen worden. Das war nicht immer so. In den 1950er-Jahren – letztlich bis 1967 – galt Frankreich z. B. als europäisches Sehnsuchtsland vieler Israelis. Erst mit der Embargopolitik de Gaulles und der damit einsetzenden Wende in den Beziehungen zwischen Israel und Frankreich, einer Wende, die mit einer deutlichen Hinwendung Israels zu den USA einherging, wurde Frankreich als »antiisraelisch« eingestuft, mitunter tendenziell »antisemitisch« kodiert. Dieser Vorgang erwies sich als paradigmatisch: Das Image Europas – der »größte Friedhof des jüdischen Volkes« – verschlechterte sich in dem Maße, wie Israel sich politischer Kritik ausgesetzt sah. Im Gegensatz dazu verstärkte sich die Kritik an Israel, je deutlicher wurde, dass Israels Besetzung der im 1967er-Krieg eroberten Gebiete sich zu einem Dauerzustand entwickelte, sich sogar später zu einer ideologischen Großisrael-Politik ausweitete. Ob dabei der Antisemitismus »Europas« in der Tat den Stellenwert einnahm, den man ihm zuschrieb, war letztlich unerheblich, denn der eigentliche Stein des Anstoßes war eben nicht der Antisemitismus als solcher, sondern seine rigide Synonymisierung mit Antiisraelismus und Antizionismus. Die Matrix dieses Musters instrumentalisierender Gleichsetzung findet sich, wie gesagt, in Ariel Scharons letzten Schmähungen Europas, hat sich aber in den letzten Jahren auch in der Alltagsrhetorik vieler Israelis etabliert. Im Zuge dieser Entwicklung hat nun das Bild »Deutschlands« in Israel eine gewisse Aufwertung erfahren: Denn da »Europa« insgesamt als antiisraelisch (d. i. antisemitisch) apostrophiert wird, Deutschland aber »besondere Beziehungen« zu Israel unterhält, erscheint gerade Deutschland zuweilen als Israels letzter »Freund« in Europa, wobei das Freund-Feind-Verhältnis nicht auf seine Ursachen hin geprüft, sondern einem mechanischen »Für-uns-Gegen-uns«-Schema untergeordnet wird. Dass das deutsche »Für uns« etwas mit besagter Shoah-Kodierung zu tun hat, wird nicht in Abrede gestellt, sondern ganz im Gegenteil als eine Art historisches Kapital veranschlagt.

Es bleibt fraglich, ob das israelische »Deutschlandbild« in der Tat so einfach unter der hier erörterten Shoah-Kodierung zu subsumieren ist. Schließlich gilt es nicht nur zwischen der Monolithik der staatsideologischen Ausrichtung und der eher durch Heterogenität gekennzeichneten Auseinandersetzung mit »Deutschland« in den unterschiedlichen Lebenswelten und Privatsphären zu differenzieren, sondern auch die seit vielen Jahrzehnten in verschiedenen Bereichen des wirtschaftlichen, politischen und kulturellen Lebens hergestellten Verbindungen und institutionellen Interaktionen zwischen beiden Ländern in Betracht zu ziehen. Es besteht ja eine sehr intensive Zusammenarbeit in den Bereichen der Wirtschaft, der Wissenschaft und Technologie, ein Austausch auf den Gebieten der Künste und der geisteswissenschaftlichen Fächer sowie gemeinsame Militärprojekte – schlichtweg zunehmende Erscheinungen einer sich augenscheinlich wohl doch einstellenden »Normalität«. In gewisser Hinsicht ist dem auch so: Reale Praxis und konkrete Interaktionen vermögen in der Tat vorgefasste »Bilder« und vorgebildete Auffassungen zumindest insoweit zu dekonstruieren, dass sich ein entweder zweckrationaler oder auch »nur« menschlich interessierter Dialog einstellen kann.

Und doch wäre es verfehlt, diese objektive Entwicklung gleichsam »positivistisch« als die repräsentative Einstellung von jüdischen Israelis zu »Deutschland«

und »Deutschen« einzustufen. Denn zu fragen ist nicht (nur), inwieweit sich die bereits mit den 1952 unterzeichneten Wiedergutmachungsabkommen etablierte Struktur einer tendenziellen »Normalisierung« zwischen beiden Staaten in den vergangenen fünf Jahrzehnten stets verfestigt hat, sondern vielmehr, an welchen Stellen und in welchen Zusammenhängen die neuralgischen Punkte, also das (vorläufig noch) nicht Normalisierbare, als genuiner Hass, als Ressentiment oder zumindest als latente Ambivalenz durch die Kruste des inzwischen durch Routine Entsorgten bricht. Neuralgisches mag sich in Extremmomenten wie jenen des zweiten Golfkrieges manifestieren, als die spezifische Konstellation von in den Irak geliefertem »deutschen« Gas, der Beschuss von Tel Aviv und Haifa mit irakischen Langstreckenraketen und das angsteinflößende Erlebnis von Sirenennächten, Gasmasken und abgedichteten Räumen eine Welle unkontrollierten, teils durchaus überspannten Hasses gegen »die Deutschen« entfachte; Neuralgisches mag sich aber auch im scheinbar Trivialen wiederfinden, wenn zum Beispiel eine deutsche Fußballmannschaft ein wichtiges Spiel in Europa bestreitet und die israelische Sportjournaille sich alsbald einer (parteinehmenden) Rhetorik zu bedienen beginnt, die nicht nur der Minimalfairness keine allzu große Ehre erweist, sondern sich zugleich in die niederen Regionen der kulturindustriellen Banalisierung von (katastrophaler) Geschichte begibt. Dass dabei authentische Gefühle sich mit bornierten ideologischen Mustern vermischen, macht die kritische Untersuchung und Beurteilung solcher Phänomene schwer. Es zeigt zugleich aber auch, wie tief sich die Grundmatrix der Shoah-Kodierung in das Deutschlandbild der meisten Israelis eingefräst hat. Ob europäische oder globalisierte Entwicklungen oder ein grundlegender Wandel in dem von Gewalt geprägtem Alltag des Nahen Ostens eine reale Veränderung diese Grundverhältnisses herbeizuführen vermögen, gilt es vorläufig abzuwarten.

[2003]

Anmerkungen

1 Vgl. Moshe Zuckermann: »Die Parzellierung der Shoah-Erinnerung im heutigen Israel. Vom historischen Ereignis zum Gegenstand ideologischer Projektion«, in: Eleonore Lappin und Bernhard Schneider (Hrsg.): *Die Lebendigkeit der Geschichte: (Dis-)Kontinuitäten in Diskursen über den Nationalsozialismus*, Röhrig, St. Ingbert 2001, S. 47–62.

2 Vgl. hierzu: Na'ama Sheffi: *Der Ring der Mythen. Die Wagner-Kontroverse in Israel*, Wallstein-Verlag, Göttingen 2002.

3 Moshe Zuckermann: »Der Wagnerismus«, in: *Zmanim* 79 (2002), S. 11 (hebräisch).

4 Siehe hierzu: Moshe Zuckermann: *Verdinglichung des Menschen. Aphorismen über Gesellschaft, Politik und Kultur*, Tel Aviv, 2003, S. 40f. (hebräisch).

5 Yehuda Elkana: »Plädoyer für das Vergessen«, in: *Haaretz* 2/3 (1988), S. 13 (hebräisch).

6 Zum Begriff der Shoah-Instrumentalisierung vgl. Moshe Zuckermann: »Die Instrumentalisierung der Vergangenheit«, in: *Hallische Beiträge zur Zeitgeschichte* 8 (2000), Sonderheft, S. 13–18.

7 *Israelis und Deutsche. Die Ambivalenz der Normalität. Eine Studie zum Deutschlandbild in Israel*, Tel Aviv, Februar 2000. Durchgeführt vom Israeli Institute for Economic & Social Research, im Auftrag der Friedrich-Ebert-Stiftung.

8 Das Folgende stützt sich im Wesentlichen auf: Moshe Zuckermann: »Wie füreinander geschaffen«, in: *Berliner Zeitung*, 31.5.2002.

Von Interessen und Befindlichkeiten Anmerkungen zu den deutsch-israelischen Beziehungen

Das von Deutschen an Juden im 20. Jahrhundert Verbrochene hat die Beziehungen zwischen beiden Kollektivitäten seit 1945 nachhaltig geprägt. Die Feststellung ist trivial: Zu erdrückend das Grauen des »Zivilisationsbruches«, zu unfassbar »das schwarze Loch Auschwitz«, als dass es anders hätte sein können. Die Ohnmacht der Begriffslosigkeit für das präzedenzlose Ereignis griff indes so sehr um sich, dass die Monstrosität des jüngst Geschehenen zunächst von beiden Kollektivitäten weitgehend beschwiegen wurde. Ob dies Beschweigen seine Notwendigkeit darin hatte, dass es für Überlebende wie Täter möglicherweise zu früh war, sich dem Unfassbaren zu stellen, muss hier unerörtert bleiben. Psychisch – auch kollektivpsychisch – ist durchaus nachvollziehbar, dass der »Neubeginn« für Täter und Opfer, das Aufschlagen einer »neuen Seite« im je eigenen Leben als Individuen oder als Gesellschaft mit einer zumindest temporären Geschichtsvergessenheit einherging. Das muss man nicht goutieren, um es dennoch begreifen zu können. Über diese elementare Einsicht hinaus ist allerdings bis heute unreflektiert geblieben, dass die Beziehungen zwischen Juden und Deutschen seit 1945 einem spezifischen Tabu unterworfen wurden, namentlich dem eines für moralisch ausgegebenen Paradigmas. Das mag sich zunächst selbstverständlich ausnehmen: Wo die historische Rollenverteilung von Tätern und Opfern so eindeutig in Erscheinung getreten war, wo die von Menschen an Menschen begangenen Gewaltverbrechen so unerhört gewesen waren, zwingt sich die Sinnwelt von Schuld, Schuldzuweisung und Schuldbekenntnis nachgerade von selbst auf. Und doch darf in Zweifel gezogen werden, dass Moral der Auseinandersetzung mit der Unsäglichkeit von Auschwitz je adäquat war. Nicht von ungefähr hat gerade Adorno, der den neuen kategorischen Imperativ für die Menschen »nach Auschwitz« formulierte – »ihr Denken und Handeln so einzurichten, daß Auschwitz nicht sich wiederhole, nichts Ähnliches geschehe« –, die diskursive Begründung dieses Postulats infrage gestellt, indem er auf das Geistferne, den »unerträglichen physischen Schmerz«, verwies, und Moral, wenn überhaupt, nur im Abscheu vor diesem, also im schieren Materiellen, zulassen wollte: »Nur im ungeschminkt materialistischen Motiv überlebt Moral.« Das hatte viel mit der Forderung einer Einrichtung von Gesellschaft, in der die sozialen Strukturen von Herrschaft und Gewalt historisch überwunden wären, zu tun; was aber konnte dies für die konkrete Beziehung zwischen Deutschen und Juden »nach Auschwitz« bedeuten? Welche andere Maßgabe durfte man ihr entnehmen als die triviale, dass Juden von deutscher Hand kein Leid mehr widerfahren dürfe? Und weil die Banalität dieser Konsequenz zum Himmel schrie, der Beginn der »Aufarbeitung der Vergangenheit« zudem noch in weiter Ferne lag, tabuisierte man das Moralische, indem man es im Dunstbereich des Unberührbaren, mithin Unreflektierbaren beließ, »die Juden«, die ja aus Deutschland verschwunden waren, abstrahierte, und die Beziehung zu ihnen auf eine Ebene lenkte, die sich im Wortsinn auszahlte.

Die 1948 erfolgte Errichtung Israels als Judenstaat spielte in diesem Zusammenhang eine gravierende Rolle. Dass die BRD diese nationale Neugründung als Partner zur Aushandlung eines Tauschwerts für das zu »bewältigende« historische Grauen auserkor, galt von Anbeginn als unhinterfragbar. Der bedenkenswerte Umstand, dass es sich bei Israel um einen Staat handelte, der zur Zeit des Menschheitsverbrechens noch gar nicht existiert hatte, fern von den Orten der Verbrechens errichtet wurde und nachmals nur einen Teil der überlebenden Opfer zu seinen Bürgern zählen sollte, wurde von der geschichtsträchtigen zionistischen Deutung des Gründungsaktes als Erschaffung einer nationalen Zufluchtsstätte für das verfolgte jüdische Volk, dessen historische Leiderfahrung in Auschwitz zur Kulmination gelangt war, ideologisch verschlungen. Die Shoah hatte sozusagen den empirischen »Beweis« für die Berechtigung des zionistischen Postulats einer Aufhebung allen jüdischen Lebens in der Diaspora erbracht, mithin die Ausrufung eines Judenstaates zur geschichtlichen Notwendigkeit werden lassen. Ob der Zionismus im Nachhinein seiner historischen Mission gerecht geworden ist, soll hier nicht erörtert werden; sechzig Jahre israelischen Bestehens lassen im Hinblick darauf zunehmend Bedenken aufkommen. Als klar dürfte hingegen gelten, dass die 1952 abgeschlossenen Abkommen zwischen dem westdeutschen Staat und Israel zunächst und vor allem auf eine Materialisierung der Sühne hinausliefen. Dass sich Nachkriegsdeutschland dabei im moralischen Schein vermeintlicher »Wiedergutmachung« sonnen durfte, ist die eine Sache; dass der Judenstaat sich darauf einließ, die andere. Bedenkt man zudem, dass das selbst noch vielerorts in Ruinen liegende Deutschland gar nicht so sehr erpicht darauf war, »das viele Geld« zu zahlen, und dass die Annahme des pekuniären Handels auch im öffentlichen Diskurs der jungen israelischen Gesellschaft mitnichten glatt verlief (Ben-Gurion sah sich gar genötigt, seinen Verhandlungspartner als ein »anderes Deutschland« zu preisen), erhebt sich doch die Frage, wie es dazu kam, dass das Land der Täter, welches Auschwitz verbrochen hatte, und das Land der Opfer, das sich als Zufluchtsstätte aller verfolgten Juden der Welt verstand, ganze sieben Jahre nach der Befreiung von Auschwitz zu einem solchen Tauschvertrag gelangten.

Mit Moral hatte dies nur in einem zynischen ideologischen Sinne etwas zu tun. Denn was auf der Tagesordnung stand, war die im Rahmen des ausgebrochenen Kalten Krieges zu befestigende Neuordnung der Welt und die mit dieser neuen Weltteilung einhergehende Ortsbestimmung Deutschlands, welches es freilich alsbald zweifach geben sollte. Einzig aus diesem geopolitischen Zusammenhang ist zu erklären, dass nicht Henry Morgenthaus Vision, Deutschland zum Agrarland degenerieren zu lassen, sondern George C. Marshalls Plan, dem westlich besetzten Deutschland wirtschaftlich wieder zum Aufschwung zu verhelfen, Gehör und Aufnahme fand. Die westdeutsche Republik sollte als Bastion des Westens gegen den expandierenden Kommunismus errichtet und gestärkt werden. Mit dieser Funktionalisierung Deutschlands im Kontext der Konsolidierung des globalen Blocksystems ging allerdings einher, dass das jüngst erst als Naziregime zusammengebrochene Deutschland wieder als geläutertes in die »Völkergemeinschaft« aufgenommen werden musste, was – abgesehen von diversen »Entnazifizierungs«-Maßnahmen und anderen äußeren Purifizierungspraktiken – nicht zuletzt auch mit dem staatsoffiziellen Willen zur »Wiedergutmachung« des an den Juden Verbrochenen demonstriert werden sollte. Der gerade zu jenem Zeitpunkt gegründete Judenstaat bot sich dafür wie von selbst an. Abgesehen von den privaten »Entschädigungen« konnte an ihm das Verlorene abbezahlt werden. Und Israel? Wie reagierte das Land, das aus der Shoah entstanden war? Nun, Israel konnte das Geld nur zu gut gebrauchen. Eine bald schon einsetzende Masseneinwanderung (vor allem aus den orientalischen Ländern), die

Notwendigkeit, schnellstmöglich eine Infrastruktur für das zivile Leben zu schaffen, nicht minder aber auch der Bedrohung durch die feindlichen arabischen Nachbarländer mit der Bildung einer schlagkräftigen Armee zu begegnen, steigerten Israels objektiv vorgegebene Abhängigkeit von massivem Kapitalimport zur akuten Krise, die ihre katastrophale Wirkung auch auf die schiere Existenzfähigkeit des Landes haben mochte. Es ist, so besehen, nachvollziehbar, dass Ben-Gurion pure Zweckrationalität walten ließ und sich weder von den emphatischen Demonstrationen gegen die Abkommen aufseiten der rechten Revisionisten der israelischen Politlandschaft, Begins Cherut-Partei, noch von den lautstarken Protesten der sozialistischen Zionisten und antizionistischen Kommunisten beirren ließ. Die Finanzierung des zionistischen Staatsprojekts musste für ihn, den Gründer und führenden Staatsmann Israels jener Jahre und pragmatischen Führer einer aktivistischen politischen Tradition, den absoluten Vorrang vor jedweder moralischen Erwägung wahren.

Nur verständlich also, dass man sich beidseitig auf den Handel einließ: Deutschland zahlte und Israel ließ sich bezahlen. In der spezifischen Konstellation jener Tage war besagte Instrumentalisierung von Vergangenem für ein Gegenwärtiges, das sich dem jüngst Geschehenen zu entschlagen suchte, vielleicht sogar unumgehbare Notwendigkeit. Zu verurteilen war dies nur sehr bedingt. Nur muss man sich dabei stets klar vor Augen halten, dass das, was als Basis der Beziehung beider Staaten gelegt worden war, mutatis mutandis auch das Grundmuster für die folgenden Jahrzehnte geschaffen und verfestigt hat. Beziehungen, die auf zweckrationalem Tausch basieren und objektiv vorherrschende Ressentiments, Misstrauen und Hass bewusst in Klammern setzen, dürfen nicht als etwas apostrophiert sein, was sie nicht sind und vielleicht über viele weitere Jahrzehnte nicht sein werden: Sie haben nichts mit Moral zu tun, sondern nur mit ihrer Ideologisierung und der Verdinglichung von Schuld, Schande und Scham durch das Tauschprinzip, das tendenziell alles austauschbar werden lässt. Wenn also die deutsche Kanzlerin im Jahre 2008 vor der israelischen Knesset proklamiert, die historische Verantwortung, mithin Israels Sicherheit, sei Teil der Staatsräson ihres Landes, dann stimmt das insofern, als dieses Ideologem in der Tat die Politrhetorik (West)deutschlands in den letzten sechzig Jahren bestimmte, ist aber im Übrigen hohles Gerede: Deutschland hat die Möglichkeit, seine historische Verantwortung (Juden gegenüber) zu bezeugen, sechsmillionenfach verwirkt; es kann (an Juden) nichts »wiedergutmachen«, schon gar nicht, wenn es meint, »Juden« mit »Israel« gleichsetzen bzw. umtauschen zu dürfen. Was Deutschland kann, ist funktionale bilaterale Beziehungen zu Israel unterhalten, wobei noch zu erörtern wäre, was für ein »Israel« in diesem Zusammenhang gemeint ist: das reale Israel, das unter anderem seit über vierzig Jahren ein brutales Okkupationsregime betreibt, mithin von großen Widersprüchen und Zerrissenheiten durchsetzt ist, oder das »Israel«, das sich abstrakt aus der »historischen Verantwortung« (den »Juden« gegenüber) ableitet, daher auch als Abstraktes zur Projektionsfläche für genuin deutsche Befindlichkeiten, die mitunter noch immer nicht wissen, wo sie mit der »Dauerpräsentation unserer Schande« (Walser) hin soll, gerät.

Das will mitnichten besagen, dass es keine alternative, kleininstitutionelle, private und individuelle Auseinandersetzungen mit der verbrecherischen deutschen Vergangenheit und den aus ihr bezogenen Moralkategorien gegeben habe. Die nicht zuletzt lebensweltlich bedeutende historische Leistung von »Aktion Sühnezeichen« soll nicht in Abrede gestellt werden. Ja, man kann durchaus auch die zentrale Ausrichtung der massenbewegten studentischen Revolten im Deutschland der 1960er-Jahre dazu zählen (zumindest die Fragen, die man diesbezüglich an die wirtschaftswunderlich »normalisierte« Generation der Eltern zu stellen wagte). Aber selbst die ehrlich Bemühten und Wohlmeinenden kamen nicht aus dem Zirkel des in den Anfangsjahren Israels und Deutschlands richtungsweisend etablierten Musters von zweckrationalem Tausch, befindlichkeitsgesteuerter Projektion und zur starrer Ideologie verkommener Moral heraus. Und wenn heute sogenannte »Antideutsche« glauben, ihre nationalen Identitätsprobleme als in Deutschland lebende Deutsche durch eine überspannte »Israelsolidarität«, abstruses Schwenken von Israelfahnen und sonstiges ideologisches Getue, das durch ein falsch verstandenes Nie-wieder-Deutschland über »Israel« an den »Juden« etwas historisch »wiedergutzumachen« vermeint, überwinden zu können, dann sind das im besten Fall gutwillige Ignoranten, im großen Ganzen aber doch eher Gesinnungsschmarotzer, die ihr unreflektiertes Identitäts- und Befindlichkeitsdefizit in eine moralisch sich wähnende, letztlich regressive politische Reaktion kanalisieren, ohne sich bewusst zu werden, dass sie durch die Ersetzung des Antisemitismus durch Islamophobie gerade das Andenken jener missbrauchen und kontaminieren, in deren Namen sie meinen, sprechen zu dürfen, und deren sie sich projektiv bedienen, um sich selbst zu setzen.

Aber in Deutschland tobt doch wieder der Antisemitismus! – hört man die Empörung aus ihren Reihen schallen, wobei man freilich bei ihrer Verwendung des Begriffs »Antisemitismus« unwillkürlich an Charlie Chaplin gemahnt wird, der in *Der große Diktato*r Hitlers rhetorisches Gehabe karikierend, beim Wort

»die Juden«, welches er gerade selbst ausgesprochen und sich vorgegeben hat, in einen überschäumenden Tobsuchtsanfall gerät. Um es vorweg klarzustellen: Antisemitismus hat es in der alten Bundesrepublik wie im nunmehr vereinten Deutschland immer gegeben. Er tobt nicht *wieder*, vor allem aber *tobt* er nicht, sondern hält sich eben in den Grenzen jener offenbar unausrottbaren Dimension, die es ihm ermöglicht fortzuwesen, ohne aber einem einzigen in Deutschland lebenden Juden in den Sinn kommen zu lassen, Deutschland seinetwegen verlassen zu wollen. Ganz im Gegenteil hat sich die Anzahl der Juden in Deutschland seit dem Zusammenbruch des Sowjetkommunismus in den letzten achtzehn Jahren vermehrfacht. Antisemitismus in diversen Formen gibt es in Deutschland, aber er ist ein gezügelter, weil tabuisierter Antisemitismus. Will man sich mit einem realen sozialen, freilich nicht nur Deutschland betreffenden Problem auseinandersetzen, so wären die gesellschaftlichen, ökonomischen und kulturellen Zusammenhänge der in Deutschland grassierenden Fremdenfeindschaft (samt der ihr inhärierenden rassistischen Tönungen) zu konfrontieren. Wenn nun aber der Bundestag meint, einen besonderen Antisemitismus-Beauftragten einsetzen zu sollen, dann scheint dies mit vielerlei zu tun zu haben, nur nicht mit einer vom real herrschenden Antisemitismus ausgehenden Bedrohung, geschweige denn mit einer ernstzunehmenden Absicht, diese zu bekämpfen. Denn der Antisemitismus lässt sich weder in Deutschland noch sonst wo in der Welt administrativ, mithin durch einen offiziell vollzogenen Verwaltungsakt angehen. So wie sich das Stammtischgedröhn stets einen feuchten Kehricht um anti-antisemitische Gutmenschlichkeit deutscher Bürger geschert hat, so wird der latente oder auch manifeste Antisemitismus seine miese Fratze zu wahren wissen, ohne sich mit seinem bürokratisch-legalen Verbot anzulegen.

Indes, selbst die beabsichtigte Antisemitismus-Resolution des deutschen Bundestags fördert zutage, wes Geistes Kind hier am Walten ist und welche fremdbestimmten Motive die vermeintlich resolute politische Tathandlung antreiben: Bedrohung der Juden schon, Antisemitismusbekämpfung auch, aber doch nicht so sehr, dass man sich überwinden könnte, die Beteiligung der Linksfraktion an einer parteiübergreifenden Initiative zuzulassen. Antisemitische Kräfte gebe es in der Linkspartei, tönt es aus den Reihen der CDU. Gysi zeigt sich enttäuscht über das Verhalten von SPD, FDP und den Grünen. Und er hat allen Grund dazu: Hat nicht gerade er und andere führende Personen seiner Fraktion in den letzten Monaten den linken kritischen Kurs in der Nahost- bzw. Israelfrage zu moderieren, wenn nicht gar gänzlich zu entsorgen gesucht? Hat nicht gerade er die Einsicht bezeugt, dass man keinen Einzug in den gesamtdeutschen Konsens erhoffen darf, wenn man nicht die Hürde dezidierter Israelsolidarität wortstark und gesinnungsgestählt proklamiert? Beim Antrag geht es zwar um die Antisemitismusbekämpfung in Deutschland, aber ausdrücklich wird in ihm zugleich – wie selbstverständlich – die Solidarität mit Israel als »unaufgebbarer Teil der deutschen Staatsräson« hervorgehoben. »Wer an Demonstrationen teilnimmt, bei denen Israelfahnen verbrannt und antisemitische Parolen gerufen werden, ist kein Partner im Kampf gegen den Antisemitismus. Die Solidarisierung mit terroristischen und antisemitischen Gruppen wie der Hamas und der Hisbollah sprengt den Rahmen zulässiger Kritik an der israelischen Politik.«

Verabschiedet sollte der Antrag bekanntlich vor dem 9. November, dem 70. Jahrestag der Pogromnacht, werden, und so wird – deutschbefindlich wie eh und je – alles mit allem vermengt, ersetzt und ausgetauscht. Denn wenn der Antisemitismus so virulent ist, bedarf seine Konfrontation keines staatstragenden geschichtlichen Datums. Geht es aber um die Symbolhandlung geschichtlichen Gedenkens, dann hat die krämerische parteipolitische Rangelei zu verstummen. Aber es geht eben weder um das eine noch um das andere, weder um die Bekämpfung des Antisemitismus noch um die Erinnerung mörderischer Gewalt und historischer Leiderfahrung – um alte Aufrechnungen der Rechtkonservativen mit »den Linken« geht es auf der einen Seite und um die Eroberung eines legitimen Platzes am nationalen Stammesfeuer Deutschlands auf der anderen. Und was eignete sich dafür besser als »Antisemitismus« und »Israel«, unabhängig davon, was diese Begriffe mittlerweile bezeichnen und beinhalten, zum bestgeprüften Kriterium deutscher Staaträson avancieren zu lassen. Es gab Zeiten, in denen es Altkommunisten noch zur Ehre gereicht hätte, von der raunenden CDU ausgegrenzt zu werden. Die Zeiten sind vorbei. Die CDU setzt sich selbst, indem sie die Linkspartei ausgrenzt, und die Linkspartei gibt sich offizieller Gekränktheit darüber, dass sie konsensuell ungeliebt bleibt – ein abgekartetes Spiel, bei dem die Rollenverteilung von vornherein festgelegt und bekannt ist.

Was aber hat die Pogromnacht von 1938 (in Israel ein eher unterbelichtet gebliebenes Geschichtsereignis) mit dem heutigen Antisemitismus zu tun? Will man allen Ernstes behaupten, es bestehe eine von der »Reichskristallnacht« über Auschwitz bis zum Antisemitismus heutiger Couleur führende lineare Verbindung? Will man wirklich suggerieren, die Verbrennung israelischer Fahnen durch Hamas- und Hisbollah-Anhänger ließe sich auch nur entfernt mit den Exzessen vom November 1938 vergleichen? Weiß man in Deutschland wirklich nicht, dass der Rassenantisemitismus der Nationalsozialisten, der in Deutschland fortwesende Antisemitismus und der (eventuell auch antisemitisch durchsetzte) Antizionismus der Hamas und der Hisbollah aus grundverschiedenen historischen Konstellationen und Kontexten erwachsen sind? Ist man mit der Banalisierung von Auschwitz (und selbst noch des organisierten Pogroms von 1938) inzwischen schon so weit, dass der aktionistische Politfurz einer Verbrennung der (israelischen) Nationalfahne zum Kriterium gedenkender Geschichtserinnerung, welches sogar in eine staatsoffizielle Resolution gegen den Antisemitismus Eingang finden soll, erhoben wird?

Wer noch immer nicht den Unterschied zwischen Judentum, Zionismus und Israel, mithin zwischen Antisemitismus, Antizionismus und Israelkritik begriffen hat, wird zwangsläufig miteinander vermengen, was auseinandergehalten gehört. Israel führt einen erbitterten Kampf gegen Hamas und Hisbollah; dieser hat seinen historischen Ursprung sowie seine aktuelle Begründung in der nahöstlichen Geopolitik und im israelisch-palästinensischen Konflikt, nicht im Antisemitismus als solchen, schon gar nicht in einem dem abendländischen vergleichbaren Antisemitismus. Traditionell war der Antisemitismus primär Erbteil rechter politischer und sozialer Gesinnung; es gab ihn zwar auch in der Linken, aber in keinem mit dem, was er im Nationalsozialismus an Verbrechen gezeitigt hat, annährend vergleichbaren Ausmaß; die CDU, unter deren Regime während der restaurativen Adenauer-Ära der 1950er-Jahre beträchtliche Teile der wirtschaftlichen, politischen und akademischen Eliten des Nationalsozialismus gleitend in die »Normalität« der alten BRD übergehen durften, ist die letzte Partei, die es sich leisten kann, linke Institutionen von der Unterzeichnung einer wie immer gearteten Resolution zur Bekämpfung des Antisemitismus auszugrenzen – eine solche Resolution ist kein geeignetes Forum für das ideologische Nachspiel einer anachronistischen Spätaufarbeitung der Teilung Deutschlands. Vor allem aber sollten sich resolutionsfreudige Deutsche davor hüten, ihre befindlichkeitsgeschwängerte Auseinandersetzung mit dem Antisemitismus über ein fetischisiertes »Israel«-Bild und eine interessengeleitete Abstraktion von Juden und Zionismus zu betreiben. Allzu leicht könnten sie sich (wieder einmal) in jenem sich seit sechzig Jahren reproduzierenden ideologischen Muster verfangen, welches weder zum Besten der Juden noch zu dem des realen existierenden Israel gereicht.
[2009]

Abstraktes Postulat

In der Einleitung zu Werner Pirkers Artikel »Ein Staat, zwei Völker« ist von einem gewissen Diskutanten über die Lösungsoptionen des israelisch-palästinensischen Konflikts gemeinsame Einsicht die Rede, derzufolge »die Möglichkeit einer Zweistaatenlösung, sofern sie überhaupt erstrebenswert ist, von den zionistischen Eliten vertan wurde und man deshalb auf die einfachere, selbstverständlichere, nachhaltigere, vor allem aber gerechtere unter den beiden Lösungen orientieren sollte. Auf die Schaffung *eines* demokratischen Staates für alle Bürger auf dem Boden des historischen Palästina«. In der Tat ist dieses im öffentlichen israelischen Diskurs über Jahrzehnte, wenn nicht tabuisierte, so doch zumindest stets abgeschmetterte Thema in den letzten Jahren »salonfähiger« geworden. Der ehemalige Knesset-Abgeordnete Azmi Bischara prägte bereits in den 1990er-Jahren im Zuge des euphorisch zelebrierten Oslo-Friedensprozesses das Wort von Israel als »Staat all seiner Bürger«. Die Losung machte damals Furore, weil sie mutatis mutandis auf die Idee des binationalen Staates hinauslief; aber spätestens mit dem Zusammenbruch jenes Prozesses und dem Ausbruch der zweiten palästinensischen Intifada wurde sie wieder von der Bühne der öffentlichen Politdebatte Israels hinweggefegt. In letzter Zeit haben sich alt-neue, diesmal jüdische Befürworter der binationalen Lösung zu Wort gemeldet. So hat Dr. Meron Benvenisti, intimer Kenner israelischer Okkupationsstrukturen und -praktiken, der bereits vor vielen Jahren die Irreversibilität des jüdischen Siedlungswerks im Westjordanland angemahnt hatte, in einem in der hebräischen Zeitschrift *Mitaam* im Dezember 2009 publizierten Artikel der (als Konsequenz aus seiner alten Einsicht gezogenen) binationalen Lösung des Konflikts das Wort geredet. Und in diesem Jahr nun hat der in Tel Aviv lehrende Soziologe Prof. Yehuda Shenhav ein Buch auf Hebräisch mit dem beredten Titel »In der Falle der Grünen Linie« vorgelegt, in welchem er den Begriff der Binationalität zwar nicht ausdrücklich verwendet; aber seine Ausführungen verdichten sich letztlich zu dieser Formation der Konfliktlösung, der er freilich das Attribut des Utopischen beimisst.

Worüber geredet werden kann, muss man nicht schweigen, und doch sollte man sich stets vor Augen halten, welchen Status das Reden über die Dinge beansprucht. Das trifft besonders für gesellschaftliche und politische Sachverhalte und Entscheidungen zu. Denn »denkmöglich ist alles, was überhaupt als in Beziehung stehend gedacht werden kann«, wie es bei Ernst Bloch heißt. Was aber prinzipiell denkmöglich ist, muss zumindest dann auf seine real-historische Möglichkeit untersucht werden, wenn das Mögliche als ein zu Verwirklichendes angedacht, mithin im Hinblick auf seine Praktikabilität anvisiert wird. Auch hier gilt es zwischen der Einsicht, dass alles, was historisch entstanden, letztlich auch historisch überwindbar ist, und der Einschätzung, dass sich dieses Prinzip zu einem gegebenen geschichtlichen Zeitpunkt nicht objektivieren lässt, weil die realen Voraussetzungen für seine Realisierung noch nicht vorhanden sind, zu unterscheiden. Und so ist im hier erörterten Zusammenhang das Denkmögliche durchaus so weit fassbar, dass man sich fragen mag, wieso die Lösung des israelisch-palästinensischen Konflikts *prinzipiell* überhaupt in nationalen Kategorien angegangen wird. Wäre angesichts der unabweisbaren Tatsache, dass der schon in seiner klassischen Hochzeit übernational expandierende Kapitalismus sich nun endgültig globalisiert hat, und dass sich im 21. Jahrhundert entsprechend ganz neue internationale Blockformationen herausbilden, das nationale Pathos der Israelis und der Palästinenser und die sich von ihm herleitenden nationalen Postulate und Maximen nicht als ein objektiv Überlebtes zu betrachten und adäquaterweise »sanft« zu verabschieden? Die Frage ließe sich mit gutem Grund bejahen, erst recht, wenn man bedenkt, mit welchen gravierenden Problemen ökonomischer und ökologischer Natur sich die Kollektive der Nahostregion in absehbarer Zukunft zu befassen haben werden. Und doch kann man so nicht argumentieren, wenn man nicht den Fehler begehen möchte, die Realität (und Materialität) des Nahostkonflikts rein abstrakten Kategorien zu unterwerfen. Abstrakte Denkgebilde sind für sozialen und politischen Wandel zwar stets unabdingbar, aber sie dürfen nie einen solchen Stellenwert annehmen, dass sie die realen Strukturen dessen, was Ziel und Zweck der angedachten Veränderung bildet, vollkommen außer Acht lassen.

Um nun zu erläutern, wieso die binationale Lösung des israelisch-palästinensischen Konflikts in letzter Zeit überhaupt zur erwähnten Aktualität gelangt ist, sei hier vorab die Sackgassensituation skizziert, welche die binationale Option strukturell erst eigentlich ermöglicht, ja Israel nachgerade aufzuzwingen scheint.

Israel kann die rigorose Entscheidung treffen, sich aus den im 1967er-Krieg eroberten Gebieten des Westjordanlandes zurückzuziehen und das auf diesem Territorium über Jahrzehnte errichtete Siedlungswerk zu räumen. Zwar kann man die Auswirkungen einer solchen Entscheidung auf die israelische Gesellschaft nicht von vornherein mit hundertprozentiger Sicherheit abschätzen, und doch geht man wohl mit der Prognose nicht fehl, dass sie nicht nur einen tiefen Riss innerhalb der jüdischen Bevölkerung des Landes verursachen, sondern dass dieser Riss in bürgerkriegsähnliche Situationen ausarten könnte, vielleicht sogar in einen ausgewachsenen Bürgerkrieg. Denn es bedarf kaum mehr als eines harten, fanatisch-konsequenten Kerns von einigen Hunderten oder Tausenden Siedlern in der Westbank, welche dem Staat Israel ohnehin ständig jegliches Recht absprechen, die von ihnen als »gottverheißenes Land der Urväter« begriffenen Gebiete abzugeben, messianisch getriebener Ideologen also, die sich – vom Pathos des Glaubenssatzes »eher sterben, als dies zuzulassen« (*jehareg u'wal ja'avor*) beseelt – in ihren Siedlungen verbarrikadieren und den Staat zwingen würden, sein Gewaltmonopol gegen sie anzuwenden; es reicht hin, dass es im Verlauf einer solchen erhitzten Konfrontation zwischen den israelischen Sicherheitskräften und den bis zum Halse bewaffneten, kampferprobten Siedlern zu Feuergefechten mit Opfern auf beiden Seiten kommt, während Massenmedien aus aller Welt die Tabuübertretung, dass »jüdisches Blut durch Juden vergossen« wird, live übertragen, damit alle ideologischen Gegensätze, von denen die israelische Gesellschaft seit Jahren gebeutelt ist, alle sozialen Muster schwelenden Misstrauens, angestauter Kränkung und eingefrästen Ressentiments, die diese Gegensätze seit Bestehen des Staates nähren und von ihnen genährt werden, schlagartig an die Oberfläche gespült werden, um tiefste Klüfte zu öffnen und die Grenzen gängiger Diskurspolemik der israelischen Gesellschaft bei weitem zu überschreiten. Das besagt nicht, dass sich ein solches Szenario notwendig ereignen *muss*, schon gar nicht in all seinen möglichen Schreckensdimensionen. Gleichwohl ist ein solches Szenario in den letzten Jahren ganz gewiss im Bewusstsein der meisten, wenn nicht aller israelischen Juden zumindest aufgeschienen; man kann davon ausgehen, dass es sich im Vorbewusstsein eines entscheidenden Teils der jüdischen Bevölkerung Israels als reale geschichtliche Möglichkeit eingebrannt hat. Und man mache sich dabei nichts vor: Der von Israels ehemaligem Premierminister Ariel Scharon im Jahr 2005 initiierte Rückzug aus dem Gazastreifen und das Ausbleiben des von den rückzugsbetroffenen Siedlern vor der Räumung unentwegt angedrohten »Bruderkrieges« können nicht als Präzedenzfall für den Rückzug aus dem Westjordanland herangezogen werden. In jeder denkbaren Hinsicht, vom Umfang der Räumung und des mit ihr verbundenen Aufwands an logistischen Ressourcen und einzusetzenden Militärkräften bis hin zum religiös-ideologischen Stellenwert des Westjordanlandes in den Augen nahezu aller Siedler, besonders aber ihres fanatisiert messianischen Kerns, handelt es sich um eine Operation und ideologische Herausforderung ganz anderer, völlig unvergleichbarer Größenordnung.

Israel kann hingegen die Entscheidung zum Rückzug aus den besetzten Gebieten auf unabsehbare Zeit vertagen bzw. entscheiden, diese Gebiete nicht zu verlassen, mithin im Zustand perpetuierter Okkupation zu verharren. Begründungen hierfür können von verschiedenen, ja völlig konträren Seiten bezogen werden. So sind, wie schon gesagt, in Israel bereits seit Jahren Stimmen zu vernehmen, denen zufolge die große Masse an jüdischen Siedlern, die das Westjordanland inzwischen in der dritten Generation bevölkern, der riesige Umfang der für sie geschaffenen Infrastruktur, die Unsummen, die in das koloniale Projekt investiert worden sind, und die riesigen Ressourcen, die es über Jahrzehnte (auf Kosten anderer wirtschaftlicher, sozialer und kultureller Belange der israelischen Gesellschaft) verschlungen hat, es mittlerweile schlichtweg verunmöglicht haben, das Siedlungswerk im Rahmen einer politischen Lösung des israelisch-palästinensischen Konflikts aufzuheben; die in den besetzten Territorien geschaffenen *facta bruta* seien irreversibel geworden. Mit einem Mann wie Meron Benvenisti kommt dabei diese Einschätzung zwar von linker politischer Seite, deckt sich aber kongruent mit der oft proklamierten Absicht Scharons, des ideologischen Ziehvaters der Siedlerbewegung und tatkräftigsten politischen Förderers der jüdischen Besiedlung der Westbank und des Gazastreifens, der sich jahrzehntelang über alle parteigebundenen tagespolitischen Bedenken rabiat hinwegzusetzen und »Tatsachen im Gelände« für die strategische Verbauung einer potenziellen Rückgabe der besetzten Gebiete ministeriell (und somit staatsoffiziell) zu betreiben pflegte. Zwar hat Scharon mit dem Abzug aus dem Gazastreifen am Ende seines politischen Lebens eine beachtliche Revision der Doktrin, die sein eigentliches Lebenswerk begründet hat, vorgenommen; welche strategischen Pläne er aber für das Westjordanland hatte, wird man wohl nie erfahren.

Interessanterweise korrespondierte die Gesinnung des nicht gerade religiös ausgerichteten Scharon aufs Engste mit der theologisch aufgeladenen Ideologie des nationalreligiösen Lagers, aus dem sich ein Großteil des rechten parlamentarischen wie außerparlamentarischen israelischen Radikalismus rekrutiert. In der Tat darf man in der religiösen Doktrin dieses Lagers, dem sich der Rückzug aus dem »Land der Urväter« als Gottessakrileg nachgerade verbietet, einen gewichtigen zweiten Grund für die Unterlassung (bzw. prononcierte Schmähung) der

Rückgabe der besetzten Gebiete im Rahmen eines israelisch-palästinensischen Friedensabkommens sehen. Von kaum zu überschätzender Bedeutung ist dabei, dass mit der ideologischen Sanktifizierung des eroberten Bodens Religion bzw. religiöse Begründung von Außerreligiösem einen folgenreichen Einzug in die israelische politische Kultur hielt, der eine fatale Wende im eher säkular begründeten Diskurs des zionistischen Selbstverständnisses einläutete.

Eine drittes »Argument« für Israels Verbleiben in den besetzten Gebieten kommt von unerwarteter Seite. Moderate Palästinenser, die den bewaffneten Kampf gegen Israel für aussichtslos erachten, mithin die Ansicht vertreten, dieser Kampf liefere Israel stets nur den Vorwand, seine übermächtige Gewalt mit umso ungezügelterer Vehemenz an der palästinensische Bevölkerung auszutoben, propagieren eine Politik des Ausharrens: Man möge die Okkupation so lange ertragen, bis sich das zur Zeit noch herrschende demografische Verhältnis dahingehend verkehrt hat, dass die Palästinenser die Mehrheit im gesamten, das ursprüngliche Kernland Israel und die okkupierten Gebiete umfassenden Territorium bilden. Dem fügt sich zuweilen der Wunschgedanke an, diese Überwinterungsphase möge als historische Vorstufe für die künftige Errichtung eines binationalen Staates Israel fungieren, mithin als Absage an die gegenwärtig anvisierte Zweistaatenlösung. Freilich gehören sowohl jene moderaten Palästinenser als auch Meron Benvenisti in ihren jeweiligen Gesellschaften einer solchen verschwindenden Minderheit an, dass man die von ihnen debattierte geschichtliche Option nicht weiter zu diskutieren bräuchte, wenn sich in ihrer Argumentation nicht etwas ankündigte, das viele Israelis ohnehin seit Jahren umtreibt: die in Israel als solche apostrophierte »tickende demografische Zeitbombe«. Denn würden sich die Majoritätsverhältnisse zugunsten der Palästinenser verändern, ergäbe sich daraus zwangsläufig entweder eine auf Apartheid ausgehende Beherrschung der arabischen Mehrheit durch eine jüdische Minorität, was selbst die Verbündeten Israels im Westen längerfristig kaum zulassen dürften, oder aber eine demokratische Anerkennung der neuen Mehrheitsverhältnisse, welche aber die reale Untergrabung eines der zentralen Postulate des Zionismus zufolge haben müsste: dass Juden stets die Mehrheit im zionistischen Staat zu wahren hätten.

Unerörtert mag hier die Möglichkeit bleiben, dass Israel notfalls den sogenannten »Bevölkerungstransfer« ausüben würde, das heißt eine ethnische Säuberung, die darauf aus wäre, die Palästinenser in einem organisierten Gewaltakt aus ihrem Lebensraum im Westjordanland zu vertreiben. Die Idee dazu wurde bereits in den 1980er-Jahren vom damaligen Führer der ultrarechten Kach-Bewegung

Meir Kahane in die Welt gesetzt, um späterhin in etwas »moderaterer« Form vom Vorsitzenden der Moledet-Partei, Rechavam Zeevi, verfolgt zu werden. Beide erlagen palästinensischen Attentaten. Unbeachtet mag diese Option bleiben, weil davon auszugehen ist, dass nicht nur »die Welt« einem solchen Geschehen kaum tatenlos würde zusehen können, schon gar nicht die arabischen Nachbarländer, die unweigerlich in Zugzwang mit der möglichen Folge eines mittleren regionalen Krieges geraten dürften, sondern weil sich wohl auch genügend jüdische Israelis finden würden, um sich solch faschistischem Unwesen aufs Entschiedenste zu widersetzen.

Wenn nun aber das hier lapidar hingeworfene Spektrum historischer Möglichkeiten die zentralen strukturellen Vorgaben für Israels Weg in nächster Zukunft in der Tat umfasst, lässt sich daraus ersehen, warum sich die Lage, in die Israel – mit großem Anteil an eigenem Verschulden – geraten ist, dem zionistisch gesinnten Israeli wie die horrende Wahl zwischen Skylla und Charybdis ausnehmen muss. Denn sowohl die Folgen eines nicht auf konsensueller Basis vollzogenen Rückzugs aus dem besetzten Westjordanland, mithin die real mögliche Verwirklichung der Schreckensvision eines innerisraelisch-jüdischen Bürgerkrieges (bzw. die rigide Absage ganzer Teile der jüdischen Bevölkerung Israels an eine solche, ihrer Gesinnung zuwiderlaufende Raison d'Être des Staates), als auch die objektive Entstehung einer binationalen Struktur im Falle des Verharrens in der militärisch garantierten Besatzungspraxis (bzw. der willentlichen Integration der palästinensischen Gesamtbevölkerung in ein gemeinsames Staatswesen) bedeuten mutatis mutandis das Ende des zionistischen Projekts, wie man es historisch gekannt hat. Wohlgemerkt: Im einen Fall ist die Rede von der Angst vor dem, was noch im Ungewissen, weil geschichtlich noch nicht Erfahrenen, liegt; im zweiten handelt es sich um eine objektive Strukturentwicklung, der man sich nicht wird entziehen können. So besehen, besteht zwischen den beiden Flügeln der Bedrohung keine volle Symmetrie – die Sackgasse verweist denn doch auf einen möglichen Ausweg, wenn man das Dilemma lösen, dabei aber auch den zionistischen Staat erhalten möchte.

Und dass ihn nahezu alle in Israel lebenden Juden erhalten möchten, ist zurzeit ein mindestens genauso realer Faktor im Nahostkonflikt wie das falsche Bewusstsein, von dem die Politik der israelischen Regierungen im Hinblick auf die künftige Erhaltung des zionistischen Staates geschlagen ist. Denn sosehr man die auf übernationalen Kategorien basierende Lösung des Konflikts herbeisehnen mag, darf man auf keinen Fall vergessen, dass in der gegenwärtigen historischen

Phase weder die Palästinenser noch die Israelis bereit sind, auf ihre nationalstaatlich getragene Selbstbestimmung zu verzichten. Dass sie die nationale Selbstbestimmung des Gegners nicht bzw. nur mit Abstrichen anzuerkennen bereit sind, sollte nicht darüber hinwegtäuschen, dass sie die eigene dafür mit umso größerer Emphase einfordern. Ob man will oder nicht, man muss diese Grundtatsache zur Kenntnis nehmen. Muss man sich mit ihr abfinden? Nun, genau hier setzt die Überlegung ein, was man für die Lösung des Nahostkonflikts zum Kriterium des *Möglichen* erheben möchte: das prinzipielle, sich auf das *Abstrakte* beschränkende Postulat, dass alles denkmöglich sei, oder die praktisch ausgerichtete Einsicht darin, dass es stets auch die Beschränkungen des *historisch real* Möglichen mitzubedenken gilt. Israelis und Palästinenser müssen den binationalen Staat *wollen*, damit dieser realiter »die einfachere, selbstverständlichere, nachhaltigere, vor allem aber gerechtere unter den beiden Lösungen« werden kann. Aber sie wollen ihn in ihrer gegenwärtigen geschichtlichen Verfasstheit nicht. Das hat natürlich viel mit dem durch den Konfliktverlauf über Jahrzehnte angestauten Hass, mit verfestigten Ressentiments und der gegenseitigen, von ideologischen Vorurteilen überfrachteten Wahrnehmung zu tun. Es hat aber vielleicht auch damit zu tun, dass man geschichtliche Phasen nicht einfach überspringen kann, mithin in Kauf nehmen muss, dass sowohl Israelis als auch Palästinenser die Prozesse ihrer je eigenen *nationalen* Bildungen erst durchlaufen müssen, ehe sie sich föderativ, konföderativ, bi- oder vielleicht auch übernational zusammenschließen können. Gerade Linke sollten nie vergessen, was es nach Marx an historischer Heranreifung bedarf, damit sich eine wirkliche revolutionäre Situation geschichtlich ausbilde, und was tragischerweise geschah, als man den Sozialismus voreilig in einer historisch, materiell wie strukturell unreifen Konstellation errichtet zu haben wähnte.

Der Rückzug aus den besetzten Gebieten, mithin die Zweistaatenlösung, ist in der gegenwärtigen geschichtlichen Phase – bei allen damit einhergehenden Konflikten, Zerrissenheiten und kollektiven Verlustängsten – unabdingbar. Seine Notwendigkeit liegt auf der Hand. Fraglich, ob sich dafür eine genügend starke und bewusst agierende israelische Führungsgestalt finden lässt, die dies Notwendige rigoros zu vollziehen vermöchte. Eine, die es war, hat ihre Mission mit dem Leben bezahlt; eine andere, die es hätte vielleicht werden können, liegt seit vielen Monaten im Koma. Aber selbst eine starke politische Führung wird sich kaum zu bewegen wagen, wenn sich die israelische Bevölkerung dem, was zurzeit noch den allermeisten in ihr als bedrohliche Sackgasse anmutet und sie in paralysierter

Stagnation verharren lässt, nicht stellt, um die Herstellung der historisch möglichen Grundlagen für ihre eigene staatliche Fortexistenz einzufordern und diese zu garantieren.

[2010]

Der Bankeinbruch Anmerkungen zur Gaza-Flottille 2010

Die im Epilog von Brechts *Dreigroschenoper* rigoros gestellte Frage, was schon der Einbruch in eine Bank sei, gemessen an der schieren Gründung der Bank, zeichnet sich durch ihren paradigmatischen Charakter aus. Aufgrund einer gewohnt instrumentellen Mentalität der »Problemlösung« – die dem amerikanischen Begriff *trouble shooting* innewohnende Aggression indiziert die vorbewusst-ohnmächtig gespeicherte Gewissheit, dass letztlich kein Problem wirklich gelöst werde – beschäftigt man sich, den verlorenen Groschen im Laternenlicht suchend, mit dem Offensichtlichen und Selbstverständlichen. Um herauszufinden, was das »Problem« – mehr noch: das gesellschaftliche bzw. politische Problem – sei, muss man (zuweilen) bei »Adam und Eva« ansetzen. Ein Leichtes ist es freilich nicht. Wer hat schon die Lust, Kraft und Ausdauer, bis auf »Adam und Eva« zurückzugehen, wenn die Probleme »brandaktuell« sind? Die Tragikomik aktueller Praxis: Was ist schon das »Brandneue« am partikularen Problem, gemessen an der historisch-übergreifenden Brandstiftung?

Die Darstellung des Ereignisses, welches mittlerweile als »Gaza-Flottille« kodiert worden ist, sieht sich, seinem kontroversen Charakter entsprechend, vor dem Problem der rashomonartigen Rezeption des Geschehenen gestellt. Was war da im Mai 2010 passiert? Es kommt ganz darauf an, wem man sein Gehör schenken möchte. Den Initiatoren der Flottille zufolge wollte man die von Israel gegen den von der Hamas beherrschten Gazastreifen verhängte Blockade durchbrechen, die Aufmerksamkeit der Welt auf die humanitären Auswirkungen dieser Blockade ziehen und den Bewohnern Gazas humanitäre Hilfe zukommen lassen. Nach Angaben israelischer Politinstanzen unterhält die an der Flottille beteiligte türkische Organisation IHH, die sich der Free-Gaza-Bewegung und anderen propalästinensischen Aktivisten angeschlossen hatte, Verbindungen zu islamistischen Kräften in der Welt, mithin zu Al-Qaida und dem internationalen Dschihad, weswegen die Organisation von Israel (als terroristische) für illegal erklärt worden ist. Während die Flottille-AktivistInnen die Schuld am Menschenleben fordernden Gewaltausbruch auf der »Mavi Marmara« dezidiert dem Kommandounternehmen des israelischen Militärs und der schieren Kaperung des Schiffes zuschrieb, hieß es vonseiten des IDF-Sprechers, die israelischen Soldaten seien im Verlauf der Aktion auf »schwere physische Gewalt« seitens der an der Protestaktion beteiligten Aktivisten gestoßen, welche die Soldaten, nach ihrem eigenen Bekunden, mit Schusswaffen sowie mit Messern und Schlagstöcken attackiert hätten, weshalb man auf sie aus Notwehr schießen musste. Von selbst versteht sich, dass die große Anzahl der bei der Aktion zu Tode gekommenen Aktivisten in vielen Medienberichten in der Welt ganz andersartige Reaktionen hervorrief als in den allermeisten israelischen Medien. Es ließen sich hier weitere, perspektivisch je vorbestimmte Wahrnehmungsunterschiede anführen, was aber für überflüssig erachtet werden mag; sie illustrierten nichts weiter als das längst Bekannte: Partikulare Interessen stabilisieren von vornherein das Normative fragmentarischer Sichtweisen, wobei dann die jeweilige Sichtweise ihre Bestätigung im prästabilisierten Normativen sucht.

Nun lässt sich aber fragen: Gibt es keine Wahrheit bzw. – bescheidener gegriffen – keine Perspektive, die der wahrgenommenen Realität stimmiger nahekommt oder doch zumindest stimmiger als konkurrierende Perspektiven? Ja, zweifellos gibt es sie. Aber auch sie kann einem Erörterungsparadigma unterworfen werden, das allzu leicht von einer umfassenderen Wahrheit ablenkt – dann nämlich, wenn die jeweilige Perspektive im Hinblick auf ihre rein *zweckrational* ausgerichtete *innere* Logik anvisiert wird. So lässt sich fragen, ob Israels Entscheidung, die »Mavi Marmara« überhaupt kapern zu sollen, sonderlich klug war; und wenn eine solche Aktion stattfinden musste, ob der Modus der Operation rein militärlogisch vertretbar war. Wenn es, wie im Nachhinein behauptet, nicht darum ging, AktivistInnen auf dem Schiff verletzen, geschweige denn töten zu wollen, zeugt nicht die Tatsache, dass es zu Toten und Verletzten dennoch kam, von defizitärer militärischer Planung im noch besten Fall und von gewaltbeseelter Verblendung im eher anzunehmenden? Aber auch die Planer der Protestaktion müssten sich – unter solchen zweckrationalen Gesichtspunkten – fragen lassen, ob sie ernsthaft in Kauf genommen haben, dass es zwangsläufig zur brutalen Gewaltanwendung seitens des israelischen Militärs kommen werde, wenn sich Gewaltbereitschaft aufseiten eines Teils der Aktivisten zeigen würde. Haben die Aktivisten, die sich auf Gewalt einlassen zu sollen meinten, in Betracht gezogen, dass das Militär – letztlich jedes Militär der Welt – sich mit nichts anderem würde zufrieden geben können als mit einer eindeutigen, mithin brutalen Niederschlagung des ihm entgegengebrachten Widerstands? Sollten sie aber das in ihren Aktionsplan miteinbezogen haben, was sind ihnen dann die Opfer der Aktion: in Kauf genommene Märtyrer? Ein weiterer Beweis für Israels Brutalität? Bedurfte es denn eines weiteren Beweises, und waren Menschenleben in der Tat der notwendig in Kauf zu nehmende Preis für die Erbringung dieses Beweises?

Jede dieser Fragen (und viele andere mit ihnen einhergehende) ließen sich aus der immanenten Logik des konkreten Ereignisses »Gaza-Flottille« diskutieren und klären. Dies ist bereits in der Tat in allen erdenklichen Foren geschehen. Dagegen ist an sich auch nichts einzuwenden: Jede Sensation zeitigt Reaktionen, erst recht, wenn das Sensationelle einen tragischen Ausgang nimmt (und aus ebendiesem Grund kontrovers rezipiert wird). Politisch ist die Inszenierung der Sensation zuweilen sogar vertretbar, insbesondere dann, wenn sich sonst »nichts mehr bewegt«. Im Fall der »Gaza-Flottille« war, so besehen, die schiere Bestrebung, die Blockade durch die Schiffsaktion zu durchbrechen, dem Showeffekt der militärischen Operation mutatis mutandis verschwistert. Das Pathos der Sensation lag beiden zugrunde. Freilich läuft das Sensationelle stets Gefahr, von der Sache, um derentwillen es inszeniert worden ist, so abzulenken, dass das ursprüngliche Ziel sich gänzlich dem Diskurs entschlägt. Das diesbezügliche Muster (teils bewusster Manipulation) ist wohlbekannt. Indem sie nämlich die Aufmerksamkeit der Medienkonsumenten auf »gegenwärtige« Relevanz lenkt, lässt die Nachrichtenaktualität des heute Getöteten den Getöteten des gestrigen Tages in Vergessenheit geraten und verleiht somit der Wahrnehmung des Grauens notwendig eine buchhalterische Dimension: Was von der Möglichkeit, das bestimmte Opfer, und sei's durch die Erinnerung der spezifischen Details seines Schicksals, zu ehren, übrigbleibt, wird zugunsten des aktuellen Ereignisses geraubt, bevor auch dieses zu »old news« wird, um im medialen Mülleimer der Sensationsindustrie zu landen. Nach einiger Zeit erinnert man sich nur noch an die Statistik – manchmal als Bilanz zwischen »unseren« und »ihren« Toten; zumeist nicht mal das, wenn die Ausmaße der Katastrophe so horrend sind, dass der statistische Blick sich der Wahrnehmung von selbst aufzwingt und das Schicksal der Einzelnen in der Anonymität des allgemeinen Chaos untergeht. Endgültig pervers werden solche Wahrnehmungsmuster, wenn man eine gewisse Erleichterung beim Hören der realen Zahl der Opfer verspürt: nicht 20.000 Menschen, wie man in den ersten Momenten des Medienevents verbreitet hat, sondern »nur«

6.000. Auf manche Menschen wirkt dieses »nur« erleichternd. Man kann das verstehen, denn auch bei der Tötung von Menschen macht letztlich die Quantität eine Qualität aus. Und dennoch muss man sich stets aufs Neue zur Frage ermahnen, was das für eine Realität sei, die solcherlei Situationen der »Erleichterung« bedarf, Situationen, in denen das Andenken des einzelnen Toten im Erleichterungsgefühl darüber untergeht, dass das Grauen sich nicht in seiner vollen entsetzlichen Kapazität verwirklicht hat.

Notwendig wird es, so besehen, anzuvisieren, was die volle Kapazität des Grauens erst eigentlich ermöglicht. So wichtig die Klärung der Vorkommnisse auf der »Mavi Marmara« an sich sein mag, muss es vor allem darum gehen, das zu erörtern, was die »Gaza-Flottille« zum (realen oder vermeintlichen) Muss hat werden lassen. Nicht also die intendierte Durchbrechung der Blockade, sondern die Grundvoraussetzung der über den Gaza-Streifen verhängten Blockade (bzw. dessen Einschnürung) muss in den Brennpunkt der kritischen Betrachtung rücken. Dabei muss freilich doch auf »Adam und Eva« zurückgegangen werden. Denn sosehr der Einbruch in eine Bank als solcher dem ihn generierenden System entsprechend geahndet werden muss, darf doch das System, das diesen Einbruch *zwangsläufig* hervorgebracht hat, als das eigentliche Problem angesehen werden.

Es ist nun diese Grundannahme, die der Erörterung des Flottillenereignisses das Zurückgehen auf »Adam und Eva« – mithin auf »Kain und Abel« – aufzwingt. Dabei muss man nicht gleich die Urgründe von 1897 oder 1948 in Anschlag bringen, sehr wohl aber den 1967er-Krieg und seine Folgen. Denn nahezu alles, was sich zwischen Israelis und Palästinensern seit nunmehr über vierzig Jahren politisch, wirtschaftlich, militärisch und ideologisch abgespielt hat und weiterhin abspielt, ordnet sich dem einen, das Verhältnis der beiden Kollektive zueinander unhintergehbar bestimmenden Faktor unter: der von Israel praktizierten Okkupation palästinensischer Territorien. Zu bedenken gilt dabei vor allem, dass die im Krieg erfolgte Militärbesatzung der Gebiete mittlerweile in ein mit großem Elan angelegtes Siedlungswerk gigantischen Ausmaßes umgeschlagen ist. Nicht von ungefähr sind Beobachter auf beiden Seiten zur Überzeugung gelangt, dass der im Westjordanland über Jahrzehnte (durch die von Israel angelegte Infrastruktur) verfestigte Herrschaftszustand »irreversibel« geworden sei, mithin die Option einer Zweistaatenlösung des israelisch-palästinensischen Konflikts in eine objektive Sackgasse geritten habe.

Auf israelischer Seite sah sich diese Expansionspraxis, welche sich ursprünglich rein sicherheitslogischen Erwägungen verdankt haben mochte, sehr bald einer fundamentalreligiösen Ideologisierung des stetig anwachsenden Siedlungswerks verschwistert. Messianisch beseelte Nationalreligiöse deuteten die Kolonisierung der besetzten Gebiete als »Rückkehr in das Land der biblischen Urväter«, vor allem aber als »Befreiung von gottverheißenem Land«. Auf palästinensischer Seite schärfte sich das kollektive Bewusstsein und die mit diesem einhergehende Widerstandsemphase gerade an dieser israelischen Besatzungs- und Annexionsdynamik, die selbst zu Zeiten des Osloprozesses in den 1990er-Jahren nicht abriss. Eines muss gleichwohl im Hinblick auf den gesamten Okkupationszusammenhang festgestellt werden: Mochten die Palästinenser und die Israelis ihre je eigenen Fehler bei periodisch aufkommenden Versuchen, den blutigen Konflikt politisch beizulegen, begehen, so stand auch stets fest, dass die realen Mittel zu seiner Lösung durchgehend in israelischer Hand lagen. Es war und ist nun einmal Israel, das die Territorien unter gewaltsamer Herrschaft hält; entsprechend sind die Machtverhältnisse alles andere als symmetrisch verteilt. Man drehe und wende es, wie man will, es ist Israel, das die Unterdrückung praktiziert, deren Opfer die Palästinenser sind. Es ist in erster Linie auch Israel, das die Unterdrückung real aufzuheben vermöchte.

Die dabei erzeugte Leiderfahrung der Palästinenser hat das staatsoffizielle Israel indes kaum je berührt. Man nahm den selbstbewirkten Zustand perpetuierter Repression hin und erging sich in ideologischen Rationalisierungen, dass die Palästinenser sich ihre Lage selbst zuzuschreiben hätten; dass sie demokratieunfähig seien, daher auch keinen ernstzunehmenden Partner für wirkliche Friedensgespräche abzugeben vermögen. Nicht von ungefähr wurde gerade *der* israelische Staatsmann, der es mit dem Frieden zwischen beiden Kollektiven ernst zu meinen schien, ermordet. Denn zu keiner Zeit in den vergangenen Dekaden, in denen sich eine lippenbekennende Friedenssehnsucht in Israel selbst zelebrierte, wurde die vorgebliche Friedensbereitschaft der Israelis zum Gegenstand ernstgemeinter Erörterung erhoben, geschweige denn real auf die Probe gestellt. Dass man den Frieden wollte, war klar, nicht aber, ob man auch bereit war, den dafür zu zahlenden Preis einer realen Beendigung der Okkupation (also Rückgabe der besetzten Gebiete) zu entrichten.

Was man dabei aber übersah (beziehungsweise bewusst ignorierte), war die mit der Umgehung des Friedens zwangsläufig entstehende Sackgasse, in welche sich der zionistische Staat nolens volens hineinmanövrierte und von dieser nunmehr in der Stagnation fortwesender Perspektivlosigkeit gehalten wird: Gerade das monströs angewachsene Siedlungswerk im Westjordanland und die Staatim-Staat-Funktion, welche die Siedler im heutigen Israel mittlerweile innehaben, dürften klargemacht haben, dass ein im Rahmen der finalen israelisch-palästinensischen Friedensregelung staatsoffiziell getroffener Beschluss, sich aus den besetzten Gebiete der Westbank zurückzuziehen, die Gefahr birgt, einen innerjüdisch-israelischen Bürgerkrieg zu entfachen. Gibt man aber die okkupierten Territorien nicht zurück und behält somit die staatliche Oberhoheit Israels über diese bei, bewirkt man zwangsläufig die objektive Entstehung einer binationalen Struktur, bei der die Juden früher oder später zur Minorität im eigenen Land werden müssen.

Die zweite dieser beiden Möglichkeiten gilt wohl den allermeisten jüdischen Israelis als die größere Bedrohung – sie würde ja nicht weniger als das Ende des historischen zionistischen Projekts bedeuten. Es will gar scheinen, dass die »demografisch tickende Zeitbombe«, als welche sie im gängigen israelischen Diskurs mittlerweile apostrophiert wird, inzwischen selbst ins ideologische Bewusstsein der israelischen Politprominenz (etwa bei Schimon Peres, Tzipi Livni, Ehud Olmert und Ehud Barak) eingedrungen ist. Auszugehen wäre davon, dass sogar ein Ariel Scharon diesen Faktor im Sinn hatte, als er im Jahre 2005 den – im Hinblick auf Scharons Lebenswerk, der massiven Besiedlung der besetzten Gebiete, in der Tat eklatanten – unilateralen Rückzug aus dem Gazastreifen initiierte und vollzog. Dass er damit mutatis mutandis die Machtübernahme der Hamas im Gazastreifen mitbewirkte, dürfte ihn kaum gestört haben, wenn er sie noch mitbekommen hätte. Denn das Divide-et-impera-Prinzip, welches man aus israelischer Sicht der Verfeindung zwischen der Hamas und der PLO zuschreiben konnte, war ja schließlich ein Erbteil israelischer Politik bereits in den 1970er-Jahren: Schon damals unterstützte die israelische Politik *religiöse* Elemente im palästinensischen Lager gegen die *säkulare* PLO, die man unter Jassir Arafat für den gefährlicheren Feind Israels erachtete. Nicht dass Scharon sich die Hamas als eine auf Israel Raketen abfeuernde Machtinstanz direkt gewünscht hätte; vielmehr war es ihm darum zu tun, die anderthalb Millionen palästinensischen Bewohner des Gazastreifens der israelischen Oberhoheit zu entziehen, um längerfristige »Ruhe« im Westjordanland zu erlangen, vor allem aber auch das »demografische Problem« zu verringern.

Dass die an die Macht gelangte Hamas dann als das auftrat, was sie nun einmal ist – eine fundamentalreligiöse Bewegung, die jeglichem Friedensabkommen mit Israel kategorisch ablehnt –, war der hohen israelischen Politik zwar lästig, zugleich aber auch mitnichten unwillkommen: Nichts Günstigeres hätte man sich wünschen können als die Schwächung der PLO durch die rigoros auftretende, gar zum Bürgerkrieg bereite Gegnerschaft der Hamas. Auch den durch diese Organisation proklamierten bewaffneten Kampf gegen Israel konnte man dazu benutzen, um auf Gaza immer wieder brutal einzuschlagen, vor allem aber, um die ökonomische Einschnürung des Gazastreifens und dessen militärisch-territoriale Blockade zu legitimieren. Die dem Islamismus verschriebene Hamas durfte (spätestens nach September 2001) auf keine politische Beliebtheit, geschweige denn Solidarität im Westen hoffen. Und so konnte auch im Westen kaschiert bzw. ignorierend hingenommen werden, dass es in erster Linie die palästinensische Bevölkerung Gazas war, die an ihrer eigenen Regierung (welche sie freilich selbst gewählt hatte), vor allem aber an der israelischen Politik gnadenloser Absperrung des dichtbesiedelten, armseligen Landstrichs lebensweltlich, wirtschaftlich und eben auch immer wieder militärisch zu leiden hatte.

Was immer die Initiatoren der Gaza-Flottille zu ihrer waghalsigen Unternehmung bewogen haben mag (und unabhängig davon, ob es von vornherein ratsam war, sich mit dem israelischen Militär anlegen zu wollen), eines dürfte klar sein: Die Flottille wäre nicht zustande gekommen, wenn es nicht die Blockade gegeben hätte; die Blockade hätte es ohne die Heraufkunft der Hamas-Regierung nicht gegeben; die Hamas-Regierung ist aber das Erzeugnis des unilateralen Rückzugs der Israelis aus dem Gazastreifen unter dezidiert würgender Einschnürung des vorgeblich befreiten Territoriums; diese repressive Maßnahme liegt nun aber ihrerseits ganz in der Logik dessen, was die Hamas-Regierung, die Blockade und den kläglichen Versuch ihrer Durchbrechung zeitigte: der Okkupation. Wer aber von der Okkupation nicht reden will, sollte auch von Freiheit, Demokratie und Frieden schweigen.

[2011]

In der Konsensfalle Israels konformistische Linke

Die alte marxistische Denkfigur von Basis und Überbau, die sich bei Marx noch primär auf die sozial-ökonomischen Produktionsverhältnisse und ihre direkten wie indirekten Legitimierungen in den Bereichen der Politik, des Gesetzes, der Religion und der Kultur bezog, ist bekannterweise ihrer ursprünglichen Bedeutung weitgehend entwachsen, der Ideologiebegriff mithin inzwischen solchermaßen transformiert worden, dass sich seine binäre Urfassung kaum noch zu halten vermochte. Dennoch darf Ideologiekritik – trotz aller inzwischen erfolgten Aufweichungstendenzen – weiterhin als ein brauchbares, ja unabdingbares Instrument der Dekodierung von manipulationsträchtigen Diskursmechanismen und des von ihnen herrührenden falschen Bewusstseins angesehen werden. Das Problem besteht halt nur darin, dass die Dekonstruktionspraxis ungleich komplexer geworden ist, nicht zuletzt weil oft nicht mehr für selbstverständlich erachtet werden kann, was als Realität anzusehen sei, aus der sich Ideologie herausbildet, und auf die sich dann Ideologiekritik ihrerseits bezieht. Schon im Adornoschen Begriff der Kulturindustrie spiegelte sich das strukturelle Ineinandergreifen, mithin die dichte Verzahnung von Basis und Überbau wider. Kaum noch eindeutig zu bestimmen, wie der kausale Wirkzusammenhang von Sein und Bewusstsein, von Praxis und Meinung, von Realität und ihrer ideologischen Entstellung sich bildet und verdichtet.

Geht man nun davon aus, dass es traditionell die Linke (bzw. die linke Intelligenz) war, die als Platzhalterin rigoroser Ideologiekritik fungierte und als solche den Anspruch auf fortwährende Anprangerung von Bewusstseinsdefiziten im Hinblick auf das schlecht Bestehende erheben durfte, so war die diesbezügliche Stellung von Linken in Israel von Anbeginn prekär. Aus der Chronik des Zionismus leitete sich nämlich ab, dass die Hauptbewegungen, Gruppen und Parteien, die die Infrastruktur des Staates bereits in der prästaatlichen Phase errichteten und das politische Establishment nach der Staatsgründung bildeten, dem Lager sozialistischer bzw. sozialdemokratischer Gesinnung entstammten. Bedenkt man zudem, dass die Errichtung einer nationalen jüdischen Heimstätte den allermeisten Juden nach der Shoah als historische Notwendigkeit galt, bildete die unsichtbare Glocke eines fundamentalen Patriotismus die unhinterfragbare Rahmenbedingung für soziale und politische Kritik im gängigen öffentlichen israelischen Diskurs. Entsprechend geht man wohl nicht fehl mit der Behauptung, dass die kritische zionistische Intelligenz Israels von Anfang an zur Elitenkonstellation der neuen Gesellschaft und ihrer kulturellen Hegemonie zählte. Sie durfte sich kritischer journalistischer, publizistischer und belletristischer Praxis befleißigen, politische Opposition bilden, schwierige Fragen ans real Bestehende in Israel stellen, aber eben nur bis zur selbst auferlegten Tabubarriere, die Grenzen des kollektiven Konsenses nie überschreitend. Dass dabei Kritik nur die »von oben« zugelassene sein durfte, schlug sich in Ben-Gurions paradigmatisch gewordenen Diktum »Ohne Kommunisten und Cherut-Partei« nieder, was so viel hieß wie: Nie und nimmer dürften die nicht- bzw. antizionistischen Kommunisten, aber eben auch die dem ehemaligen Lager der rechtsgerichteten Revisionisten entstammenden oppositionellen Hyperzionisten der Cherut-Partei Begins als Koalitionspartner der herrschenden Regierungspartei zugelassen werden. Es ging dabei weniger um brachiale Verfolgung (obgleich es auch diese zuweilen geben mochte) als vielmehr um eine umso strenger eingehaltene politische wie gesellschaftliche Exklusionspraxis. Vieles von dem, was späterhin in Israels politischer Kultur als »links« wahrgenommen und apostrophiert werden sollte, entstammt den Politkoordinaten jener staatlichen Gründerzeit, in der die international ausgerichtete Linke (freilich im Kontext eines bereits wütenden Kalten Krieges) tabuisiert wurde, das linke Establishment der Arbeiter- und späteren Arbeitspartei selbst aber zum Pejorativum der Ausgegrenzten von rechts geriet.

Als Begins Likud-Block dann im Jahre 1977 an die Macht gelangte, verschoben sich die Kriterien der Rechts-Links-Zuordnung vollends. Denn nicht nur kam damit eine mehrere Jahrzehnte währende Vorherrschaft der Arbeiter- bzw. Arbeitspartei an ihr Ende, sondern der charismatische Führer der Likud-Bewegung schaffte es (mit den Mitteln eines zuweilen kruden demagogischen Populismus), seine liberal, mithin dezidiert kapitalistisch ausgerichtete Partei als neue politische Heimstätte für die unteren Schichten der israelischen Gesellschaftsordnung darzustellen und anzubieten. Dabei stützte er sich auf dem zu jenem Zeitpunkt zur Kulmination gelangten Ressentiment der orientalisch-jüdischen

Bevölkerungsschichten gegenüber der für »aschkenasisch« erachteten Herrschaftshegemonie der Arbeitspartei, womit denn »aschkenasisch« und »links« mutatis mutandis gleichgesetzt und mit entsprechender unverhohlener Aversion besetzt wurden. Die Überlappung der Klassen mit der ethnischen Dimension in der israelischen Gesellschaft birgt tatsächlich einen historischen Wahrheitskern: Da sich der politische Zionismus ursprünglich als ein westlich-modernes Projekt mit europäischen Wurzeln generierte, dominierten anfangs primär aschkenasische Protagonisten seine Aufbaupraxis und das ihr verschwisterte ideologische Diskursfeld. Als aber nach der Shoah die Millionen Juden Europas, denen die zionistische Lösung der »Judenfrage« eigentlich zugedacht gewesen war, nicht mehr am Leben waren, griff man, die demografische Not im gerade errichteten Judenstaat gewahrend, auf den staatlich organisierten Bevölkerungsimport aus den arabischen Ländern zurück (allen voran aus Marokko, Jemen und dem Irak). Die offensichtlichen sozialen, ökonomischen wie kulturellen Gegensätze zwischen den nunmehr zusammengekommenen europäischen und orientalischen Juden sollten zwar – zukunftsfroh und durchideologisiert, wie man im Pathos jener Gründerzeit nun mal war – im Laufe der Jahre kraft eines sogenannten nationalen »Schmelztiegels« überwunden werden; aber real bildete sich schon damals, was späterhin das politische Schicksal Israels maßgeblich bestimmen sollte: die Klassenhierarchie samt der ihr eigenen und sie mitbestimmenden ethnischen Dimension. Für ironisch darf dabei erachtet werden, dass ein Großteil der unterbemittelten Juden in der israelischen Gesellschaft von da an, entgegen ihrem objektiven Klasseninteresse, einer nicht minder »aschkenasisch« beherrschten Partei das Wort redeten, welche nichts für ihre sozialen Belange zu unternehmen gedachte, ihnen dafür aber als Antipodin der verhassten Arbeitspartei ein neues ideologisches »Zuhause« anzubieten beanspruchte. Nicht zuletzt infolge dieser bemerkenswerten Verkehrung des Verhältnisses von gesellschaftlicher Struktur, Gesinnung und parteilicher Zugehörigkeit verlor der Begriff »links« in Israel nach und nach seine soziale Bedeutung und mutierte ganz zum Repräsentationsbegriff der Positionierung in außerpolitischen Fragen, mithin im israelisch-palästinensischen Konflikt und seiner möglichen Lösung.

Für links werden seitdem jene erachtet, die eine politische Lösung des israelisch-palästinensischen Konflikts im Sinne einer das Kernproblem des Konflikts bildenden Teilung des Gesamtterritoriums Israel-Palästina anstreben. Als rechts gelten entsprechend jene, die einen Rückzug aus den im 1967er-Krieg besetzten Gebieten entweder ganz verdammen oder doch zumindest nur eingeschränkt und unter Wahrung der israelischen »Sicherheits«-Hegemonie zulassen möchten. Dabei unterzogen sich freilich beide Lager im Laufe der Jahre einem gewissen Wandel. Denn wenn Begins Likud-Partei in ihren Regierungsanfängen, die Gesinnung der ursprünglichen Cherut-Partei wahrend, einer Großisrael-Ideologie das Wort redete, derzufolge zumindest das Westjordanland als integraler Bestandteil von Erez Israel anzusehen sei, so verblasste die ehemals befeuernde Wirkmächtigkeit dieser Ideologie inzwischen solchermaßen, dass sie als historisch ad acta gelegt gelten darf. Das schlägt sich nicht zuletzt auch im familiären Generationsgefälle israelischer Spitzenpolitiker der Likud- und Kadima-Parteien nieder: Väter und Mütter von Personen wie der gegenwärtigen Außenministerin Zipi Livni, des ehemaligen Justizministers Dan Meridor oder etwa des Kadima-Ministers Zachi Hanegbi gehörten zu den Hardlinern der Großisrael-Ideologie. Ihre Kinder geben sich – realpolitisch »geläutert« – als deutlich moderiert. Einzig der jüngst zur Likud-Partei zurückgekehrte Sohn Begins, Benjamin Zeev Begin, hält unter den sogenannten »Prinzen« der Likud-Partei weiterhin an der überlebten Ursprungsideologie seines Vaters fest.

Das linke (wie gesagt, sich fast nur noch um außenpolitische Belange kümmernde) Lager unterteilt sich seit jeher in den Löwenanteil der zionistischen Linken und die immer schon eher randständige nicht- bzw. antizionistische Linke, die sich allerdings – insofern nicht parlamentarisch in der Kommunistischen Partei und den sektoralen arabischen Parteien zusammengefasst – eher außerparlamentarisch profiliert. Was dabei in Deutschland oft nicht verstanden wird, ist, dass niemand in der israelischen Linken – auch nicht ihre dezidierten Zionismuskritiker – das Existenzrecht Israels je infrage gestellt hat. Es gab zwar immer vereinzelte Stimmen, die einer binationalen Lösung des Konflikts das Wort redeten, sich mithin auch in ferner Zukunft eine israelisch-palästinensische Konföderation vorstellen könnten, aber die mächtige Überzahl der Linken Israels plädiert für und kämpft um eine Zweistaatenlösung, welche freilich die Bewältigung einiger Neuralgien des zionistischen Selbstverständnisses zur Voraussetzung hätte: nicht nur die Räumung der im 1967er-Krieg besetzten Gebiete und den Abbau des in ihnen errichteten Siedlungswerks, sondern auch die politische Lösung der Jerusalem-Frage sowie die symbolische des Rückkehrrechts der Palästinenser.

Dass besagte Neuralgien in den letzten Jahren überhaupt angerührt werden können, ja Postulate der einst geschmähten und verfolgten Matzpen-Gruppe mittlerweile Eingang in den israelischen Politdiskurs gefunden haben und etabliert worden sind, hat zum einen mit objektiven Entwicklungen des Nahostkonfliktes in den letzten Jahrzehnten zu tun, zum anderen aber auch mit einer im 1982er-Libanonkrieg errungenen öffentlichen Legitimation der rigorosen Hinterfragung von kontroversen politischen Entscheidungen und militärischen Praktiken israelischer Regierungen. Die inzwischen legendär gewordene Protestkundgebung der »Vierhunderttausend« angesichts der Massaker von Sabra und Schatila darf, so besehen, in der Tat als tabubrechender Meilenstein in der Herausbildung einer radikalisierten kritischen Öffentlichkeit in Israel angesehen werden. Die fortwährende Wirkmächtigkeit solch publiker Hinterfragung der zu nationalen Ausnahme- und Katastrophenzuständen führenden (außen)politischen Prozesse und Entscheidungen schlug sich dann in der ersten Intifada von 1987 nieder, als die Brutalität der israelischen Armee bei der Niederschlagung des (nicht militarisierten) Volksaufstandes der Palästinenser schockierte Reaktionen in der jüdischen Bevölkerung des Landes zeitigte. Sie verfestigte sich dann nachgerade zur Matrix einer Gesinnungseuphorie der Linken im Verlauf des Osloprozesses der 1990er-Jahre, als es über Strecken scheinen mochte, dass sich historische Chancen für eine friedliche Beilegung des über Jahrzehnte durchideologisierten »Sicherheitsproblems« eröffnet hatten. Die Kittfunktion der politisch fetischisierten »äußeren Bedrohung« lockerte sich dabei in einem Maße, dass die (nicht zuletzt akademische) Enttabuisierung zentraler Mythen des israelischen Nationalkonsenses – etwa das staatsoffizielle Narrativ des 1948er-Krieges, die Shoah als Legitimationsbasis des zionistischen Staates, die schmelztiegelhafte Integration jüdischer Ethnien in Israel, ja sogar das unantastbare geschichtliche Selbstbild des Zionismus – möglich wurde.

Hervorgehoben sei allerdings, dass die damalige hoffnungsfrohe Tauwetterstimmung unter den zionistischen Linken auch sehr genau um ihre eigenen unüberschreitbaren Grenzen wusste, eben die des zionistischen Konsenses. Dies schlug sich z. B. in der hochbrisanten Frage der Reservedienstverweigerung in den besetzten Gebieten nieder: Die linkszionistische Mercz-Partei widersetzte sich konsequent dieser Möglichkeit des Protestes gegen die oppressive Okkupationspolitik und -realität, während Ikonen der außerparlamentarischen Oppositionen wie Yeshayahu Leibowitz (freilich Zionist im Selbstverständnis), aber auch israelkritische Organisationen wie Yesh Gvul darauf insistierten, dass eine massenhafte Verweigerung der Teilnahme an der israelischen Unterdrückungspraxis nicht nur legitim, sondern politisch auch wünschenswert sei. Jedoch nicht nur bei solchen Grundsatzfragen, denen die Kontroverse von vornherein mit eingeschrieben ist, sondern auch da, wo sich die linke Positionierung hätte eindeutig homogen wissen müssen, erwies sich die zionistische Linke stets als von staatstragendem »Verantwortungsgefühl« beseelt und entsprechend in ihrer Gesinnungsfestigkeit aufweichbar: Was hätte die israelische Linke als solche mehr konsolidieren müssen als die Ermordung Yitzhak Rabins? War doch der Träger der verheißungsvollsten Friedensinitiative seit Bestehen des Staates von einem politisch motivierten rechtsradikalen Siedleranhänger vorsätzlich umgebracht worden. Die Rechte, die an Rabins systematischer Delegitimierung monatelang mit allen ihr zur Verfügung stehenden Mitteln agitatorisch elaboriert hatte, hätte auf Jahre hinaus politisch diskreditiert werden können (und müssen). Stattdessen heulten sich linke Jugendbewegungen am Ort des schicksalsträchtigen politischen Verbrechens eine Woche lang unpolitisch aus, ließen sich den ideologischen Schmarren einreden, sie grenzten die gesamte Rechte von der »nationalen Trauer« aus, beteiligten sich an der politisch inszenierten Kollektivkitsch-Kampagne der »nationalen Versöhnung«, um sechs Monate später registrieren zu dürfen, dass nicht Peres, sondern der Likud-Führer Benjamin Netanjahu zum nächsten israelischen Ministerpräsidenten gewählt wurde. Die Linke hatte es im kritischsten Moment der israelischen Friedenschronik geschafft, sich ihrer eigenen Raison d'Être zu begeben.

Und als nach dem Zusammenbruch des Oslo-Prozesses die zweite Intifada ausbrach, ließ es sich die gesamte zionistische Linke nicht nehmen, in »Verwirrung« zu geraten, sich das offizielle »Kein-Verhandlungspartner«-Narrativ der israelischen Teilnehmer an den Camp-David- und Taba-Gesprächen einreden zu lassen, um somit der Politik Scharons, die auf nichts anderes aus war als auf die systematische Zerstörung der PLO, die Demontage der palästinensischen Autonomiebehörde und die Paralysierung Arafats direkte wie indirekte Rückendeckung zu verschaffen. Es mochte zuweilen scheinen, als atmete die zionistische Linke nahezu auf, nachdem sie solcherart in den Schoß der durch »äußere Bedrohung« notwendig forcierten nationalen Konsolidierung zurückgeschreckt worden war. Und so segnete sie auch die unmäßig brachiale Gewalt Scharons bei der Bekämpfung der Palästinenser eher volens als nolens ab, ohne sich im Geringsten Rechenschaft darüber abzulegen, welches Machtvakuum in den besetzten Gebieten überhaupt, besonders aber im Gazastreifen nach Arafats Tod entstehen musste, ein Vakuum, das den rasanten Aufstieg der Hamas in der Tat beförderte.

Es steht außer Zweifel, dass mit der Hisbollah im Norden und der Hamas in Süden, beide verlängerte Arme iranischer Machtinteressen in der Region, Israel ein Feind erwuchs, dem kein israelischer Linker übermäßige Sympathien entgegenzubringen vermag. Indes, nicht dies steht im hier erörterten Zusammenhang zur Debatte. Denn abgesehen davon, dass man Israels ureigensten Schuldanteil an der Heraufkunft dieses neuartigen Feindes eingehend zu analysieren hätte, stellt sich doch die Frage, wie sich die zionistische Linke bei den periodischen Kriegskonstellationen der letzten Jahre positioniert. Man muss nicht größer nach Antworten suchen – das althergebrachte Verhaltensmuster zionistischer Linker in Kriegszeiten hat sich auch beim zweiten Libanonkrieg von 2006 wie beim Gazakrieg der Jahreswende 2008/2009 wieder vollends bewährt: Sobald »die Würfel gefallen sind«, unterwirft sich diese Linke stets einer mehr oder minder gefestigten Loyalität dem Staat, der Regierung, dem Militär gegenüber, und zwar unabhängig davon, ob der Krieg gerechtfertigt ist, mit welcher Brutalität er geführt wird und welchen Schaden er anrichtet – der schiere Tatbestand, dass Krieg herrscht, lässt das kritische Reflexionsvermögen der zionistischen Linken so sehr erlahmen, dass sie sich im besten Fall in Schweigen einhüllt, im gängigeren aber ihr symbolisches Kapital in einer Weise einsetzt, dass sie der hurrapatriotisch tobenden vox populi inhumana in nichts nachsteht; was die unselige Talkback-Kultur des Internets an verbalen Überspanntheiten und ideologischem Gedröhn zutage fördert, kleidet sie lediglich in schönere Worte ein. Und wenn schon einzelne Gerechte in Sodom wie Amira Hass oder Gideon Levy ihr mutig Redliches leisten, um den erhitzt-verblendeten Jubelkonsens gegen den Strich zu bürsten, avancieren sie im lautstarken Gefauche der Urständ feiernden »Patrioten« alsbald zu »schändlichen Araber-Liebhabern«, »verräterischen Nestbeschmutzern« und »verruchten Vergiftern der nationalen Moral«. Eine publizistische Melange aus zweckrationaler »Analyse« kriegsimmanenter Begebenheiten und Abläufe (die den Entstehungszusammenhang des So-Gewordenen unreflektiert belässt), aus sentimentaler Selbstgerechtigkeit, damit einhergehender Selbstviktimisierung und lakunenhaften Spuren dessen, was eigentlich zu sagen wäre, sich aber aus selbstauferlegter Schweigepflicht verbietet, beherrscht die Medienwirklichkeit der Kriegstage, legt sich mithin auch aufs Gemüt der vor sich hindämmernden zionistischen Linken – bis dann die Barbarei zum Ende gelangt, die Kriegseuphorie versiegt, das »linke Gewissen« nach und nach erwacht und man sich allmählich bewusst wird, womit man sich verbündet, welchen Zuspruch man geleistet hat und wes Geistes Kind man freiwillig geworden ist. Bald wird man wieder für den Frieden sein, der Zweistaatenlösung das Wort reden, gegen die Likud-Partei und alles, was rechts von ihr liegt, wortgewandt und mit Emphase wettern – bis zum nächsten »ungewollten, gleichwohl unabwendbaren« Krieg, wenn barbarische

Gewalt und ideologische Verblendung vorherrschen und die Würfel wieder einmal gefallen sein werden.

[2009]

Das Schaufenster Avigdor Lieberman als Symptom israelischer Demokratieverdrossenheit

Der israelische Politikwissenschaftler Gabi Scheffer postulierte jüngst in einem in der israelischen Tageszeitung *Haaretz* veröffentlichten Artikel mit dem Titel »Kein Grund, stolz zu sein« (*Haaretz*, 26.1.2011, S. B4), dass all die Politiker, Diplomaten, Rechtsgelehrten und vielen Israelis, die mit Stolz behaupteten, Israel sei die einzige Demokratie im Nahen Osten, das »wahre Wesen des demokratischen Regimes« defizitär begriffen. Ihr zentrales Argument sei, dass in Israel Redefreiheit herrsche, die selbst von »Personen wie Avigdor Lieberman, einem Teil der Mitglieder der rechten Parteien, der Siedlerführer, der Rabbiner und religiös-orthodoxer Politiker« nicht zur Strecke gebracht werden könne. Andere führten an, dass in Israel »völlig freie Wahlen stattfänden, um damit die Standfestigkeit der israelischen Demokratie« zu indizieren. Von selbst versteht sich, dass Scheffer die Bedeutung von Rede-, Bewegungs- und Wahlfreiheit nicht infrage stellen möchte; diese seien aber lediglich Kennzeichen der sogenannten »formalen Demokratie«. Eine wirkliche Demokratie sei hingegen »ein Regime, in welchem die Bürger signifikanten Einfluss auf die wesentlichsten strategischen und taktischen Entscheidungen des Parlaments, der Regierung und der Bürokratie auszuüben vermögen«.

Ein flüchtiger Blick auf die diesbezügliche Lage in Israel, so Scheffer weiter, zeige, dass die Bürger, einschließlich der zahlreichen im Land agierenden sozialen Organisationen, kaum, wenn überhaupt einen Einfluss auf die Entscheidungen der Knesset und der Regierung ausüben. Man betrachte zum Beispiel »den nichtigen Einfluss der Demonstrationen, Märsche und Protestaktionen für die Befreiung Gilad Schalits, für die Verbesserung der Lebensbedingungen von Invaliden, Behinderten und Shoah-Überlebenden, gegen den Verlauf der Trennungsmauer oder den Einfluss der öffentlichen Reaktion auf den katastrophalen Waldbrand im Karmelgebirge. All dies und einiges mehr bezeugt, dass in der israelischen Demokratie die Bevölkerung – der eigentliche Souverän – fast keinen Einfluss auf die Aktivität der Herrschaft ausübt«.

Auf die von ihm erwähnte Korruption, unverfrorene Verlogenheit und skrupellose Verfolgung persönlicher Interessen, von der die politische Klasse Israels nur so durchsetzt sei, geht dabei Scheffer nur nebenher ein. Gravierender erscheint es ihm, die Loslösung Ehud Baraks von der Arbeitspartei und seine endgültige Affiliation mit Netanjahu, Lieberman und Eli Ishai als generierenden Faktor beim Übergangsprozess zu einem »autoritär-faschistischen Regime in Israel« anzuzeigen, und zwar selbst dann, »wenn die Rede- und Wahlfreiheit scheinbar gewahrt wird«. Dieses Politiker-Quartett, das auf Regungen und Wünsche der Bürger und der sozialen Organisationen kaum Rücksicht nehme, zeichne sich durch »prononciert antidemokratische Neigungen national-chauvinistischen Charakters aus«. Minoritäten wie israelische Palästinenser, Frauen, Behinderte und Arme erführen von ihnen »keinerlei Rücksichtnahme«. Entsprechend endet Scheffers kurzer Text mit einer düsteren Perspektive: Der Verbandelung dieser Politiker »ließe sich die formale Struktur der israelischen Politik hinzufügen, eine Struktur, die es ihnen ermöglicht, sich weiterhin undemokratisch und chauvinistisch zu verhalten. Sollten sie nicht aufgehalten werden, werden diese Personen, die den Erhalt der bestehenden Regierung gewährleistet haben, die israelische Demokratie in ein Regime faschistischen, chauvinistischen und autoritären Charakters verwandeln. Das ist der Grund, warum Netanjahu, Lieberman. Ishai und Barak gefürchtet werden müssen«.

Der Einschätzung Gabi Scheffers ist zuzustimmen. Eine zunehmende Faschisierung der israelischen Gesellschaft und Politik ist in letzter Zeit nicht nur von ihm mit großer Sorge registriert worden. Was Scheffer nur allgemein anzeigt, manifestiert sich in der Tat an Personen und Institutionen, die mittlerweile keinen Hehl aus ihrer Gesinnung und ideologischen Bestrebung machen: Rabbiner haben geschlossen aufgerufen, israelisch-arabische Mitbürger sozial auszugrenzen; eine Gesetzesvorlage ist eingereicht worden, welche die Aktivität von Menschenrechtsorganisationen in Israel »überprüfen«, mithin beschränken soll; die Forderung, dass Nichtjuden, die israelische Bürger werden wollen, einen Treueeid auf Israel als einen »demokratischen, jüdischen Staat« schwören sollen, ist von der Regierung ratifiziert worden; eine nicht zuletzt von Regierungsparteien unterstützte Besudelungskampagne gegen in Israel wirkende NGOs hat nie zuvor gekannte Ausmaße angenommen; Drohungen mit Schikanen vonseiten des Kulturministeriums gegen Schauspieler, die sich weigern, in den besetzten Gebieten aufzutreten, sind ruchbar geworden – dies sind nur einige wenige Beispiele für das institutionalisierte Engagement des israelischen Establishments in einer zunehmend repressiveren, manifest rassistischen, demagogisch perfiden und populistischen Politik. Hunderte anderer Beispiele ließen sich hierfür anführen. Neu dabei ist nicht die Tendenz – diese ist bereits seit Jahren zu verfolgen gewesen –, sondern der Wegfall der letzten Schamgrenzen und Tabus, die früher zumindest den Offiziellen in der öffentlichen Sphäre verbaten, ihre geheimen Ansichten und Wünsche kundzutun. Mit Netanjahus Regierung, die rechtsradikalste, die es in der gesamten israelischen Parlamentsgeschichte je gab, sind offenbar die letzten Barrieren gefallen: Nicht nur demoliert der Außenminister mit zunehmender Lust und merklicher Beständigkeit die Außenbeziehungen Israels in der ganzen Welt, sondern es gibt auch keine Instanz, die ihm real Einhalt zu gebieten vermöchte; sein autoritär-faschistisches Gebaren und die rassistischen Äußerungen seiner Mitstreiter in der Koalition werden mittlerweile im noch günstigen Fall naserümpfend, im gängigeren jedoch mit zustimmendem Gleichmut hingenommen, so, als handle es sich um höhere Gewalt, gegen die man ohnehin nichts vermag. Die staatsoffizielle Politik Israels ist verrottet wie kaum je zuvor. In bestimmten Kreisen und Instanzen im Ausland pflegt man die Kritik an ihr als »antisemitisch« zu apostrophieren. Die bittere Wahrheit ist jedoch, dass Israels Politik noch nie so viel Nahrung für den latenten und manifesten Antisemitismus in der Welt geboten hat wie in den letzten Jahren. Diese Politik produziert nicht zuletzt das, was dann von der herrschenden politischen Klasse des Landes als ideologische Rechtfertigung des kritisierten eigenen Tuns gegenüber der »antisemitischen Welt« instrumentalisierend verwertet werden kann.

Gleichwohl lässt Gabi Scheffer einen gravierenden Aspekt der von ihm anvisierten Entwicklung außer Acht. Durch die Personalisierung dessen, was er selbst als den Übergang zu einem »autoritär-faschistischen Regime in Israel« anzeigt, gerät in den Hintergrund, was die Protagonisten der von ihm kritisierten Politik erst eigentlich ermöglicht hat. Lieberman als Person ist in der Tat eine Bedrohung für die »formale Demokratie« Israels. Ohne Zweifel. Aber Lieberman wuchs nicht im luftleeren Raum zu der Machtposition heran, die er heute innehat und anscheinend immer weiter auszubauen vermag. Mit fünfzehn Mandaten erwies sich seine Partei (»Israel Beitenu«) als drittstärkste Partei Israels im gegenwärtigen Parlament. Hunderttausende Menschen haben ihn gewählt, wobei »Israel

Beitenu« längst nicht mehr die sektorale »Russen«-Partei ist, die sie noch bei ihrer Gründung im Jahre 1999 war. Sie ist mittlerweile zu einer gewichtigen Massenpartei avanciert. Wer also Lieberman sagt, meint eigentlich das, was diejenigen umtreibt, die ihn zu ihrem Repräsentanten erkoren haben.

Das darf freilich grundsätzlich vorausgesetzt werden. Ein Führer ist stets so stark, wie es die von ihm Geführten zulassen. Natürlich muss man bei dieser Einsicht von einer Wechselwirkung ausgehen. Denn der Führer kann Manipulationsmaschinerien in Gang setzen, die seine Anhänger aufheizen und -hetzen, mithin ihre »Normalität« in Bahnen lenken, die sie von sich aus nicht unbedingt als Grundbestandteil ihrer sogenannten Identität angesehen haben würden. Indes muss stets auch im Hinblick auf diesen Faktor der Interaktion zwischen Führer und Geführten gefragt werden, ob die Prädispositionen für die Wirkung der Manipulation auf den Manipulierten nicht bereits in ihm so angelegt waren, dass er sich gerade in den fremdbestimmten Manipulationsinhalten artikuliert, ja nachgerade bestätigt wähnt. Die Vorstellung vom manipulierten Unschuldslamm hat insofern etwas Paternalistisches an sich, als sie den Manipulierten seiner (wie immer labilen) Souveränität vollends entkleidet. Der Normalfall ist eher der, dass der Manipulierte von sich aus mit dem ausgestattet kommt, was der perfiden Manipulation erst eigentlich ihre Wirkmächtigkeit verleiht.

Dies gilt auch für Avigdor Lieberman und seine Wähler. Sie wählten ihn nicht nur, weil er ihnen etwas eröffnet bzw. nahegelegt hat, sondern weil sie in ihm politisch das verkörpert sehen, was mit ihren bereits vorhandenen Bedürfnissen und den von diesen abgeleiteten Vorstellungen aufs Engste korrespondiert. So besehen, verleiht Avigdor Lieberman seine Stimme und Machtemphase einem in Israel seit Jahren grassierenden Alltagsrassismus, einer regressiven Sehnsucht nach dem starken Mann, der »der Welt« endlich die Meinung sagt, einem antidemokratischen Ressentiment und einem Wir-Gefühl, das sich in einer repressiven Welt- und Geschichtsdeutung gefällt. Der Acker, den Lieberman heute beerntet, war bereits bearbeitet, ehe er ihn sich aneignete. Dass Lieberman in die israelische politische Kultur etwas einbrachte, das genuin von seiner autoritären politischen Sozialisation in der ehemaligen Sowjetunion herrührt, sollte nicht darüber hinwegtäuschen, dass dies Autoritäre unter seinen Anhängern eine bereits gereifte autoritäre Regung stimuliert, die er sowohl individuell als eben auch exemplarisch als Widerspiegelung einer defizitären politischen Mentalität vertritt.

Wenn man nun bedenkt, dass Liebermans Partei Teil einer Regierungskoalition bildet, die ihn mit Partnerparteien ähnlicher und sogar noch rechtsextremerer Gesinnung zusammenbringt, darf man von einer politischen Wertekonstellation reden, die über Avigdor Lieberman hinausgeht bzw. ihn als Symptom einer breiteren, tiefgreifenden Politrealität erscheinen lässt. Wie aber erklärt sich diese Entwicklung? Wie ist es dazu gekommen, dass differenzierte Beobachter und wissenschaftliche Kenner wie Gabi Scheffer von einem drohenden Übergang zu einem »autoritär-faschistischen Regime in Israel« reden?

Das hat zunächst und vor allem mit der (bereits mehrfach beschriebenen) strukturellen Sackgasse zu tun, in welche sich die israelische Politik über Jahrzehnte hineingeritten hat. Dass Israel heute in der Stagnation verharrt, rührt daher, dass es keinen der sich ihm einzig bietenden Wege aus seiner gegenwärtigen Lage beschreiten kann, ohne dafür einen aus zionistischer Perspektive horrenden Preis zu zahlen. Nicht einer der amtierenden israelischen Spitzenpolitiker der letzten Jahrzehnte hat den Rückzug aus den besetzten Gebieten im Rahmen einer finalen Friedensregelung ernsthaft erwogen, weil ein solcher Schritt unweigerlich die Spaltung der israelischen Gesellschaft mit den möglichen Folgen eines innerjüdischen Bürgerkriegs bedeutet hätte. Yitzhak Rabin, der praktische Schritte in diese Richtung unternahm, musste nicht von ungefähr seine Courage mit dem Leben bezahlen. Mögen israelische Politiker an der Macht noch so sehr der Zweistaatenlösung das Wort reden und den Frieden phrasenreich herbeireden, de facto sind sie stets mit allen erdenklichen Rationalisierungen und ideologischen Verrenkungen befasst, die einzig darauf aus sind, zu suggerieren, dass der Frieden mit den Palästinensern nicht möglich sein kann (bzw. sein darf). Zugleich ist man sich aber auch längst darüber im Klaren, dass die Fortsetzung der Okkupation mittelfristig nichts anderes bedeuten kann als die zwangsläufige Bewegung auf eine objektiv entstehende binationale Struktur hin bzw. die offizielle Proklamation eines Apartheidstaates, in welchem Juden als Minorität im eigenen Staat herrschen würden. Die eine wie die andere Option führt potenziell zum Ende des historischen zionistischen Projekts, an welchem aber niemandem in Israel gelegen ist. Und weil man weder ein noch aus weiß, vergräbt man seinen Kopf im Sand und tut so, als würde sich dieses strukturelle Problem in Wohlgefallen auflösen. Weil sich aber das Problem nicht wegillusionieren lässt, regredieren viele in der israelischen Bevölkerung immer wieder in militärisch rabiate wie ideologische Machtphantasien, für welche ein Lieberman, aber auch Netanjahu und Ishai (wobei Letzterer wenigstens Gott auf seiner Seite verbuchen darf) wie geschaffen zu sein scheinen. Man faucht die Palästinenser und den Rest der Welt an, weil man sich dem Versinken im selbstgeschaffenen Sumpf kaum noch zu entwinden vermag.

Der zweite Grund für Liebermans politischen Erfolg in Israel darf als Epiphänomen des ersten gedeutet werden. Eine jahrzehntelange Okkupationspraxis konnte nicht ohne Folgen bleiben: Gewalt ist den allermeisten Israelis zum Paradigma des Umgangs mit den Palästinensern und der Handhabung des Nahostkonflikts geworden. Man will den Frieden nicht bilateral aushandeln, sondern, wenn überhaupt, gewähren, das heißt selbst noch in der künftigen Preisgabe herrschaftlicher Positionen Oberhand und Dominationsdünkel beibehalten. Denn aus welchen Gründen auch immer – ob als Rest eines westlichen Überlegenheitsgefühls des klassischen Zionismus der autochthonen Bevölkerung Palästinas gegenüber; als Resultat der über Jahrzehnte real herrschenden blutigen Gewaltverhältnisse, oder als eingefräste Ideologie einer zur Kollektivneurose mutierten Selbstviktimisierung – die meisten israelischen Juden haben ihren ressentimentgeladenen Zugang zu den Arabern im Allgemeinen und den Palästinensern im Besonderen nie wirklich abgelegt; ihre pejorative Einstellung zu allem »Arabischen« hat mit den Jahren (gewiss auch genährt durch den violenten Konflikt) nicht nur nicht abgenommen, sondern im Gegenteil merklich zugenommen. Nichts bezeugte die Brüchigkeit der ersten wirklichen Annährung beider Kollektive zueinander im Jahrzehnt des Osloprozesses beredter als der totale Kollaps dieser Annährungsbestrebungen mit dem kläglichen Zusammenbruch jenes Prozesses. Legendär die Beherztheit, mit der selbst die zionistische Linke sich (nachgerade befreit aufatmend) vom Prozess und von den palästinensischen Verhandlungs- und Gesprächspartnern abwandte, so als hätte man nur auf den Moment gewartet, sich »enttäuscht« von ihnen zeigen zu dürfen. Selbst ein aus Moldawien eingewanderter Jude, brachial vom Anbeginn seiner öffentlichen Karriere in Israel, war ihnen letztlich akzeptabler als die »No-partner«-Palästinenser. Er, der fremde Neueinwanderer, wusste sogleich, dass man sich der alteingesessenen Palästinenser zu entledigen habe, und sprach dabei vielen in Israel, die immer schon wussten, dass »die Araber nur Gewalt verstehen«, aus der Seele.

Diese eigenartige Mischung aus historischer Perspektivlosigkeit und selbstherrlichem Machtdünkel, narzisstisch getränkter Gewaltausübung und nicht minder narzisstisch gekränktem Opfergefühl musste früher oder später zur Demokratieverdrossenheit und Aggression allem Ambivalenten gegenüber führen. Orientierungslosigkeit sucht nach Gewissheit, ohnmächtige Ausweglosigkeit ruft nach Stärke, die vorbewusste Ahnung von eigener Schuld strebt stets die Schuldzuweisung allem gegenüber, was tendenziell die Selbstgewissheit erschüttern, die eigene Ohnmacht festigen könnte. Die im letzten Jahrzehnt dramatisch gewachsene (materielle wie ideologische) Selbstseinmauerung Israels korrespondiert, so besehen, aufs Engste mit dem unterschwelligen Gefühl vieler Israelis, sich ihrer Zukunft nicht mehr sicher sein zu dürfen – nicht so sehr wegen der iranischen Bedrohung, welche mittlerweile zum Aphrodisiakum der netanjahuschen Politik avanciert ist, sondern weil jeder Israeli letztlich weiß oder zumindest ahnt, dass Israel ohne Frieden kaum in der Region wird existieren können, in welcher es nun einmal existiert. Nur unter den Bedingung einer solch eklatanten kollektiven Selbstbetonierung konnte Avigdor Lieberman mit seinem Ansinnen, sich der israelischen Palästinenser ganz zu entledigen; mit seiner effektvoll inszenierten Erniedrigung der türkischen Diplomatie (und somit eines wichtigen Bündnispartners) und der aggressiven Anfeindung der »Welt« (in deren diplomatischen Säle er inzwischen zur persona non grata mutiert ist) den Erfolg verzeichnen, den er in der israelischen Öffentlichkeit trotz allen medialen Naserümpfens letztlich verbuchen darf. Insofern das Außenministerium das Schaufenster eines Landes zur Welt abgibt, ist Avigdor Lieberman zurzeit der perfekte Außenminister Israels: Er widerspiegelt exakt das, was ihn zum Führer der drittstärksten Partei Israels hat werden lassen. Er ist das Symptom dessen, was Gabi Scheffer mit einigem Entsetzen als die politische Zukunft des Landes ausgemacht hat.

[2011]

Der Elefant und die Maus

Der Diskurs über den Nahostkonflikt ist von vielerlei Meinungen, Ideologemen, Binsenweisheiten, Klischees und Wunschvorstellungen überfrachtet. Das hat zum einen mit seiner realen Brisanz zu tun, welche sich seinem genuinen Stellenwert in der globalen Politik des 20. Jahrhunderts verdankt; zum anderen aber auch mit der eigentümlichen Neuralgie des Redens über diesen Konflikt, die sich ihrerseits von der Konstellation seiner Protagonisten, der nahezu mythisch anmutenden Vorstellung seiner Unlösbarkeit und der steten Gefahr für den Weltfrieden, die von ebendieser Unlösbarkeit ausgeht, speist. Das Reden über den Nahostkonflikt, will es scheinen, geht stets über den Nahostkonflikt hinaus.

Prominent und zugleich verwunderlich ist in diesem Zusammenhang die gängige Hervorhebung einer vorgeblichen Macht der sogenannten Israel-Lobby und ihres legendären Einflusses auf die staatsoffizielle Politik der USA. Dabei lässt sich die Etablierung und zunehmende Verfestigung der Vorstellung dieses Einflusses durchaus nachvollziehen, denn das enge Verhältnis zwischen dem winzigen Israel und der Supermacht USA ist mitnichten für selbstverständlich zu erachten, erfordert mithin in der Tat eine Erklärung. Da kann einem (bei angemessener Prädisposition) schon in den Sinn kommen, dass da »die Juden« am Werk sind und eine Macht ausüben, die den realen Größen- und Gewaltverhältnissen zwischen den Staaten als zutiefst inadäquat erscheinen lassen mag. Und da diese Einflussnahme auch eine institutionalisierte Form aufweist, kann sie nicht nur ideologisch verdinglicht, sondern auch mit allem projektiv besetzt werden, was a priori als unangemessen postuliert und entsprechend konspirationstheoretisch »erklärt« werden muss.

Als examplarisch für die vielen lobbyistischen Institutionen wäre die bedeutendste unter ihnen anzuvisieren: AIPAC, eine, wie es in Wikipedia (eine Quelle, die im hier erörterten Zusammenhang ausreichen mag) heißt, »proisraelische Lobby in den USA mit über 100.000 Mitgliedern. Es wurde 1953 durch Isaiah L. Kenen als American Zionist Committee for Public Affairs gegründet und später in American Israel Public Affairs Committee umbenannt. In den USA gilt es als die mächtigste unter den proisraelischen Lobbys und als eine der mächtigsten

Lobbys der USA überhaupt«. AIPACs Bedeutung als Faktor im US-amerikanischen Establishment widerspiegelt sich in der Prominenz vieler seiner vergangenen wie gegenwärtigen Mitglieder, nicht zuletzt Spitzenpolitiker der USA wie die Präsidenten George Bush, George W. Bush und Bill Clinton, Vizepräsidenten wie Dick Cheney, Außenminister wie Hillary Clinton und Condoleezza Rica oder prominente Senatoren, die auch für die US-Präsidenschaft kandidiert haben, wie etwa John Kerry (Demokrat) und John McCain (Republikaner). Entsprechend findet man auf israelischer Seite das Spektrum aller Premierminister von Yitzhak Rabin, Schimon Peres und Ehud Barak von der Arbeitspartei über Ariel Scharon und Ehud Olmert von der Likud-Abspaltung Kadima bis hin zu Benjamin Netanjahu vom Likud selbst.

Da die Bildung von Lobbys, *pressure groups* und sonstigen Interessenvertretungen spätestens seit dem Ende des Zweiten Weltkriegs, im Grunde aber von jeher zu den üblichen Spielregeln der liberalen Demokratie gehörte; da darüber hinaus die Verzahnung von Kapital und Herrschaft nachgerade das Wesen dieser Form der (formalen) Demokratie ausmacht, kann die Gründung der AIPAC per se keiner Kritik unterzogen werden, wenn das System, das es hervorgebracht hat, nicht infrage gestellt wird – was, wenn es geschähe, einem Sakrileg im US-amerikanischen Kontext gleichkäme. Zu fragen ist also nicht, ob der Einfluss der AIPAC legitim sei (er ist es zweifelsfrei), sondern zunächst und vor allem, wie ein solcher Einfluss überhaupt zu erklären sei. Die Frage stellt sich umso suggestiver, als, wie gesagt, Staatsoberhäupter Israels und der USA schon seit Jahrzehnten zu den Mitgliedern dieser Organisation zählen.

Die offensichtliche Antwort darauf ergibt sich aus der instrumentellen Logik der US-amerikanischen Innen- und Außenpolitik. Innenpolitisch handelt es sich dabei um eine schlichte Strukturvorgabe: Sowohl für das Regieren in seiner ersten als auch für die Wiederwahl zur zweiten Amtsperiode bedarf der US-amerikanische Präsident der Unterstützung von Institutionen und Organisationen, die auf den Kongress, welchen er »auf seine Linie« zu bringen trachtet, Einfluss auszuüben bzw. Wahlvolk zu gegebener Zeit zu rekrutieren vermögen. AIPAC wird in diesem Zusammenhang umso mehr Einfluss und Erfolg verbuchen dürfen, je mehr es ihm gelingt, ein Netz dichter Verbandelungen mit Senatoren, um deren Unterstützung der Präsident sich müht, zu knüpfen und im Sinne gemeinsamer Interessen zu festigen. Als etwa im März 1975 die amerikanisch-israelische Beziehung in eine Krise geriet, weil Israel sich strikt weigerte, der Aufforderung der USA, sich ohne ein geregeltes Kampfeinstellungs-Abkommen (zwischen Israel und Ägypten) bis zu einer bestimmten Frontlinie in der Sinai-Halbinsel zurückzuziehen, drohte das Weiße Haus mit einer »Neueinschätzung« (*reassessment*) der Beziehungen der USA zu Israel. Als Reaktion darauf empfing der Präsident (Gerald Ford) einen Brief, in welchem drei Viertel der Senatsmitglieder eine Unterstützung Israels unterzeichneten. Die Krise gelangte erst zu ihrem Ende, als eine »zivile« Anwesenheit der Amerikaner in besagtem Gebiet vereinbart wurde, was das Interimsabkommen von 1975 zwischen Israel und Ägypten ermöglichte, den Einfluss der USA auf Ägypten erweiterte, mithin Ägypten der sowjetischen Einflusssphäre entriss und auch Auswirkungen auf die amerikanisch-israelischen Beziehungen und bilateralen Verpflichtungen beider Länder zeitigte, u. a. eine Zusage der Amerikaner, keine neue US-Politik in der Region ohne präliminare Beratung mit Israel mehr zu initiieren.

Betrachtet man diesen »Zwischenfall«, so mag auf den ersten Blick scheinen, als habe eine proisraelische Lobbyarbeit, die sich im Senatorenbrief niederschlug, vermocht, den US-Präsidenten von seiner *reassessment*-Politik abzubringen, um nicht zu sagen, diese ganz und gar umzubiegen. So werden in der Tat derlei »Erfolge« im Außenministerium und den konformen Medien Israels gemeinhin gefeiert – ohne sich freilich je Rechenschaft darüber abzulegen, ob das, was da gerade »bekämpft« worden ist, Israels realen Interessen wirklich widerspricht, oder ob nicht doch lediglich eine ideologisch prästabilisierte Politik (der Stagnation im Nahostkonflikt und der Repression gegenüber den Palästinensern) für Israels vermeintliches Interesse ausgegeben wird. Zu vermerken ist gleichwohl, dass auch in diesem »Zwischenfall« von 1975, die Israelis sich zwar vormachen durften, die Amerikaner niedergerungen zu haben, als eigentlicher Sieger im geopolitischen (und konkreten) Interessenkampf aber eben doch die Politik des US-Präsidenten hervorging (worauf noch später zurückzukommen wäre). Dass die Israelis dabei ihren außenpolitischen Kleinerfolg als zugeworfenes diplomatisches Häppchen verbuchen durften, mag als Epiphänomen amerikanischer Gnädigkeit in der Dynamik der realen Machtverhältnisse registriert werden, spielt aber im hier erörterten Zusammenhang eine gänzlich untergeordnete Rolle.

Der andere Grund für Israels Einfluss auf die Außenpolitik der USA hat primär mit der globalen Konstellation des sogenannten Nahostkonflikts und seiner Auswirkungen auf die Großmächte zu tun. Zur hohen Zeit des Kalten Krieges geriet Israel sehr bald, und zwar unmittelbar nach der Staatsgründung, in das Spannungsfeld des von den USA und der Sowjetunion errichteten Blocksystems. Was sich für Israel zunächst noch im Unbestimmten bewegte, klärte sich sehr bald zu Beginn der 1950er-Jahre: Israel ging die Westeinbindung ein, welche sich in der ersten Phase, vor allem im Bereich der militärischen Bewaffnung, in der Verbindung mit Frankreich und dann – infolge des französischen Waffenembargos nach dem 1967er-Krieg – mit den USA niederschlug. Einiges hat dabei mit hineingespielt, was Israel für den Westen attraktiv erscheinen lassen mochte: seine demokratische Staatsform; die Sympathie für den Judenstaat als Hervorbringung der Shoah; die Empathie für seinen Kampf gegen ein übermächtiges feindliches Umfeld und dergleichen mehr Faktoren aus den Bereichen der Moral und ihrer instrumentell-ideologischen Verwertung. Bei nüchterner Betrachtung kann gleichwohl kaum übersehen werden, dass Israel, seine arabischen Nachbarstaaten sowie die Palästinenser und ihr »Anliegen« vor allem den Spielball einer erbitterten Interessenpolitik der nach regionaler Hegemonie strebenden Blockmächte abgaben. Den USA und der Sowjetunion konnte die perennierende Konfliktsituation im Nahen Osten nicht nur recht sein, sondern sie hatten ein genuines Interesse daran, sie zu schüren, die Pazifizierung der Region nicht allzu konsequent zu betreiben, zuweilen auch – wenn es darum ging, neue Waffen auf »neutralem« Boden zu erproben – periodisch aufflammende Waffengänge zwischen Israel und den arabischen Staaten beistehend zu fördern. Was dabei in der Politrhetorik als Beistand für den Freund und Verbündeten bzw. als militärische Unterstützung von Israels existentiellem Recht auf Selbstverteidigung firmierte, hatte nicht minder mit dem Effizienzsvergleich zwischen den US-amerikanischen Phantom-Jägern und den sowjetischen MiG-Jagdflugzeugen zu tun. Von selbst versteht sich, dass Gleiches auch für die ideologische Ausrichtung der Sowjetunion auf die von ihr unterstützten arabischen Staaten, allen voran Syrien oder Irak, gilt.

Was aber in der Epoche des Kalten Krieges noch als Kampf der großen Ideologien und Weltanschauungen erscheinen, mithin eine gewisse normative Dimension aufweisen mochte, musste sich nach dem Zusammenbruch des Sowjetkommunismus zwar noch immer in Moralwerte einhüllen – wobei man sich nicht entblödete, von der Bekämpfung einer »Achse des Bösen« und entsprechender komplementärer Parolen eines eklatant selbstgerechten Selbstverständnisses (etwa von der Mission einer »Demokratisierung« des Iraks) zu tönen –, praktizierte aber letztlich doch eine strikt interessengeleitete Geopolitik mit solch rigorosem Anspruch auf ungehinderte Durchsetzung, dass es sich ein George W. Bush leisten konnte, den Krieg wieder in den Dienst US-amerikanischer kapitalistischer Interessen einzuspannen – zu einer Zeit, als dieses Mittel staatlicher

Gewaltpraxis mit dem Ende des Blocksystems zu veralten, ja nachgerade obsolet zu werden schien.

Welche Rolle konnte in diesem welthistorischen Zusammenhang der Nahostkonflikt noch spielen? Es gab ja nur noch die USA als real agierenden Weltpolizisten, der sich kaum noch um internationale Organisationen und deren Belange zu scheren brauchte. Entsprechend die Frage: Was für einen Einfluss auf die staatsoffizielle Politik der USA durfte die Israel-Lobby, allen voran AIPAC, in diesem Kontext beanspruchen? Der jüngste stattgefundene diplomatische Schlagabtausch zwischen Barack Obama und Benjamin Netanjahu mag einiges dazu beleuchten.

Obama trat bekanntlich seine erste Amtsperiode mit dem außenpolitischen Ziel an, einen neuen, von dem seines Vorgängers deutlich abgesetzten Zugang zur islamischen Welt zu etablieren. Dies musste sich nicht zuletzt auf die US-Politik im Nahen Osten auswirken. Was Generationen von amerikanischen Präsidenten und ihre Regierungen in je eigener Form und Verve stets vor Augen hatten – die Lösung des Dauerkonflikts zwischen Israelis und Arabern bzw. Palästinensern –, erhielt mit Obama insofern eine neue Einfärbung, als er sich nicht vom überschwenglichen Freundschaftsgestus zwischen Bush und Scharon bzw. Olmert beeindrucken ließ (eine Konstellation demonstrativer Affinität, die nicht von ungefähr in Gewalteskalationen zwischen Israel und seinen Feinden in Libanon und Gaza kulminierte), sondern sich, so hoffte man, anschickte, die Konfliktkoordinaten ernst zu nehmen und sie in Richtung einer finalen Lösung des israelisch-palästinensischen Konflikts zu lenken. Dass Obama nach Ablauf der ersten Hälfte seiner Amtsperiode im Verfolgen dieses erklärten Ziels nicht sehr viel aufweisen kann, hat sowohl mit innenpolitisch bestimmten Prioritäten als auch mit der herben Niederlage, die er bei den Kongresswahlen einstecken musste, zu tun: Im Repräsentantenhaus des Kongresses haben nunmehr die sich als feindselig gestimmte Opposition gerierenden Republikaner das Sagen. Der Hauptgrund für seine sich zuweilen als Ohnmacht ausnehmende Wirklosigkeit im Nahen Osten liegt freilich in der Israels Geschicke gegenwärtig bestimmenden Politkonstellation: Nicht nur herrscht zurzeit die in der gesamten israelischen Parlamentsgeschichte am rechtesten ausgerichtete Regierungskoalition, die jede noch so geringe Bewegung Netanjahus auf eine mögliche Gebietsabgabe an die Palästinenser mit sofortiger Auflösung der Koalition (und entsprechendem Machtverlust Netanjahus) quittieren würde; sondern Netanjahu selbst ist ideologisch an keinerlei Aussöhnung mit den Palästinensern interessiert, die mit einem massiven Rückzug aus den besetzten Territorien, Abbau der Siedlungen, Lösung der Jerusalemfrage und Anerkennung des palästinensischen Flüchtlingsproblems unweigerlich einhergehen müsste. Unabhängig von der wohl auch persönlich herrschenden gegenseitigen Abneigung der beiden Staatsoberhäupter könnte die politische Positionierung Obamas und Netanjahus im Hinblick auf die anstehende Lösung des israelisch-palästinensischen Konflikts kaum polarisierter sein.

Und so kam es zum Showdown. Zwar redete man die im Kongress zu haltende Rede des israelischen Premiers im Vorfeld zur »Rede seines Lebens« hoch, spekulierte über einen möglichen Durchbruch in den politischen Inhalten, schwadronierte gar von einer sich ankündigenden Gesinnungswende. Aber schon Obamas Rede vor Ankunft Netanjahus in den USA, in der er von einer Lösung des israelisch-palästinensischen Konflikts auf der Basis der Grenzen von 1967 sprach, parierte Netanjahu mit der Proklamation, Israel werde sich niemals auf die Grenzen von 1967 zurückziehen, weil diese »nicht zu verteidigen« seien – womit er den Kurs deutlicher Konfrontation mit dem US-Präsidenten artikulierte –, und hielt demgemäß eine Rede im Kongress, die an rhetorischer Brillanz und performativer Gestik kaum etwas zu wünschen übrig ließ, zugleich aber auch an substanzieller Hohlheit, ideologischer Klischeeverwertung und politischer Perspektivlosigkeit kaum zu überbieten war. Dass dieser Vortrag im Kongress mehrfach mit stehenden Ovationen aufgenommen wurde; dass Netanjahus Popularität in Israel (sogleich vorgenommenen Erhebungen zufolge) schlagartig hochschoss, und dass er von Avigdor Lieberman für seine Leistung hoch gelobt wurde, darf Netanjahu als persönlichen Erfolg verbuchen. Dass die reflektierte israelische Publizistik mit einiger Fassungslosigkeit ob der schaumschlägerischen Leere dieses Erfolgs und der verpassten Chance, die bedrohliche Stagnation des Nahostkonflikts vor der Weltöffentlichkeit auch nur im Mindesten aufzubrechen, reagierte, ist aber nicht minder beredt, wiewohl durchaus kompatibel mit der Begeisterung der vox populi, welche sich wieder einmal, wie so oft im innerisraelischen Diskurs der letzten Jahre, in ihrer vollen narzisstisch-chauvinistischen Erbärmlichkeit zeigte.

Wie hat man dieses politische Intermezzo zu bewerten? Als Resultat des sich letztlich doch auswirkenden Einflusses der Israel-Lobby in den USA? Als ein Einknicken des amerikanischen Präsidenten vor AIPAC, vor dessen Vollversammlung er nach der großen Rede, in der er die Zweistaatenlösung auf der Basis der Grenzen von 1967 postuliert hatte, einen, wie es scheinen mochte, beschwichtigenden Vortrag hielt? Wer die politische Konfrontation zwischen Netanjahu und Obama in einem solchen Sinne deutet, begreift etwas Grundlegendes nicht.

Der Spielraum israelischer Eigenständigkeit den USA gegenüber hat genau dort seine Grenzen, wo die genuinen Interessen der USA in einer Weise tangiert werden, dass die USA durch Israels Handeln zu wesentlichem Schaden kommen könnten. Innerhalb dieses Spielraums ist vieles möglich, mithin das Reden über Freundschaft, Treue und dergleichen mehr Worthülsen aus dem Repertoire individueller zwischenmenschlicher Beziehung. Staaten agieren nicht auf solcher Ebene, schon gar nicht interagieren sie auf ihr. Wenn sie dennoch deklarativ vorgeben, es zu tun, handeln sie zweckgerichtet ideologisch, um einer objektiven Interessenlage rhetorisch-performativ und gestisch-emotional ein kommunikatives Fundament zu verschaffen, welches den Rezipienten solcher Kommunikation ermöglicht, sich weiterhin im falschen Bewusstsein über den realen Charakter der Verhältnisse zu wiegen. Die USA können Israel so lange tun und walten lassen, wie Israels Handlungen ihren geopolitischen oder anderen globalen Interessen nicht zuwiderlaufen. Würde Israels reale US-amerikanische Interessen ernsthaft in Gefahr bringen, wäre es nur eine Frage der Zeit, bis die USA Israel zunächst zurechtweisen, und wenn diese Zurechtweisung nichts nützen sollte, sich von Israel schlicht abwenden, sich ihm gar bewusst entgegenstellen würden. Es muss sich dabei nicht einmal um weltbewegende Strukturen und Ziele handeln – schon auf der symbolischen Ebene bestehen ziemlich genau umrissene Grenzen israelischen bzw. jüdischen Handelns: Als Jonathan Pollard seine amerikanisch-israelische Doppelloyalität durch Spionage gegen die USA zugunsten Israels ausschlagen ließ, zeigten sich die USA unerbittlich bei noch so emotionalen Gnadenersuchen seitens Israels und beim Versuch, Jonathan Pollard zum Alfred Dreyfus des 20. Jahrhunderts hochzustilisieren. Da nützte kein AIPAC, da nützte auch keine andere Israel-Lobby – mithin gab es da auch keinen wesentlichen Unterschied zwischen Demokraten und Republikanern. In der US-amerikanischen Politwirklichkeit hat die Israel-Lobby nun einmal so viel Einfluss, wie es die offiziellen und real ausschlaggebenden Instanzen der USA zulassen. Es ist wie beim bekannten Witz über den Elefanten und die Maus: Die Maus kann sich darüber freuen, wie viel Staub sie gemeinsam mit dem Elefanten aufwirbelt. Die Maus kann sich sogar anmaßen, den Elefanten zu reiten. Aber spätestens dann sollte sie jemand über die wirklichen Gewaltverhältnisse aufklären, eventuell auch diejenigen, die der Maus die Macht beimessen, einen Elefanten reiten zu können, darauf aufmerksam machen, dass sie sich dabei eines alten antisemitischen Ideologems bedienen.

[2011]

Vom Kreuz der Verdienste in Deutschland

Man mag sich die Frage stellen, warum sich honorige Menschen für ihr öffentliches Wirken von staatlichen Institutionen auszeichnen lassen. Abgesehen davon, dass politische, soziale oder kulturelle Lebensleistungen (zumeist) um ihrer selbst willen vollbracht worden sind, daher keiner anderer Entlohnung bedürfen, als eben die, dass verwirklicht wurde, was beabsichtigt war, birgt staatliche Verleihung von Preisen und Medaillen stets etwas Vereinnahmendes in sich. Man begibt sich gleichsam in die Obhut eines Kollektivgebildes, mit dessen Repräsentanten und den von ihm sonst Ausgezeichneten man sich nicht unbedingt eins weiß. Andererseits mag freilich die eigene Randständigkeit durch ebendiese staatsoffizielle Anerkennungssymbolik ein wenig gemindert werden; die Vereinsamung im Widerständischen wird quasi mit der Patina eines formalen Konsenses überzogen. Und wer darf schon behaupten, sich der narzisstischen Beschmeichelung, mithin der Möglichkeit einer formalen Absegnung des eigenen Lebenswerks, vollends entziehen zu können? Nicht zuletzt darauf basiert ja die durch abstrakte Anerkennung gesicherte Selbstsetzung des Staates als Quelle von Legitimation.

Nun hat also Felicia Langer das Bundesverdienstkreuz für ihr humanitäres Lebenswerk verliehen bekommen. Eine in der Tat nicht für selbstverständlich zu erachtende Entscheidung des deutschen Bundespräsidenten; zeichnen sich doch deutsche Staatsoffizielle für gewöhnlich durch eine selbstauferlegte Vorsicht aus, bei »jüdischen Angelegenheiten« ja nicht in den Verruf des Antisemitischen, welchem immer schon Zionismus- und Israelkritik zugerechnet werden, zu geraten. Sogleich brach denn das zu erwartende Gezeter los. In *Spiegel-Online* wurde der Bericht Veit Medicks über die neue Unerhörtheit mit folgenden Worten zusammengefasst: »Umstrittene Entscheidung im Schloss Bellevue: Bundespräsident Köhler hat einer Tübinger Anwältin das Bundesverdienstkreuz verliehen, die seit Jahren gegen Israel wettert. Der Zentralrat der Juden ist entsetzt – und erste Träger des Kreuzes drohen bereits mit Rückgabe ihrer eigenen Auszeichnung.«

Die Worte bedürfen der Dekodierung. Nicht ersichtlich ist, warum die Entscheidung als »umstritten« apostrophiert wird. Gewissen Menschen passt es nicht in den Kram, dass man Felicia Langer für auszeichnungswürdig erachtet hat. Wer diese Menschen sind, was sie umtreibt und warum ihnen so viel Gewicht beigemessen wird, dass man die Entscheidung gleich als umstritten erscheinen lässt, hat mit jenem vorauseilenden moralischen Gehorsam der deutschen politischen Klasse denen gegenüber zu tun, die in Deutschland die Definitionsmacht innehaben, wer als »guter Jude/Israeli«, aber auch was unter »antisemitisch« zu verstehen sei. Denn nicht irgendeiner »Tübinger Anwältin« ist das Bundesverdienstkreuz verliehen worden, sondern der Jüdin und ehemaligen Israelin Felicia Langer. Ralf Dahrendorf hat vor Jahrzehnten von der tragischen Haltung jener Intellektueller gesprochen, »die der Gedanke an ihr Land so lange um den Schlaf bringt, bis sie es verlassen müssen, um sich selbst zu erhalten«. Felicia Langer hat ihr mutiges, aufopferungsreiches humanitäres Werk jahrzehntelang *in* Israel praktiziert, sich gegen die Unmenschlichkeit der Okkupation und der ihr strukturell innewohnenden Entrechtung der Palästinenser gestemmt, mithin sich dem Hass etablierter ideologischer Verblendung so lange ausgesetzt, bis sie nicht mehr konnte und ins »ruhigere« Tübingen zog, um ihr von universell-menschlichem Anstand getragenes Werk, das der Indifferenz gegenüber der Leiderfahrung der Geschundenen trotzt, aus und in Deutschland weiterzuführen. Felicia Langer »wettert« also nicht gegen Israel, so als handle es sich um die persönliche Idiosynkrasie einer pathologischen Querulantin, sondern sie ist bei dem Gedanken, was ihr (ehemaliges) Land verbricht, ein Leben lang um den Schlaf gebracht.

Das ist nun der Zentralrat der Juden in Deutschland, der Israel zumindest insofern als sein Land ansieht, als er sich angesichts der Verleihung des Bundesverdienstkreuzes an Felicia Langer »entsetzt« gibt, nie. Er ist stets israelsolidarisch, wie man es nur aus angemessener Entfernung sein kann. Das sei »ein Schock«, sagt der Vizepräsident des Zentralrats der Juden in Deutschland, Dieter Graumann. »Deutschland hat damit jemanden ausgezeichnet, der professionell, chronisch und obsessiv die Dämonisierung Israels betreibt.« Langer trage »ihr Jüdischsein als Fahne vor sich her – doch ihre jahrelange Israel-Hetze macht das nicht besser«. Nun mag man sich fragen, wieso Graumann meint, dass die Mitglieder des Zentralrats der Juden in Deutschland ihr Jüdischsein weniger vor sich trügen als Langer, und ob er allen Ernstes meint, jemand in Deutschlands Öffentlichkeit würde auch nur einen Deut auf seine Anschauungen und auf die seiner Ratskollegen geben, wenn sie nicht ihr Jüdischsein vor sich trügen. Welchem

Jüdischsein man sich verschreibt, darauf kommt es freilich an. Max Horkheimer sagte: »Kein Volk hat mehr gelitten als das jüdische, Leid ist in seinem Schicksal das Grundmotiv, und es hat aus dem Leid ein Moment der Dauer und der Einheit gemacht. Anstatt vor allem Bosheit und Gemeinheit zu erzeugen, hat sich das Leid in eine Art kollektiver Einsicht und Erfahrung umgesetzt. Leid und Hoffnung sind im jüdischen Volk untrennbar geworden.« Felicia Langer wusste sich dieser Grundeinsicht ein Leben lang verpflichtet, und zwar gerade angesichts des von Juden bei Nichtjuden verursachten Leids. Was kann hingegen das Jüdischsein des Zentralrats anderes bieten als eine blinde Israelsolidarität, die selbst dann nichts von ihrer selbstgefälligen Persistenz aufgibt, wenn Israel verbrecherisch auftritt, Leid verursacht und Barbarisches zeitigt, mithin das Jüdischsein im Horkheimer'schen Sinne fundamental verrät.

Und dann der Schreck aller Schrecken: »Erste Träger des Kreuzes drohen bereits mit Rückgabe ihrer eigenen Auszeichnung.« Ralph Giordano und Arno Lustiger hätten dem deutschen Bundespräsidenten angedroht, ihre eigenen Bundesverdienstkreuze zurückzugeben, wenn das Staatsoberhaupt Felicia Langer den Orden nicht wieder entzieht. »In einer Ordensreihe mit Felicia Langer – das geht nicht«, sagt Giordano. Recht hat er, der Giordano: Langer in einer Ordenreihe mit ihm und seinesgleichen geht in der Tat nicht. Aber was will er? Will er allen Ernstes, dass der deutsche Bundespräsident eine Selektion zwischen den untereinander verfeindeten Juden vornimmt? Dass Deutsche staatsoffiziell entscheiden, wer der akzeptable Jude sei? Schon merkwürdig, was Juden im heutigen Deutschland so alles in den Sinn kommt. Hinzu kommt noch der Super-GAU, wie von *Spiegel-Online* berichtet: »Letztlich wird aber wohl auch die Bundesregierung ein paar Scherben beiseite kehren müssen. In der israelischen Presse ist der Streit längst angekommen, ein Israeli hat bereits angekündigt, aus Protest sein Bundesverdienstkreuz zurückzugeben. Sollten auch Giordano und Lustiger die Ehrung zurückgeben, dürfte das in Israel einige Aufmerksamkeit hervorrufen.« Es ist in den letzten Tagen in der Tat aufgefallen: Ganz Israel hält den Atem – werden Giordano und Lustiger ihr Bundesverdienstkreuz zurückgeben oder nicht? Dass dabei der Israeli, der sein Bundesverdienstkreuz aus Protest zurückzugeben gedenkt, in der Berichterstattung anonym geblieben ist, hängt wohl damit zusammen, dass die Drohgebärde etwas mit Deutschland, kaum etwas mit Israel zu tun hat: Die allermeisten Israelis würden den Mann vermutlich fragen, wieso er als Jude dieses Bundesverdienstkreuz überhaupt angenommen hat. Wenn also die deutsche Online-Zeitung meint, suggerieren zu sollen, dass die Rückgabe der

Ehrungen durch Giordano, Lustiger und den anonymen Israeli »in Israel einige Aufmerksamkeit hervorrufen« dürfte, dann muss man sich fragen, was es mit dieser ominösen Einschätzung auf sich hat. Geht man davon aus, dass »Israel« für deutsche Ohren »Juden« bedeutet und »Juden« automatisch »Auschwitz«, dann kann die »Aufmerksamkeit«, welche die Rückgabe von Bundesverdienstkreuzen durch »Juden« zeitigt, nur bedeuten, dass »Deutschland« schleunigst seine eingeübte diplomatische Habachtstellung einnehmen muss – eine neue Unerhörtheit der deutschen Gedenkkultur ist im Anzug: Felicia Langer hat das Bundesverdienstkreuz verliehen bekommen! Sollte Martin Walsers unsägliches Diktum von der Auschwitzkeule in Deutschland inzwischen – anders als von ihm gemeint – Realität geworden sein?

Von Stiftungen und Anstiftern

Deutsche Parteistiftungen führen ein eigentümliches Doppelleben. Sie halten sich einerseits für autonom, wissen sich aber doch der Partei verschwistert, von der sie letztlich ins Leben gerufen worden sind, und so fristen sie ein Dasein in »Parteinähe«, was im Grunde aber nichts anderes als unbedingte Parteitreue meint. Dagegen ist nichts einzuwenden. Politische Gebilde brauchen Organe für ihre Wirkung in all den Bereichen, in denen sich Politik breitmacht – also überall. Es darf daher nicht verwundern, dass besagte Stiftungen sich nie einfallen ließen, etwas veranstalten oder inhaltlich erörtern zu wollen, was der hegemonialen Ausrichtung ihrer Partei substanziell entgegensteht; ihr Spielraum ist in prästabilisiertem Einvernehmen durch Wille und Räson der Partei be- und eingeschränkt. Daran kann sich strukturell nichts ändern – und braucht es letztlich auch nicht.

Interessant ist gleichwohl, mit welchen Namen sich die Parteistiftungen schmücken. Aus nachvollziehbaren Gründen haben sich die zentralen Stiftungen den Namen von Persönlichkeiten und Heroen aus Geschichte, Kultur und Politik angeeignet, in denen sich Gesinnung und normativer Kodex der jeweiligen Stiftung (und ihrer Partei) personifiziert finden. Nomen ist gleichsam omen, mithin auch ein Stück intellektuell-politisches Programm. Als adäquat erscheint es da, dass sich die CDU Konrad Adenauer und die FDP Friedrich Naumann als Namensgeber ihrer Stiftungen erkoren haben. Ob sich Friedrich Ebert mit der massiv entsozialdemokratisierten SPD noch in Einklang gefunden hätte, mag dahingestellt sein. Auch Heinrich Böll dürfte mit dem, was bei den Grünen spätestens seit der rot-grünen Koalition getrieben worden ist (und noch immer wird), schwerlich glücklich gewesen sein, wenn man bedenkt, mit wem er sich zu Lebzeiten solidarisierte. Aber nachgerade perfide nimmt es sich aus, wenn die Stiftung der Linken-Partei meint, den Namen Rosa Luxemburgs immer noch tragen zu dürfen.

Rosa Luxemburgs Name steht (zumindest in der Sphäre genuiner linker Gesinnung und Moral) für etwas, das sich nicht – mir nichts, dir nichts – durch realpolitische »Notwendigkeiten« wegschwätzen lässt. Rosa Luxemburgs Leben, Wirken und Tod symbolisiert unbeirrbaren Humanismus, rigorosen Widerstand gegen Bejubelung von Krieg und Aggression, uneingeschränkte Insistenz auf Wahrung der Marx'schen Emanzipationspostulate, konsequenten Kampf gegen Knechtung von Geist und Gewissen und eine endlose Mitleidsfähigkeit, natürliche Bereitschaft zur Wahrnehmung von Leiderfahrung und Geschundenheit menschlicher wie tierischer Kreaturen. Man muss nicht gleich Rosa Luxemburg sein wollen, wenn man einer Institution angehört, die ihren Namen trägt, aber auf das Minimum dessen, was ihr Name als regulative Idee und Orientierungskoordinate aufzwingt, sollte man schon achten können, und das bedeutet allemal, dass man fähig und bereit dazu sein sollte, ordinäre Ideologeme und verfestigten Konsens gegen den Strich zu bürsten, wenn dies erforderlich, wenn auch nicht unbedingt als opportun erscheint.

Worüber auch immer Norman Finkelstein letzten Monat in Deutschland sprechen wollte, klar war von Anbeginn, dass seine Aussagen kontrovers debattiert würden, und zwar noch bevor ihr Wahrheitsgehalt zur prüfenden Disposition gestellt würde. So ist das, wenn man bekannt und provokant ist und Unangenehmes ausspricht, welches man zwar selbst vorbewusst bereits registriert hat, sich aber weigert, sich auch selbst einzugestehen. Norman Finkelstein ist kein unbeschriebenes Blatt: von einer »Holocaust-Industrie« wusste er zu berichten, von »Antisemitismus als politischer Waffe«. Harter Tobak für zarte deutsche Seelen, die weder wollen, dass ihre ehrlich gemeinte »Wiedergutmachung« in Verruf gerate, noch dass der Fetisch »Israel«, den sie sich als Schuttabladeplatz für ihre schuldbeladenen Befindlichkeiten erkoren haben, demontiert werde. Seelenökonomisch günstiger, vor allem aber ideologisch lohnenswerter ist es da, Finkelstein gleich als (jüdischen) »Antisemiten« und »Geschichtsrevisionisten« zu apostrophieren, womit sich denn die notwendige Auseinandersetzung mit seinen Aussagen erübrigt. Es ist schon merkwürdig, mit welcher Unbeschwertheit nichtjüdische Deutsche heutzutage Juden als »Antisemiten« zu schmähen sich anmaßen, wenn diese die wackligen Prothesen ihrer über »Juden« und »Israel« gewonnene Identität ins Wanken bringen.

Was war geschehen? Rolf Verleger brachte es wie folgt auf den Punkt: Vor der Wahrheit, die Norman Finkelstein darzulegen und zu erörtern gedachte, habe die deutsche »Lobbygruppe des israelischen Schlag-zu-Nationalismus« große Angst. »Also wurde eine Kampagne geführt. Der auf seine elterlich-jüdische Tradition stolze Finkelstein wurde als ›Antisemit‹ und ›Geschichtsrevisionist‹ diffamiert, mithin in die Nazi-Ecke gestellt. Die Jüdische Gemeinde Berlin, jüdelnde Gruppen in Der LINKEN (Arbeitskreise namens ›Shalom‹) und ein jüdischer Arbeitskreis in der SPD riefen zur Demonstration gegen Finkelstein auf. Mit diesen Gruppen wollte es sich die Evangelische Kirche ohne Not nicht verderben, ebenso die Parteistiftung der Grünen und ebenso die Parteistiftung der Linken: Sie alle zogen ihre Zusagen zur Organisation der Veranstaltung zurück. Da nutzte es nicht genug, dass Finkelstein selbst Jude ist und dass wir, die Jüdische Stimme für gerechten Frieden in Nahost, Mitveranstalter waren.« Zwar gab es eine neue Raumzusage der jW-Ladengalerie in Berlin. Aber es handelt sich um einen relativ kleinen Saal, und so sei Finkelstein zur Einschätzung gelangt, dass die Streitereien sein eigentliches politisches Anliegen zu sehr überlagern würden, und sagte seine Deutschlandreise ab.

Rolf Verleger deutet diesen Erfolg der »Lobby«, welche in Berlin die Kirche, die Grünen und die Linken-Partei »wieder auf Linie gebracht« hatte, als »Pyrrhus-Sieg«. Er meint, dass es Gegenkräfte auf den Plan rufen werde, und vermutet gar, dass es in der Rosa-Luxemburg-Stiftung bereits »rumort«. Solcher Optimismus ist honorig, man soll ja als politischer Mensch stets Perspektiven öffnen oder zumindest offenhalten. Die Richtigkeit von Verlegers Einschätzung darf indes bezweifelt werden. Um diesen Zweifel zu begründen, vor allem im Hinblick auf Umtriebe der letzten Zeit in den Gefilden der Linken-Partei, seien hier zunächst charakteristische Stellungnahmen relevanter Protagonisten herangezogen. So erklärten der Vorstandsvorsitzende der Rosa-Luxemburg-Stiftung, Heinz Vietze, und das geschäftsführende Vorstandsmitglied Florian Weis die offizielle Raumabsage an Finkelstein wie folgt: »Wir halten eine Auseinandersetzung mit dem Goldstone-Report für dringend geboten. Die politische Brisanz eines Vortrages ausschließlich von Norman Finkelstein zu diesem Thema haben wir allerdings unterschätzt, als wir im Dezember 2009 einen Raum für dieses Vorhaben zusagten. Wir bedauern dies zutiefst. Unser Ansinnen, das Podium am 26. Februar 2010 um einen Gegenpart zu Norman Finkelstein zu erweitern, ist von den Veranstaltern leider abgelehnt worden. Unser Bildungsauftrag setzt aber unter anderem kontroverse und plurale Debatten voraus. Für eine sachliche und ausgewogene Diskussion zu den Konflikten im Nahen und Mittleren Osten bereitet die Rosa-Luxemburg-Stiftung gegenwärtig eine eigene Veranstaltungsreihe vor.«

Ausflüchte sind kein sehr ehrenwertes Mittel, um Handlungs- und Gesinnungsdefizite zu überbrücken, aber selbst sie sollten einigermaßen glaubwürdig und, wenn möglich, intelligent sein. Von welcher politischen Kompetenz zeugt es, wenn führende Personen der Linken-Parteistiftung meinen, eingestehen zu sollen, die »politische Brisanz eines Vortrages ausschließlich von Norman Finkelstein« zum Thema des Goldstone-Berichtes »unterschätzt« zu haben? Was kann man nicht von vornherein gewusst haben? Wer Finkelstein ist? Was der Goldstone-Bericht auflistet? Was die Deutung dieses Berichts durch Finkelstein erwarten lässt? Und dann das »Ansinnen«, das Podium »um einen Gegenpart zu Norman Finkelstein zu erweitern«. Warum meinte man, das tun zu sollen? Achtet die Rosa-Luxemburg-Stiftung immer auf einen Gegenpart, wenn es um Kontroverses geht, oder ist es eigentlich so, dass Finkelstein selbst den Gegenpart zur gegenwärtigen Ausrichtung von Partei und Stiftung bildet, und diesem Gegenpart ein Gegenpart entgegengestellt werden sollte, sobald es öffentlich mulmig wurde und man meinte, vor der eigenen Courage in Ohnmacht fallen zu sollen? »Sachlich und ausgewogen« sollen die Konflikte diskutiert werden, heißt es in der Verlautbarung. Meint man allen Ernstes, dass man im real vorwaltenden Kräftefeld des gegenwärtigen deutschen Diskurses über den Nahostkonflikt ausgewogen sei, wenn man dem bereits im Vorfeld geächteten Finkelstein einen aus dem hegemonialen Konsens herbeibemühten »Gegenpart« entgegensetzt? Und wie »sachlich« will man sein, wenn das, was den Inhalt des Goldstone-Berichts ausmacht, nicht zunächst als Resultat dessen begriffen wird, was das Unausgewogene des realen Konflikts zwischen Israelis und Palästinensern – vor allem in der Gewaltanwendung – ausmacht? Linke wussten einst im Hinblick auf derlei Realitäten, »Ausgewogenheit« als schönrednerische Ideologie zu entlarven.

Aber nicht nur die ausgewogen kämpfende Stiftung gibt es in der Partei der Linken, sondern auch einen Nachwuchs, den die Partei hoffnungsfroh und zukunftsweisend aus sich wachsen lässt. Innerhalb des Jugendverbands der Partei »Linksjugend [›solid]« hat sich in den letzten Jahren der Bundesarbeitskreis Shalom (BAK Shalom) gebildet, dessen Raison d'Être offenbar darin besteht, so viel Israelsolidarität performativ in die deutsche Öffentlichkeit zu tragen, dass es Israelis fast unheimlich damit werden kann: So ein intensives Geschwenke von Israelfahnen kennt man im israelischen Alltag, wenn überhaupt, in den Sphären nationalistisch enthusiasmierter Rechter. Es wird zudem nicht wenige jüdische Israelis geben, die auf eine geborgt-angeeignete »jüdische« Identität von Deutschen mit einigem neuralgischen Argwohn reagieren dürften; man fühlt sich unangenehm berührt, wenn Deutsche übertrieben auf »Jüdisches« abfahren. Assoziationen kommen auf.

Natürlich konnte sich der BAK Shalom nicht bedeckt halten, als es darum ging, Israel vor Finkelstein (in Deutschland) zu retten. Nicht zufällig trägt denn der diesbezügliche Hauptartikel der BAK-Shalom-Homepage den siegeseuphorischen Titel »Norman Finkelstein erfolgreich verhindert«. Was da »erfolgreich« veranstaltet worden war, kann nicht anders bezeichnet werden als das, worauf sich der BAK Shalom in der kurzen Zeit seines Bestehens offenbar spezialisiert hat, nämlich als Hetzkampagne gegen Finkelstein, die der Bundessprecher des Arbeitskreises Benjamin Krüger u. a. mit folgenden Worten begründete: »Finkelstein ist international bei Antisemiten beliebt, weil ihm allein durch die Tatsache, dass er sich als Jude und Sohn von Holocaust-Überlebenden bezeichnet, Glaubwürdigkeit und die absolute Wahrheit bescheinigt wird.« Nach heftigen Protesten gegen seine Aussage gab Krüger folgende Erklärung ab: »Ein kleiner Hinweis zum Artikel. Der Absatz ›Finkelstein ist international bei Antisemiten beliebt, weil ihm allein durch die Tatsache, dass er sich als Jude und Sohn von Holocaust-Überlebenden bezeichnet, Glaubwürdigkeit und die absolute Wahrheit bescheinigt wird‹ wurde geändert in ›Finkelstein ist international bei Antisemiten beliebt, weil ihm allein durch die Tatsache, dass er Jude und Sohn von Holocaust-Überlebenden ist, Glaubwürdigkeit und die absolute Wahrheit bescheinigt wird‹. Es gab zur ersten Version Irritationen, da man diesen auch hätte falsch verstehen können. Natürlich ist es keinesfalls die Absicht, Finkelstein die Tatsache zu nehmen, dass der Jude und Sohn von Holocaust-Überlebenden ist. Die aktualisierte Fassung drückt nun eindeutig aus, was wir meinen.«

Das ist aber schön, dass man Norman Finkelstein nicht die Tatsache nehmen will, dass er Jude und Sohn von Holocaust-Überlebenden ist. Nichts zu sagen, wenn diese Leute erst einmal generös sind, dann kennt ihre Zuvorkommenheit keine Grenzen, und sie lassen sogar derlei Tatsachen gelten. Ob man Krügers Zugeständnis freilich trauen darf, sei dahingestellt. Es will zuweilen scheinen, als wollten er und seinesgleichen Juden, die ihnen nicht in den ideologischen Kram passen, sehr wohl am liebsten ihr Judentum »nehmen«, vor allem aber das, was ihnen offenbar als ein begehrenswertes kulturelles Kapital vorkommt: dass sie Kinder von Holocaust-Überlebenden sind. Es sei Krüger hiermit ein für allemal beschieden: Nachkomme von Shoah-Überlebenden zu sein, ist lebensgeschichtlich ein sehr kleines Vergnügen, und es sollten vor allem deutsche Institutionen (solche, die vorgeben, links zu sein, allemal) sich davor hüten, ihre perfiden rhetorischen Jongleurspielchen mit dieser »Tatsache« zu treiben. Wenn Benjamin Krüger meint, den Antisemitismus bekämpfen zu sollen, dann lege er sich zunächst die minimale intellektuelle Rechenschaft über diesen Begriff ab, vermeide es vor allem, Israel, Judentum und Zionismus, mithin Antisemitismus, Antizionismus und Israelkritik wahllos in (s)einen deutschen Eintopf zu werfen, um es, je nach Lage, opportunistisch zu verkochen und demagogisch einzusetzen; vor allem aber sehe er zu, dass er aufhört, Juden ihr Judentum und Kindern von Shoah-Überlebenden ihre Lebenstragödie deutsch-vorlaut zu bescheinigen. Es gibt Unappetitlichkeiten, die man selbst einem jungen Ideologen nicht nachsehen kann.

Was nun Norman Finkelstein selbst anbelangt, so dürfte er keine Handhabe darüber haben, von wem er zu welchen Zwecken vereinnahmt wird. Wer hätte das schon? Doch nur sogenannte »Ausgewogene«, die das Gesinnungsequilibrium so rigoros betreiben, dass man vor lauter Gleichgewicht der Meinungen »neutral« alles zulassen kann (um dann aber doch festzustellen, dass man der Vereinnahmung letztlich nicht zu entrinnen vermag). Sein Anliegen erklärt der für seine Redlichkeit oft angefeindete Finkelstein jedenfalls wir folgt: »Die moralische Herausforderung, die sich für die Deutschen ergibt, könnte nicht größer sein. Sie besteht darin, einerseits der Verantwortung gerecht zu werden, die ihnen aus den Verbrechen des ›Dritten Reichs‹ gegen das jüdische Volk erwächst, es andrerseits aber auch nicht zuzulassen, dass ihnen aufgrund dieses schrecklichen Vermächtnisses das Recht abgesprochen wird, aktuelle Verbrechen anzuprangern, nur weil diese von einem Staat begangen werden, der sich selbst als jüdisch definiert. Sich dieser Herausforderung zu stellen, ist in Wahrheit die würdigste Form der Holocaust-Erinnerung.«

Ob Israel ein jüdischer Staat ist, ein Staat der Juden, eine von Juden hegemonial dominierte Ethnodemokratie und dergleichen mehr Definitionen, wird bekanntlich in Israel selbst lange und intensiv debattiert. Orthodoxe Juden sprechen dem Staat sein Jüdisches ab. Teile der Siedlerbewegung stellen seinen Zionismus (so, wie sie ihn sich vorstellen) in Abrede. In Israel lebende Araber fordern einen »Staat all seiner Bürger«. Zuweilen kommt auch die strukturell unhintergehbar erscheinende Möglichkeit von Israel-Palästina als binationalem Staat zur Sprache und einige andere Varianten, die allesamt davon zeugen, dass das, was man sich gemeinhin unter »Israel« vorstellt, für viele Betroffene bei weitem komplexer ist, als es sich befindlichkeitsgeschwängerte deutsche Ferndiskutanten ausmalen. Norman Finkelstein ist erklärtermaßen kein Zionist, was eine vollkommen legitime jüdische Position darstellt. Das mag jüdische Israelis wie Nichtisraelis, israelsolidarische Nichtjuden und nichtjüdische »Zionisten« verstören, gar in Rage versetzen. Auch das ist verständlich, wenn man solche Verärgerungen unbedingt verstehen will. Was aber bringt eine vorgeblich linke Parteistiftung dazu, einem Finkelstein die zugesagte Plattform zur Artikulation seiner Positionen wieder zu entziehen? Was hat es damit auf sich, dass der Jugendverband einer Linken-Partei (wie sie sich selbst nennt) sich freudig rühmt, Norman Finkelstein »erfolgreich verhindert« zu haben?

Der Grund scheint primär darin zu liegen, dass die aus der PDS erwachsene Partei der Linken offenbar bestrebt ist, sich endgültig von ihrem Status als Randerscheinung der gesamtdeutschen Politlandschaft zu lösen, um mehrheitsfähig, konsensuell wählbar zu werden – kurzum, um zur politischen Mitte zu rücken. Das ist nicht einfach, denn sie muss dabei vieles von dem abwerfen, was der (west)deutsche Konsens ihr als Altlasten zuschreibt und ankreidet. Die Verabschiedung des Sozialismus ist dabei noch das Leichteste: Wenn man im heftiger denn je tobenden Kapitalismus sozial nichts zu bestellen hat, kann man mit dem Lippenbekenntnis zum real ohnehin nicht anstehenden Sozialismus so herumspielen, wie es machtpolitisch und diskurslogisch opportun erscheint. Ob man dabei den Sozialismus noch immer will oder sich doch eher als kapitalismusgeläutert präsentieren möchte, spielt eine untergeordnete Rolle. Der eigentliche Lackmustest bei der deutschen Odyssee zur Ankunft im nationalen Konsens besteht allerdings in der öffentlichkeitsgerechten Beantwortung der neuen Gretchenfrage, wie man zu Israel-Juden-Zionismus-Antisemitismus-und-so-weiter-und-so-fort stehe. Gregor Gysis Vortrag bei der Veranstaltung der Rosa-Luxemburg-Stiftung anlässlich des sechzigsten Jahrestags der Staatsgründung Israels im Frühjahr 2008 gab bereits die ideologische Marschroute zur sich zunächst zart andeutenden Gesinnungswende an; er indizierte (realpolitisch motiviert), dass es an der Zeit sei, sich umzuorientieren. Einen schweren Stand haben daher heute ehemalige SED-treue Antizionisten, die ihre »Jugendsünde« mit umso unverbrüchlicherer Zionismusliebe und Israelsolidarität meinen »wiedergutmachen« zu sollen. Auch viele westdeutsche Altlinke sind dabei, ihre dezidiert anti-israelische Vergangenheit neu einzufärben, indem sie darauf insistieren, dass es unfair sei, ihnen diese vorzuhalten, wo sie sich doch inzwischen eines Besseren haben belehren lassen, mithin zu rührigen Antisemitenjägern und aktiven Bekämpfern von Antizionismus und alles Linken, das sich nicht vorbehaltlos israelsolidarisch (somit also »antisemitisch«) gibt, avanciert sind. Man soll Menschen in der Tat ihre Entwicklung lassen, dabei aber auch stets jenen mit Misstrauen begegnen, die sich allzu unbeschwert von einst heftigen Zionismus- und Israelgegnern in

fetischversessene Israelliebhaber und -bewunderer gewandelt haben – die Radikalität ihrer Metamorphose ist beredt, lässt mithin den Verdacht aufkommen, dass es das eine wie das andere Mal dasselbe Ressentiment war, das sie auf beiden Seiten der Gesinnugsmatrix hat weilen und agieren lassen. Als wie politisch verlässlich dabei Menschen gelten dürfen, die sich bei der vorgeblich verantwortungsorientierten Konfrontation der Kollektivgeschichte ihres Volkes vornehmlich von ihren eigenen narzisstischen Befindlichkeiten steuern lassen, wäre schon eine andere Frage.
[2010]

Eine Lachnummer What's left? – Deutschland 2011

»What's left?«, fragte der britische Sozialphilosoph Steven Lukes im Jahre 1989. Die Frage meinte den Kommunismus und was von ihm nach dessen Zusammenbruch geblieben sei. Die englische Formulierung ließ aber auch die Frage zu, was (nach dem weltgeschichtlichen Ereignis von 1989) überhaupt noch für links zu erachten sei. Im Deutschland des Jahres 2011 bedarf die Frage keiner zweigeteilten Antwort mehr: Der Kommunismus ist schon abgehakt und seine ehemaligen deutschen Sachwalter scheinen sich endgültig von ihrer einst aufrecht linken Gesinnung zu verabschieden. Dass sie sich noch in einer Linkspartei versammelt wähnen, erweist sich zunehmend als hohle Nomenklatur. Man kann, wenn man will, ein gewisses Verständnis für diesen Vorgang aufbringen: Eine politische Partei, die konsens-, eventuell auch koalitionsfähig werden will, muss sich natürlich ihrer ideologischer Altlasten entledigen, wenn ihre ideologischen Widersacher im politischen Feld ihr einen Strick aus ihrer Vergangenheit drehen wollen. Sieht man sich außerstande, die politischen Gegner auf Gesinnungsebene zu bekämpfen, fügt man sich ihren paradigmatischen Vorgaben und gleicht sich ihnen an. Aber abgesehen davon, dass der Gegner das ihm offerierte ideologische Geschenk womöglich gar nicht annehmen will, darf man doch erwarten, dass der Verrat an sich selbst, wenn schon nicht in Würde, sich zumindest mit haltbarer Begründung und hinnehmbarer Selbstdarstellung vollzieht.

Zwei »antideutsche« Autoren haben eine Studie publiziert, die den Antisemitismus in der Linkspartei zum Gegenstand erhebt. Als hätte man auf den »wissenschaftlichen« Befund nur gewartet, initiierten daraufhin die bürgerlichen Parteien eine Sitzung des Bundestags zur Erörterung des so bedrohlichen Phänomens, dass man die Stunde gar nicht aktueller ansetzen konnte – mit einigem Erfolg, wie sich nun herausstellt. Denn die attackierte Linkspartei wartete prompt mit einer Verlautbarung auf, wie sie sich die von instrumentellen Erwägungen parlamentarischer Polemik angetriebenen Initiatoren der Debatte gar nicht hätten prononcierter wünschen können. Da ertönte zunächst das obligatorisch Selbstverständliche: »Die Abgeordneten der Fraktion DIE LINKE werden auch in Zukunft gegen jede Form von Antisemitismus in der Gesellschaft vorgehen. Rechtsextremismus und Antisemitismus haben in unserer Partei heute und niemals einen Platz. Die Fraktion DIE LINKE tritt daher entschieden gegen antisemitisches Gedankengut und rechtsextremistische Handlungen auf.« Dann aber folgte die von dieser grundsätzlichen Prämisse abgeleitete operative Schlussfolgerung: »Die Mitglieder der Bundestagsfraktion erklären, bei all unserer Meinungsvielfalt und unter Hervorhebung des Beschlusses des Parteivorstandes gegen Antisemitismus vom 21. Mai 2011: Wir werden uns weder an Initiativen zum Nahost-Konflikt, die eine Ein-Staaten-Lösung für Palästina und Israel fordern, noch an Boykottaufrufen gegen israelische Produkte noch an der diesjährigen Fahrt einer ›Gaza-Flottille‹ beteiligen. Wir erwarten von unseren persönlichen Mitarbeiterinnen und Mitarbeitern sowie den Fraktionsmitarbeiterinnen und Fraktionsmitarbeitern, sich für diese Positionen einzusetzen.«

Da hatte es tatsächlich der Schwanz geschafft, mit dem Hund zu wedeln. Wenige Jungautoren dürfen sich rühmen, kurze Zeit nach der Publikation ihres Werks eine gestandene Parlamentsdebatte sowie eine Grundsatzerklärung ihrer eigenen Partei bewirkt zu haben. Oder war da etwa doch der Hund Herr seines Schwanzes, der da nur wedelte, weil der Hund es so wollte? Offenbar. Man fragt sich nur, warum? Was – abgesehen vom erwähnten Drang zur wohlfühligen Konsensmitte – drängte die Parteifraktion so sehr, dass sie sich genötigt sah, mit ihrer Verlautbarung so voreilig und dezidiert herauszuplatzen. Eine Möglichkeit wäre, dass die Linkspartei sich mit dem Gefühl herumträgt, tatsächlich antisemitisch durchsetzt zu sein, was freilich dem Prolog der Verlautbarung widersprechen würde, wenn es denn stimmt, dass »die Abgeordneten der Fraktion DIE LINKE […] *auch* in Zukunft gegen jede Form von Antisemitismus in der Gesellschaft vorgehen« werden. Wenn »*auch* in Zukunft«, dann zwangsläufig auch in Gegenwart und Vergangenheit – ein Postulat, das wohl für selbstverständlich erachtet werden darf, wenn Linkssein einen Wahrheitskern in sich birgt und eine entsprechende Gesinnungsausrichtung beansprucht: Linke können schlicht nicht antisemitisch sein, und wenn sie es sind, dann sind sie auch keine Linke mehr.

Es besteht freilich die andere, eher anzunehmende Möglichkeit, dass die Linkspartei und ihre herausragenden Protagonisten etwas sehr Wesentliches noch immer nicht begriffen haben und – wie viele in Deutschland – in eine Falle hineintappen, die ihnen von »antideutschen« Ideologen seit Jahren gestellt wird. Denn nimmt man den zweiten Teil ihrer Verlautbarung ernst, so sind sie offenbar willig und bereit, sich einem Antisemitismusvorwurf auszusetzen, der auf einer Gleichsetzung von Juden, Israel und Zionismus basiert. Ihnen kommt es gar nicht in den Sinn, dass man die unabweisbaren Verbrechen des israelischen Okkupationsregimes gegenüber den Palästinensern verurteilen kann und soll, ohne deshalb schon etwas gegen »die Juden« per se zu haben (eine Abstraktion, die ja gerade antisemitisch wäre). Ihnen kommt es gar nicht in den Sinn, dass man die spezifische historische Genese des Zionismus kritisch reflektieren kann, ohne deshalb schon die schiere Existenz des Staates Israel in Abrede stellen zu wollen (was für sich genommen strikt abzuweisen, aber immer noch nicht antisemitisch wäre). Ihnen kommt es auch gar nicht in den Sinn, dass man gerade dann *nicht* antisemitisch ist, wenn man Israel auf den Weg des von ihm nicht gewollten, aber für seine eigene Zukunft unabdingbaren Friedens zu bringen trachtet. Die Linkspartei ist dermaßen mit sich selbst beschäftigt, so sehr mit fiktiven politischen »Wiedergutmachungs«-Bestrebungen befasst, dass sie nicht nur sich selbst und ihre linke Gesinnung verrät, sondern zugleich auch den wirklichen Kampf gegen den Antisemitismus verkennt und somit auch diesen noch einmal verrät.

Und so gelangt die Linkspartei zu ihren operativen Beschlüssen: Sie verbietet die Beteiligung an »Initiativen zum Nahost-Konflikt, die eine Ein-Staaten-Lösung für Palästina und Israel fordern«. Das ist sehr schön von ihr. Was nun aber, wenn die alternative Zweistaatenlösung gerade von Israel torpediert wird, was zur *objektiven* Entstehung einer binationalen Struktur führt? Wenn man die binationale Option nicht will, muss man die Zweistaatenlösung nicht nur wollen, sondern auch tatkräftig fördern und in Gang setzen. Israel setzt aber schon seit Jahrzehnten alles dran, das, was notwendig wäre, um diese Lösung zu verwirklichen, strukturell, ideologisch und diplomatisch zu unterminieren. Man darf sich daher von den diesbezüglichen Lippenbekenntnissen nicht täuschen lassen. Israel Regierungskoalition würde sofort zusammenbrechen, wenn sich Netanjahu einfallen ließe, die Zweistaatenlösung real anzuvisieren. Eine alternative Koalition ist aber weit und breit nicht in Sicht. Die Linkspartei will sich künftig auch nicht mehr an »Boykottaufrufen gegen israelische Produkte« beteiligen. Auch nicht gegen Produkte der Siedler in den besetzten Gebieten? In Israel boykottieren Linke schon seit Jahren nicht nur solche Produkte, sondern auch Institutionen der Siedler im Westjordanland sowie Veranstaltungen in ihnen. Das obläge eigentlich jedem politisch und ökonomisch denkenden Linken. »Antideutsche«

haben es freilich in Deutschland geschafft, derlei Aktionen durch die instrumentelle Assoziation mit dem Nazi-Schlagwort »Deutsche, kauft nicht bei Juden« so verlogen und manipulativ in Verruf zu bringen, dass unreflektiert geschichtsbewusste Deutsche sich auch darin blenden lassen. Von Boykott-Aufrufen gegen Israel ist deshalb abzusehen, weil sie ineffektiv sind und zumeist die Falschen (in Bereichen der Akademie und der Kultur) treffen. Aber mit Antisemitismus haben sie nichts zu tun. Und ein weiteres will die zur Räson gelangte Linkspartei strikt unterbinden: die Beteiligung »an der diesjährigen Fahrt einer ›Gaza-Flottille‹«. Man mag sich über die Unabdingbarkeit dieser politischen Symbolhandlung angesichts der mit ihr verbundenen Gewaltanwendung und des aus diesem möglicherweise resultierenden Verlust an Menschenleben in der Tat kritische Gedanken machen. Aber was soll das mit Antisemitismus zu tun haben? Wie kommt es überhaupt dazu, dass die Beteiligung an dieser Aktion zum Kriterium des Antisemitismusvorwurfs gegenüber der Linkspartei erhoben wird?

Man ahnt die Antwort und will sie doch nicht wahrhaben: Die undurchdachte Resolution der Linkspartei hat mit Antisemitismusbekämpfung letztlich ebenso wenig zu tun wie die »wissenschaftliche« Schrift, die ihr zugrunde lag, und die überflüssige Bundestagsdebatte, die diese Schrift provozierte. Gerade darin erweist sich der Verrat der Partei an dem, was sie zu vertreten vorgibt. Und dass sie mit ihrer Resolution sogar noch die bürgerlichen Parteien von rechts überholt hat – keine von diesen hat offiziell einen vergleichbaren Beschluss gefasst –, lässt sie zur Lachnummer der sich höhnisch die Hände reibenden deutschen Politszene verkommen. Ein Zeichen für die Zukunft?
[2011]

Adornos Kompass

Moshe Zuckermann im Gespräch mit der Zeitschrift »Kunst + Kultur« [2003]

Der Mythos von Ahasver, dem rastlosen Wanderer zwischen den Zeiten, galt lange als das Symbol für die leidende Menschheit. Erst im 19. Jahrhundert wurde er von Eugené Sue und Arthur Schopenhauer mit den Juden in Verbindung gebracht; Ahasver wurde zum Synonym für den »Ewigen Juden«. In seinem berüchtigten Aufsatz »Das Judenthum in der Musik« rief dann Richard Wagner die Juden dazu auf, sie sollten »aufhören Jude zu sein«. Der letzte Satz endet mit den Worten: »Bedenkt, dass nur eines Eure Erlösung von dem auf Euch lastenden Fluche sein kann, die Erlösung Ahasvers: Der Untergang!«

Bei Wagner gibt es da in der Tat nichts mehr zu deuteln; aus ihm spricht im besagten Aufsatz bereits der knallharte Antisemit. Ob es sich dabei auch schon um einen rigiden Rassenantisemitismus handelt, kann man dahingestellt sein lassen. Der Topos des Untergangs, der in der Schlussphrase des Aufsatzes erscheint, ist von manchen als Voraussage der großen Massenvernichtung im 20. Jahrhundert interpretiert worden. Ich halte das für falsch. Der antisemitische deutsche Liberalismus des letzten Drittels des 19. Jahrhunderts, zu dem auch Treitschke zählt, war noch nicht Träger dessen, was man später, vom finalen Ausgang der Gesamtkatastrophe aus gesehen, Vernichtungsantisemitismus nennen wird. Er hält dem Juden noch die prinzipielle Möglichkeit »offen«, sich seines Wesens zu entschlagen. Der Hass ist noch nicht auf physische Elimination aus, sondern auf sozial-kulturelle, die freilich der dann folgenden mörderischen in vielerlei Hinsicht vorarbeitete. Dass Ahasver im 19. Jahrhundert zum pejorativ apostrophierten »Ewigen Juden« mutierte, hat vielleicht mit diesem allmählichen Wandel des Antisemitismus zu tun: Im »Ewigen Juden« des 19. Jahrhunderts, der noch sein Judentum abstreifen kann, ist bereits der dann im 20. Jahrhundert vernichtungswürdige Untermensch-Jude angelegt. Wagner hadert noch mit Mendelssohn gewissermaßen »sachlich«. Im Nationalsozialismus musste Mendelssohn total ausgelöscht werden. Nur Heines »Lorelei« konnte man nicht wegschaffen. Die wurde dann zum »Volkslied«.

Nicht anders denn experimentell dürfe mit Wagners Werk umgegangen werden, sagte Theodor W. Adorno. Teilen Sie diese Ansicht?

Ja, ich teile diese Ansicht, insofern sie meint, dass ein nichtexperimenteller, affirmativer Umgang mit ihm mutatis mutandis auch jene Bestandteile des Wagner'schen Werks absegnen würde, die es kritisch anzugehen bzw. zu dekonstruieren gälte. Dass bei Wagner neben Genialem auch viel Gefährliches, zuweilen auch genial Gefährliches »mitredet«, darüber kann kein Zweifel sein - wenn man sich denn auf dieses Werk überhaupt einlässt. Zugleich würde ich mich aber Adornos - an sich brillant elaborierte - Ansicht widersetzen, dass sich Wagners obsessiver Antisemitismus nicht nur in seinen Prosaschriften, sondern auch in seinem künstlerischen Werk niederschlage. Ich habe die Gestalten Alberichs, Mimes und Beckmessers nie unter die Kategorie der antisemitisch gezeichneten Figuren zu subsumieren vermocht. Das ist ja das Frappierende an Wagner, dass er die Notwendigkeit, Werk und Person zu trennen, exemplifiziert. Aber spätestens, wenn man an das Motiv des kontaminierten Bluts in *Parsifal* gelangt, darf man damit nicht mehr unbedarft umgehen. »Experimentell« mag da das richtige Wort sein.

In »Zweierlei Israel?« behaupten Hermann Gremliza, Thomas Ebermann und Volker Weiß, das antisemitische Ressentiment, das zu Auschwitz geführt habe, sei heute wieder so verbreitet wie im Kaiserreich. Da assoziiert man Chamberlains unverhohlen ausgesprochenen militanten Antisemitismus und Wagners »idiosynkratischen Hass«. Aber tritt der gegenwärtige Antisemitismus nicht vorwiegend mit anderen Beweggründen, in relativierender Absicht, zur Entlastung der Täter, mit geschichtsrevisionistischen Leitmotiven zutage – Dresden-Auschwitz-Vergleich oder das KZ als »Besserungsanstalt« für Juden im Kontext der Kritik an der israelischen Politik in den besetzten Gebieten? Das ist zwar abstoßend, aber etwas anderes, als zur Liquidation der Juden aufzurufen. Oder schwingt in jeder Form von Antisemitismus die Vernichtung mit?

Um gleich die Dinge klarzustellen: Der Antisemitismus muss überall bekämpft werden, wo er seine hässliche Fratze erhebt. Das ist, glaube ich, seit

1945 keine Frage mehr. Man kann sich eines in die Welt gekommenen Grundumstands nicht mehr erwehren: Dass es nämlich, wie es bei Adorno heißt, nicht mehr um die Drohung des Rückfalls in die Barbarei geht, sondern um deren bereits passierte, also realgeschichtlich vollzogene Manifestation. Der Zivilisationsbruch ist geschehen, und man kann eben die sozialen, wirtschaftlichen, kulturellen und ideologischen Strukturen, die ihn zeitigten, nicht mehr wegdiskutieren bzw. schlicht wegdenken. Zugleich muss man sich darüber im Klaren sein, dass auch diese Einsicht verdinglicht und fetischisiert werden kann; auch sie kann zur Ideologie verkommen. Nicht jeder Furz einer deutschen Naziglatze bedeutet gleich die tendenzielle Heraufkunft des Vierten Reiches. Auch nicht jedes Gerede eines wie immer prominenten Politikers. Bei aller Sorge über die gesellschaftliche Legitimierung eines salonfähig gewordenen Antisemitismus – eine Sorge, die ich teile – muss man doch sehr darauf achten, dass man mit dem Impuls nämlicher Sorge nicht mutatis mutandis in den Sumpf relativierend-banalisierender Trivialisierung von Auschwitz gerät. Das gilt übrigens in gleichem Maße für Israel. Wenn der israelische Premierminister sagt, alle aus Europa kommende, gegen ihn gerichtete Kritik sei antisemitisch, und sich gar dazu versteigt zu behaupten, wenn er diesen – in der Kritik an seiner Politik sich manifestierenden – Antisemitismus gewahre, könne er verstehen, wie es zur Shoah hat kommen können, dann hat er entweder bis heute nicht begriffen, was sich in den Vernichtungslagern zugetragen hat, oder er ist eben mit Vorbedacht manipulativ. Wenn dies der Fall ist, dann stellt sich heraus, dass er des Antisemiten nicht minder bedarf als der Antisemit seiner. Zumindest deutsche Linke sollten sich über diesen Grundzustand Gedanken machen können.

Weiter befürchten die drei, dass der rassistische Lynchmob, der sich in Rostock-Lichtenhagen unter wohlwollender Aufsicht der Staatsgewalt entladen durfte, auch jederzeit gegen Juden scharf gemacht werden könne, wenn von oben ein Signal dazu kommen würde. Spricht nicht schon allein dagegen, dass Rassismus und Antisemitismus substanziell – Ursachen, Historie, Motive etc. – verschieden sind, auch wenn die meisten Formen, in denen Antisemitismus in Erscheinung tritt, mit rassistischen Elementen angereichert sind?

Ja, ich glaube zwar in der Tat, dass der Antisemitismus paradigmatisch ist für alle Formen des Fremdenhasses, des Ressentiments »Anderen« gegenüber und in gewisser Hinsicht auch für den Rassismus. Der moderne Antisemitismus unterscheidet sich nämlich vom traditionellen, religiös getragenen Judenhass durch seinen rassenbiologischen Hauptfaktor. Und doch meine ich, man muss auch hier differenzieren. Man kann mit Bestimmtheit sagen, dass durch ihr Aussehen erkennbare Ausländer in gewissen deutschen Regionen sich bei anbrechender Dunkelheit am Besten verflüchtigen. Es herrscht dort – und in anderer Form vielleicht nicht nur dort – ein rabiater, zu manifester Gewalt neigender Fremdenhass. Dieser mag bei sich ergebender Konstellation auch Juden betreffen. Es ist aber doch bezeichnend, dass sich dieser Hass eben nicht an Juden als Personen physisch austobt, sondern beispielsweise an jüdischen Friedhöfen. Ob dabei etwas, was im Moment kanalisiert, gleichsam an der steinernen Materialität »sublimiert« zu sein scheint, auch umschlagen und sich massenhaft gegen die in Deutschland lebenden Juden richten könnte, vermag ich nicht zu beurteilen. Ich neige dazu, anzunehmen, dass die politische Klasse Deutschlands im großen Ganzen nicht antisemitisch sei, dass sie ganz im Gegenteil durch die Vergangenheit geprägt gleichsam berufsmäßig für antisemitische Latenzen sensibilisiert worden ist. Es wäre sehr schlimm, wenn sich Möllemann als für die deutsche politische Klasse paradigmatisch erweisen sollte. Aber ich meine darüber hinaus auch noch, dass, selbst wenn von oben ein Signal für antisemitische Tathandlungen käme, in der deutschen Bevölkerung genügend Gegenströmungen vorhanden sind, um einer solchen Gesamttendenz entgegenzutreten. Es wäre sehr schlimm, mithin ein Veto gegen die jahrzehntelang umkämpfte und allmählich herausgebildete politische Kultur der alten Bundesrepublik, die in den späten sechziger Jahren ansetzte, wenn ich mich da täuschen sollte.

Sie sagen, Sie hätten in Ihrem Leben viele Menschen getroffen, die ihrer Unfähigkeit, die Shoah zu verstehen, mit peinlichen Überhöhungen von Juden begegnet seien. »Ich habe in diesem Philosemitismus immer ein Stück Antisemitismus gesehen«, ist in ***Zweierlei Israel?*** zu lesen, »ich fühlte, dass sich in ihm eine Aggression verbarg, die nur auf ihre Chance wartete zurückzuschlagen.«

Ich habe in der Tat im Philosemitismus stets einen latenten negativen Antisemitismus gesehen, der aber in der Struktur der Wahrnehmung von Juden eine gefährliche Gemeinsamkeit mit dem manifesten Antisemitismus aufweist, nämlich die Abstraktion des Juden, die tendenzielle Aufhebung seiner konkreten Erscheinung, seiner spezifischen Individualität, mithin seine Vereinnahmung für die Projektion eines unverarbeiteten Ressentiments. Wer ein Kollektiv pauschal »liebt«, hat letztlich nichts mit seiner Heterogenität, nichts mit den ihm eigenen Pluralitäten zu schaffen – er lässt die Individuen des Kollektivs zum Exemplar verkommen. Ob er das nun mit guter oder schlechter Intention macht, bleibt sich in der Gesamttendenz der Dehumanisierung des je dem Kollektiv exemplarisch zugeschlagenen Individuums gleich. Die Auseinandersetzung mit der geschichtlichen Monstrosität der industriell betriebenen Massenvernichtung von jüdischen Menschen kann doch nicht davon abhängig gemacht werden, ob man die Juden »liebt«. Ich möchte, dass man den kriminellen Juden in seinem Sosein erkennt, ohne daraus gleich ein Werturteil über »Juden« oder gar das »Judentum« zu stricken. Ich möchte aber auch, dass man die geistige Leistung eines Juden würdigt, ohne daraus gleich etwas für »Juden« oder das »Judentum« zu folgern. Der Philosemitismus lässt das – in freilich gutmeinender Absicht – nicht zu. Er unterscheidet sich darin tendenziell nicht vom Antisemitismus.

Da bewegt man sich also auf einem schmalen Grat, wenn man über die exorbitanten Akzente, die Juden beispielsweise in den Bereichen Kunst und Geisteswissenschaften setzten und setzen, ins Schwärmen gerät. Auch wenn es sich natürlich um individuelle Leistungen einiger Juden handelt: Ohne »die Juden« hätte es wohl keine abstrakte Malerei, keine serielle Musik, keinen Marxismus und keine Kritische Theorie gegeben. Die jüdische Kultur weist doch signifikante Merkmale auf. Sie verkörpert das Universalistische, das Hybride, steht für Innovation und vor allem eine Ästhetik des Leidens. Und das Leiden beredt werden zu lassen, so Theodor W. Adorno, sei schließlich Bedingung aller Wahrheit – die meisten Gesellschaften könnten solche Erkenntnisse doch allein schon aufgrund Ermangelung an kollektiver Leiderfahrung nicht hervorbringen.

Zunächst: Es muss klar sein, dass Sie da von einem bestimmten, nämlich dem westlichen (aschkenasischen) Judentum der späten Neuzeit bzw. der Moderne reden. Zwar gab es auch eine mittelalterliche Hochkultur der sephardischen Juden, aber die ging dann – als Hochkultur, nicht als Lebensweltkultur oder Folklore – mehr oder minder unter. Und insoweit sie sich dann beispielsweise in der jüdisch-marokkanischen Intelligenz hielt, wies sie starke inhaltliche wie soziologische Affinitäten zum kolonialen »Mutterland« Frankreich auf. Zudem muss hervorgehoben werden, dass natürlich nicht alle Juden, nicht mal die meisten Juden Träger solcher kultureller Hochleistungen waren; da muss man in der Tat auf der Hut sein, dass man nicht philosemitisch, wiewohl in positiver Absicht, pauschalisiert. Und doch betonen Sie das wichtige Merkmal einer modernen jüdischen Denk- und Kulturtradition, der auch ich mich sehr verpflichtet fühle, nämlich eine universalistische, das schlecht Bestehende zu transzendieren trachtende, dabei sich aber durchs Hybride speisende Kultur. Das Hybride, das die Antisemiten immer mit allergrößter Verachtung straften, scheint mir dabei von besonderer Bedeutung zu sein, nicht nur weil sich in ihm heterogene kulturelle Faktoren produktiv vermengen, sondern weil sich in ihm auch ein Stück Utopie manifestiert – eben eine das »Andere« wesenhaft akzeptierende und absorbierende Kultur. Was Sie über die kollektive Leiderfahrung anderer Gesellschaften sagen, sehe ich nicht ganz so. Es muss ja nicht gleich im Allermonströsesten kulminieren, um von Leiderfahrungen zu sprechen. Der Benjamin'sche Engel der Geschichte mag da das universelle Prinzip der Wahrnehmung menschlichen Leids abgeben. Auch er wurde freilich von einem Juden konzipiert. Die Idealisierung von Juden angesichts der Leiderfahrung abstrahiert sie zugleich, was mutatis mutandis bedeutet, dass man sie eigentlich auch nicht wirklich in ihrem Leid wahrnimmt. Ein humanes Verhältnis zu Juden kann sich doch nur in der Akzeptanz dessen, wie sie nun mal sind, eben keine Engel und keine ewigen Gutmenschen, verwirklichen. Die Familie Weiss in *Holocaust* ist ein Paradebeispiel dafür, wie man den Holocaust nicht darstellen soll. Dabei muss freilich bedacht werden, dass gerade beim Holocaust die Juden in der Tat paradigmatisch werden, nämlich als realhistorische Verkörperung der Opfer schlechthin. Das ist es, was es am Holocaust zu »lernen« gibt: die Juden als Opfer im Stande ihres Opferseins.

Hierzulande treibt eine vulgäre Form von Philosemitismus merkwürdige, bisweilen makabere Blüten: Da bejubeln »antideutsche« Antifaschisten den Tod von Palästinensern, sprechen voller Verachtung über die israelische Friedensbewegung, feiern Stalingrad-Partys. Damit Sie mich richtig verstehen: Hier wird nicht Trauer über die mehr als eine halbe Million Rot-Armisten zum Ausdruck gebracht, die an der Wolga umgekommen sind, sondern die Freude am »Tanz auf den Gräbern« ihrer deutschen Feinde. Wie gehen Sie damit um, dass Ihr in ***Zweierlei Israel?*** dokumentiertes Gespräch mit drei deutschen Linken von »Antideutschen« als »antiisraelische Talkrunde« bezeichnet wird.

Die »Antideutschen« sind für mich schon lange keine ernst zu nehmende Strömung im Lager der deutschen Linken. Sie sind für mich auch keine Linke mehr, wollen es aber vielleicht auch gar nicht mehr sein. Mit *Zweierlei Israel?* haben wir doch versucht, differenziert Dinge anzugehen, die sich in ihrer Erörterung genau von dem distanzieren, was die »Antideutschen« ideologisch zusammenbrauen. *Zweierlei Israel?* schwört ja gerade einem manichäischen Weltbild ab.

Aber eben dazu sind ja die »Antideutschen«, wie übrigens auf der anderen Seite die vom Antisemitismus affizierten Antizionisten, nicht fähig – sie bedürfen eines schwarz-weißen Weltbildes, auf das sie ihre deutsch-gestörten Befindlichkeiten projizieren können. Mit gesellschaftlicher, politischer und kultureller Analyse hat das immer weniger zu tun, da kann man den Adorno noch so oft in den Mund nehmen. Der würde sich ohnehin im Grabe drehen, wenn er wüsste, von wem er heute in Deutschland für was alles vereinnahmt wird.

1999 kritisierten Sie in Ihrem Buch »Gedenken und Kulturindustrie« die Debatte um die Gestaltung des Holocaust-Mahnmals in Berlin als »eine (bewusst-unbewusste) Verzögerungsstrategie«. Diese damals schon mehr als zehn Jahre währende Auseinandersetzung sei geeignet, »durch das zerredende Reden über die Erinnerung der wirklichen Erinnerung überdrüssig zu werden«. Anfang des Jahres wurde tatsächlich mit den Bauarbeiten begonnen. Besteht eine Chance, dass der Debattengegenstand doch noch in das Bewusstsein der Menschen zurückkehren kann?

Worum es mir in dieser Textstelle aus *Gedenken und Kulturindustrie* ging, war das Problem des Zerredens, nicht das Mahnmal selbst. Denn ich bin letztlich der Meinung, dass die Erinnerung nicht der verdinglichenden Materialisierung vermittels des Baus eines massiven Mahnmals bedarf. Erinnerung soll ja dynamisch erhalten werden, mithin an neue Entwicklungen, Wahrnehmungsmechanismen, an neue Bedeutungs- und Sinnwelten angepasst werden, mithin neue politisch-kulturelle Praktiken in emanzipativer Absicht zeitigen. Es ist für mich ganz und gar nicht ausgemacht, dass ein statischer, massiver Betonbau dies zu leisten vermag. Ich möchte da freilich nicht gar zu apodiktisch sein. Was hingegen auf jeden Fall diskursanalytisch festgestellt werden kann, ist die Ideologiefunktion des Zerredens, eben die mutatis mutandis bewirkte Entblutung des Erinnerungspathos. Wenn man einer Sache überdrüssig wird, beginnt sie zu langweilen oder – schlimmer noch im anstehenden Zusammenhang – sie verkommt zum Gegenstand latenter Aggression. Das kann nun aber wahrlich nicht der Zweck der Errichtung eines Holocaust-Mahnmals sein. Ich hatte aber damals das Gefühl, dass viele Reaktionen der deutschen Öffentlichkeit auf eine solche unerwünschte Entwicklung hindeuten. Was das für die Zukunft zu bedeuten hat, vermag ich momentan nicht zu beurteilen.

Zu Baubeginn übte unter anderem »Die Welt« Kritik daran, dass »27 Millionen Euro teure Betonmassen« und ein »überdimensioniertes Museum« in Berlin platziert werden, gleichzeitig aber die »originalen Stätten des Grauens« verfallen. Nun liegen diese Stätten weit entfernt vom alten-neuen Reichstagsgebäude, also von dem Ort, in den die »siegreiche deutsche Karawane«, wie Sie sagen, bedenkenlos eingezogen ist. Der Verweis auf die größere Bedeutung der »originalen« KZ-Gedenkstätten erhärtet den Verdacht, dass viele Deutsche mit der Vorstellung, die »materialisierte Schande« dauerhaft am Herzen der Republik angesiedelt zu haben, so gar nicht zurechtkommen können?

Dies war in der Tat eines der zentralen Argumente der Befürworter des Mahnmals: Dass die von Martin Walser so apostrophierte »Dauerpräsentation unserer Schande« materialiter am Herzen der Republik angesiedelt werde, damit es schmerzt, damit man nicht verdrängen, die Last der Konfrontation mit der Vergangenheit nicht leichterdings entsorgen kann. Ob das klappt, weiß ich nicht. Ich verweise nochmals darauf, dass das, womit man sich nicht auseinandersetzen will, gerade durch seine Dauerpräsenz zum Gegenstand der Aggression bzw. zum Auslöser eines neu erhitzten Ressentiments werden kann. Nicht von ungefähr erhielt Martin Walser solchen Beifall bei seiner unseligen Rede in der Paulskirche. Zu fragen ist freilich, was die Alternative sein kann. Und ich halte es da mit Adorno, der in seinem berühmt gewordenen Aufsatz »Was bedeutet Aufarbeitung der Vergangenheit« bereits im Jahre 1959 sagte: »Mir selbst will es eher scheinen, das Bewußte könne niemals so viel Verhängnis mit sich führen wie das Unbewußte, das Halb- und Vorbewußte. Es kommt wohl wesentlich darauf an, in welcher Weise das Vergangene vergegenwärtigt wird; ob man beim bloßen Vorwurf stehen bleibt oder dem Entsetzen standhält durch die Kraft, selbst das Unbegreifliche noch zu begreifen.«

Vor einiger Zeit behauptete Alt-Kanzler Helmut Schmidt in einem Interview mit dem »Tagesspiegel«, das große Schweigen zwischen den Generationen über das Dritte Reich sei »eine schlimme Erfindung der 68er gewesen«, die großen Aufbauleistungen seiner Generation würden dadurch »ins Lächerliche gezogen«. Ferner forderte er, die Deutschen – insbesondere die Historiker – sollen sich nicht nur mit ihrer Geschichte beschäftigen, sondern lieber mit ihrer Gegenwart, so der Sozialdemokrat, »der Krieg, die ganze Nazi-Scheiße ist bald 60 Jahre vorbei. Was soll das?« Das »normalisierende« (Selbst-)Bewusstsein der »Berliner Republik« scheint nun auch die höchsten Würdenträger der »alten« Bundesrepublik ergriffen zu haben?

Naja, nun, wenn die ganze »Nazi-Scheiße« bald schon 60 Jahre vorbei ist, warum regt sich denn der Altbundeskanzler noch so auf? Ist sie etwa doch noch nicht ganz vorbei? Erstens pflegen Historiker nun mal, sich mit der Vergangenheit zu beschäftigen. Zweitens hat ihre Beschäftigung mit der Vergangenheit stets etwas mit der Gegenwart zu tun (wie sich ja an Schmidts Ausbruch unschwer erkennen lässt). Das nun gilt aber nicht nur für Historiker, sondern für jeden: Es gibt keine Auseinandersetzung mit der Vergangenheit, die nicht immer auch ein Stück von der Gegenwart ausginge, wie es denn keine »Gegenwart« gibt, die nicht immer schon durchs Vergangene ein Stück prädeterminiert, zuweilen auch -stabilisiert ist. Wenn »die Deutschen« – schon wieder so ein Quatsch-Ausdruck – sich noch immer mit ihrer Vergangenheit auseinandersetzen, dann hat das erstens damit zu tun, dass da etwas noch der Auseinandersetzung bedarf, zweitens aber auch vielleicht damit, dass die Katastrophen, die im 20. Jahrhundert mit Deutschland in die Welt gekommen sind, vielleicht doch nicht ganz mit »bald schon 60 Jahren vorbei« sind. Mitnichten soll dabei die Aufbauleistung der Generation von Schmidt ungewürdigt bleiben. Aber was da aufgebaut werden musste, war eben das, was sich aus der »Nazi-Scheiße« der Generation seiner Eltern und eben auch seiner Generation ergeben hatte. Warum schließt übrigens die Aufbauleistungen seiner Generation das große Schweigen zwischen den Generationen aus? Beides ging gut zusammen: Restauratives Klima der Adenauer-Ära und Wirtschaftswunder. Das kann dem Altbundeskanzler doch nicht entgangen sein.

Vor fünf Jahren suchten Sie die »Edelstammtische« der Linksliberalen in der »Berliner Republik« auf und unterzogen die »Plaudereien« namhafter Protagonisten – Martin Walser, Hans-Ulrich Wehler und Hans Magnus Enzensberger – einer kritischen Betrachtung: Was Sie vorfanden, reichte von einem »selbstgefällig verjammerten Nicht-mehr-hinschauen-Können« auf die »Dauerpräsentation unserer Schande« über eine unverhohlene Relativierung nazistischer Altlasten bis zur »wohlgefällig-süffisanten Absegnung des Kapitalismus« und Banalisierung der Armut. Bald darauf hatten dann grüne Politiker keine Einwände mehr gegen menschenquälerisches Brauchtum – den Einsatz von Brechmitteln gegen mutmaßliche Dealer. Für solche antiemanzipatorischen Entgleisungen ist doch das rechte Lager originär zuständig?

Wenn es stimmt, dass das Sein das soziale, mithin das politische Bewusstsein bestimmt, dann braucht man sich auch nicht darüber zu wundern, wenn ehemals kritische Linke sich wandeln, sobald sie zur politischen Klasse geworden sind, dabei aber noch immer ihr linkes kulturelles Kapital links-selbstgerecht einzusetzen verstehen – so etwa der grüne Außenminister, der nicht nur »Nie mehr

Krieg!«, sondern eben auch »Nie mehr Auschwitz!« gelernt hat. Dass dabei das über den Einsatz deutscher Soldaten bei Auslandsmilitäraktionen verhängte Tabu – immerhin auch eine Art »Lehre« aus der militaristischen deutschen Vergangenheit – gerade von ihm, dem Ex-Linken, durchbrochen wird, erklärt sich aus dem Sachzwang seiner neuen ministerialen Realität, vielleicht aber auch durch die längst herbeigewünschte Loslösung von der alten Gesinnung, die sich nunmehr machtherrschaftlich wie von selbst anbietet. Bei Politikern weiß man indes, was man diesbezüglich zu erwarten hat. Schlimmer sieht es da mit den Intellektuellen aus, jenen, von denen man erwarten sollte, dass sie sich ihr kritisches Bewusstsein »freischwebend« erhalten können sollten. Aber vielleicht erweist sich ja gerade an ihnen, dass eben nicht Karl Mannheim, sondern in letzter Instanz wohl doch Karl Marx recht hatte: Das Sein der neuen Berliner Republik bestimmt halt doch auch das Bewusstsein jener, die sich früher mit »Deutschland« ach so schwer getan hatten. Günstig ist es allemal: Es gibt ja wohl auch bei diesen leicht angealterten Herren ein Stück Generationsschuld abzutragen. Man hätte sich halt nur gewünscht, sie wären mit dieser letzten Last etwas würdevoller umgegangen.

Ruth Klüger äußerte in ihrem Buch »weiter leben« scharfe Kritik an der, wie sie sagt, »Museumskultur« der KZ-Gedenkstätten. Sie sagte, wer dort etwas zu finden meine, habe es wohl schon im Gepäck mitgebracht. Sie kritisierte die Trennung von Einst und Jetzt, die absolute Trennung von Opfern und Beschauern, die nicht der Wahrheit, sondern der Faulheit diene.

Ich glaube, Ruth Klüger ist eine extrem gescheite Frau. Auch ich habe, wiewohl mit nicht ganz so großem lebensgeschichtlichen Anrecht, meine großen Probleme mit besagter »Museumskultur«. Für mich versteht sich Gedenkkultur ohnehin in erster Linie als eine auf Gegenwart, vor allem aber Zukunft gerichtete Versenkung ins Gewesene. Zu fragen bleibt gleichwohl, wie man mit der Gewissheit umgeht, dass nichts am Vergangenen entschuldet bzw. – wie es im Deutschen ganz besonders gruselig heißt – wiedergutgemacht werden kann. Legt uns das unumgängliche Wissen darum nicht doch zwangsläufig eine Trennung von Einst und Jetzt, von Opfern und Beschauern auf? Was man nur hoffen kann, ist, dass die objektive Unabänderlichkeit der Unfähigkeit zur Wieder-Holung – auch hier denke man an Benjamins Angelus Novus – zumindest reflektiert wird. Ganz schlimm wird es aber mit der ideologischen Fetischisierung der Gedenkstätte und des Gedenkstättenbetriebs. Was da alles im Rahmen der organisierten Polenfahrten israelischer Schulen angerichtet worden ist, lässt sich kaum beschreiben. Bei aller Erschütterung der Jugendlichen lässt sich dabei die verdinglichende Indoktrination, aber auch eine Dimension perversen Lustgewinns nicht ignorieren. Da wird einem erst richtig klar, was Adorno seinerzeit mit dem dann doch zurückgenommenen Diktum meinte, nach Auschwitz ließe kein Gedicht sich mehr schreiben.

Sie sprechen in Ihrem Buch »Zweierlei Holocaust« am Beispiel des Films Schindlers Liste und seinen »kathartischen Zwecken« (»er wirkt gut«) und »mimetischer Fixierung« (»realistische Darstellung des ›dort‹ Geschehenen«) das Problem der »unterhaltenden Veralltäglichung« an. Werfen nicht schon die »originalen Stätten des Grauens« dieses Problem auf?

Ja, wie schon in der Antwort zur vorhergehenden Frage gesagt, ist für mich genau das eines der zentralen Probleme des Gedenkstättenbetriebs. Das will allerdings wohlverstanden sein: Ich plädiere nicht für eine Abschaffung der Gedenkstätten – schon deshalb nicht, weil ich den Verdacht hege, dass diese Idee einen stürmischen Beifall von allen erdenklichen falschen Ecken in Deutschland erhalten könnte –, sondern rede einem kritisch-reflektierten Umgang mit ihren gängigen Praktiken das Wort. Wie das zu bewerkstelligen wäre, darüber müsste man sich mal systematisch Gedanken machen.

Die israelische Künstlerin Meira Asher hat in einem ihrer Stücke einen besonders hässlichen Aspekt der Popularisierung der Shoah thematisiert: In »Weekend Away Break« lädt sie ihr Publikum zu einer Erholungsreise in das »Ferienlager Birkenau« ein: Sauna, Inhalieren und Krematorium – alles inklusive. Das ist zwar eine drastische Überzeichnung, aber dass Touristen sagen, sie kämen nach München, um das Oktoberfest, ein Spiel vom FC Bayern und Dachau zu erleben, ist ganz normal. Die »originalen Stätten des Grauens«, die hochgradig mit Erinnerungspathos aufgeladen sind, bedienen den Erlebnishunger, häufig sogar die Sucht nach Thrill, eben danach, risikolos eine Affäre mit dem Grauen zu haben. Ist unsere Wahrnehmung derart kulturindustriell verdorben, die aggressive Kommerzialisierung der Shoah so weit fortgeschritten, dass diese Art der Holocaust-Rezeption nicht mehr abwendbar ist oder sich sogar noch mehr durchsetzen wird?

Zunächst mal: Ja, unsere Wahrnehmung ist kulturindustriell durch und durch kontaminiert, und zwar nicht nur in Bezug auf die Shoah, sondern in allen Lebensbereichen. Es gibt heute kaum noch eine Nische, kaum noch eine

Pore des Alltags, die nicht von der monströsen Überschwemmung kulturindustrieller Reize, wenn schon nicht vollends geprägt, so doch arg beeinflusst wäre. Alles, Hungerkatastrophen, Kriege, aber auch unsere Sexualität und Erotik, unser Glaube und der alltägliche Umgang miteinander sind zunehmend kulturindustriell affiziert. Davon kann die Shoah-Rezeption nicht ausgenommen sein. Dass dabei Heteronomes bedient wird, hatte, wie gesagt, bereits Adorno zur Sprache gebracht. Dass es aber so schlimm kommen würde, hatte selbst er nicht ahnen können. Was Meira Asher thematisiert hat, ist auch einem israelischen Satire-TV-Team (Ha'chamischia ha'kamerit) übel aufgestoßen. Es entstanden geniale Sketche, die die Instrumentalisierung der Shoah und ihre kulturindustrielle Rezeption mit allerbissigstem Sarkasmus kritisierten. In den neunziger Jahren konnte man in Israel damit noch gut umgehen. Fraglich, ob dies heute noch so möglich wäre. Was mir besonders schlimm zu sein scheint, ist die Veralltäglichung des Unsäglichen, die totale Profanierung dessen, was man andererseits unentwegt als einzigartig verstanden wissen möchte. Es stimmt schon, die Shoah ist »populär« geworden, ihre Rezeption fast durchweg verdinglicht worden.

Eines der Hauptargumente der Befürworter des Irak-Krieges lautete: Das Saddam-Regime stellt eine existenzielle Bedrohung für Israel dar. Die deutschen Friedensmarschierer haben diesen Gesichtspunkt praktisch unberücksichtigt gelassen. Nehmen Sie das der Friedensbewegung übel – vor allem vor dem Hintergrund, dass die ernsthaft mit Entpolitisierungstendenzen zu kämpfen hat? Viele Demonstranten machten schlichtweg den Eindruck, als ob sie keine Lust hatten, darüber nachzudenken, warum sie gegen den Krieg sind?

Das sind zweierlei Fragen: Was deutsche Demonstranten bei ihrer Aktion anlässlich des vor einigen Monaten abgelaufenen Irak-Krieges politisch bzw. ideologisch bewogen hat, müsste man vielleicht in der Tat tiefer untersuchen. Ich habe da keine eindeutige Meinung, hoffe aber doch, dass sich bei vielen der Antikriegsimpuls durch reale Analyse fundiert und von einem genuin deutschen Antikriegspathos gespeist wird, das ich noch immer sehr wohl zu schätzen weiß, nach allem, was deutsche Kriegsfreudigkeit im 20. Jahrhundert angerichtet hat. Man kann freilich davon ausgehen – und das stimmt weltweit –, dass Demonstranten sehr oft nicht sonderlich reflektiert sind, mithin aus gaudihaftem Mitläufertum dabei sind, was mich, wenn's denn in der Sache stimmt, auch nicht sonderlich stört. Die zweite, ganz andere Frage ist, ob der Irak tatsächlich eine existenzielle Bedrohung für Israel dargestellt habe. Nicht nur muss man bis zum heutigen Tag den konkreten Beweis dafür erbringen – was übrigens überhaupt an der Zeit wäre, wenn man bedenkt, mit welchen erklärten Kriegszielen die Amerikaner in der Krieg gezogen sind –, sondern ich glaube, dass es in der sich herausbildenden *balance of terror* heute keinen Staat im Nahen Osten gibt, der es wagen würde, Israel in seiner Existenz zu bedrohen, ohne dabei zu riskieren, seinen eigenen Untergang mitbesiegelt zu haben.

Während des zweiten Golfkrieges mussten sich die Israelis mit einer – um es mit Ihren Worten zu sagen – »Konstellation von deutschem Gas, abgedichteten Zimmern, Gasmasken und aus dem Nichts kommenden Langstreckenraketen« auseinandersetzen und gerieten aus verständlichen Gründen in Panik. Sie kritisierten damals, dass die israelische Presse in diesem Zusammenhang »allerschlimmste Trivialisierung und Banalisierung des Holocaust« betrieben habe. Wie haben sich die israelischen Medien vor und während des dritten Golfkriegs verhalten? Wie hat die Bevölkerung reagiert?

Die israelische Presse schien, mit winzigen Ausnahmen, wie »gleichgeschaltet«: Eine von »Spezialisten«, »Fachleuten« und »Kennern« manipulierte Kriegseuphorie bei gleichzeitigem Alarmismus hinsichtlich der Israel drohenden Gefahren. Es gab im Vorfeld einige Besorgnis in der Bevölkerung, die freilich in nichts mit dem zu vergleichen war, was sich 1991 zutrug, eine Besorgnis, die von den Massenmedien weidlich ausgeschlachtet wurde, zum großen Teil natürlich, um ihr kulturindustrielles Medienereignis zu inszenieren. Aber ich muss sagen, dass sich die Bevölkerung nach der anfänglichen verständlichen Besorgnis sehr bald beruhigte und beeindruckend rational verhielt. Was man von den meisten Medien ganz gewiss nicht und von der von oben gesteuerten Politik nur zum Teil behaupten kann.

Welche Auswirkungen hat die Zerschlagung des Saddam-Regimes auf das gesellschaftliche Klima in Ihrem Land, die Innenpolitik und den Friedensprozess zwischen Israelis und Palästinensern? Fühlen sich die Israelis jetzt sicherer?

Die Zerschlagung des Saddam-Regimes hat keinerlei Auswirkung auf das gesellschaftliche Klima in Israel gezeitigt, denn das Saddam-Regime hat nie einen ernstzunehmenden Einfluss auf dieses Klima ausgeübt. Man muss das verstehen: Wenn man von der israelischen Sicherheitsfrage spricht, dann hat das für die meisten Israelis eher etwas mit dem Konflikt zwischen Israelis und Palästinensern zu tun, nicht so sehr – jedenfalls nicht im Alltagsbewusstsein – mit den großen, künftigen geopolitischen Veränderungen in der Region. Natürlich ist niemand hierzulande glücklich über Nachrichten, die die potenzielle nukleare Bewaffnung Iraks oder Irans betreffen. Aber sie haben nicht sehr viel mit der akuten Empfindung des konkreten bzw. naheliegend realen Bedrohtseins zu tun. Und selbst bei den konkreten Bedrohungen scheinen, fürchte ich, viele Israelis mittlerweile zunehmend abzustumpfen. Der Ausgang des Irak-Krieges hat meines Erachtens nicht sehr viel an diesem Grundzustand verändert.

In deutschen Zeitungsberichten war mit Verweis auf amerikanische Senatsquellen zu lesen, dass seitens der USA in dieser Bush'schen Regierungsära keine grundlegende Nahost-Initiative geplant sei. Wird sich Ihrer Meinung nach der mörderische Zustand zwischen Israelis und Palästinensern fortsetzen?

Eine Prognose über den Nahen Osten, den Israel-Palästina-Konflikt zumal, geben zu wollen, ist stets sehr riskant. Bei allen strukturellen Weichenstellungen, deren Herausbildungen man seit Jahrzehnten verfolgen kann, spielt doch auch immer so viel Kontingentes mit hinein, dass sich Dinge oft innerhalb kurzer Zeit ändern und wenden können – zumeist freilich zum Schlechten. Ich glaube zunächst in der Tat nicht, dass sich die Administration Bushs sonderlich um den Israel-Palästina-Konflikt schert; dieser steht, soweit ich das sehen kann, nicht auf ihrer Agenda. Überhaupt vertrete ich schon lange die Ansicht, dass das Engagement der USA im Nahen Osten nicht von einem – wie immer auszulegenden demokratischen, zivilgesellschaftlichen oder sonstigen westlich-modernen – emanzipatorischen Impuls herrührt, sondern vornehmlich mit geopolitischen Hegemonialinteressen im Hinblick auf die Herausbildung globaler Machtblöcke im 21. Jahrhundert zu tun hat. Vom Standpunkt der amerikanischen Politik können sich Israelis und Palästinenser niedermetzeln, solange sie nicht besagte Interessen der USA gefährden. Die Tragödie ist allerdings die, dass Israelis und Palästinenser sich offenbar als unfähig erweisen, ihren Konflikt selbst zum friedlichen Abschluss zu bringen, mithin der Intervention von außen für diesen Zweck dringend bedürfen. Das hängt zum einen mit den zentralen Fragen zusammen, die bei einer finalen Lösung des Konflikts nicht ignoriert werden können – dem Rückzug aus den besetzten Gebieten, dem Abbau der Siedlungen, der Lösung der Jerusalem-Frage und der Erörterung des Rückkehrrechts der Palästinenser. Zum anderen scheint sich aber der innergesellschaftliche und -politische Zustand sowohl Israels als auch Palästinas solchermaßen polarisiert zu haben, dass kein israelischer oder palästinensischer Führer seiner jeweiligen Bevölkerung eine radikale Lösung des Konflikts anbieten kann, ohne dabei seine eigene politische Karriere – und vielleicht noch mehr als das – aufs Spiel zu setzen. Solange dies die Grundsituation ist, fürchte ich in der Tat, dass sich der mörderische Zustand zwischen Israelis und Palästinensern fortsetzen wird. Er ist grauenhafterweise das Einzige, was die beiden Kollektive noch aneinander kittet.

Sollten die USA ihren »Kreuzzug« bzw. Druck gegen Syrien und auch gegen Jordanien fortsetzen, kann der Hass gegen Amerika und Israel in dieser Hemisphäre nur zunehmen? Welche Wege gibt es aus diesem Dilemma?

Ich glaube nicht, dass die USA etwas gegen Jordanien planen. Selbst bei Syrien bin ich mir nicht ganz so sicher, weil ein solcher Angriff – im Gegensatz zu dem gegen den Irak – vielleicht doch in einen regionalen Krieg mit unvorhersehbaren Folgen ausarten könnte. Sie postulieren ein Dilemma, als stelle der von Ihnen so genannte Kreuzzug die einzige Möglichkeit einer amerikanischen Einflussnahme in unserer Region dar. Das sehe ich nicht so. Allerdings muss man sagen, dass sich in der gegenwärtigen US-Administration eine Auffassungs- und Gesinnungskonstellation hergestellt hat, die sich offensichtlich herzlich wenig um ihr Image in der islamischen Welt kümmert. Es handelt sich um ein neues – nun ja, letztlich uraltes – Machtkonzept, bei dem das brachiale Durchgreifen nicht nur nicht mehr als letztes verbleibendes Mittel verstanden wird, sondern ganz im Gegenteil zum gängigen Prinzip avanciert ist. Man muss heute total umdenken: Die gesamte internationale politische Kultur seit 1945, alles, was in der Nachkriegsära völkerrechtlich global erarbeitet worden war, ist zugunsten der im hegemonialen Selbstverständnis der einzig verbliebenen Weltmacht angelegten Gewaltpolitik zusammengebrochen. Es gibt momentan einfach niemanden in der Welt, der ein ernstzunehmendes Gegengewicht zu den USA darstellen könnte. Der Hass gegen die USA dürfte sie nicht sonderlich stören, solange sie ihre reale Macht ausüben können und sich dabei noch wie Botschafter von Fortschritt und Emanzipation vorkommen dürfen. Was nun das Hasspotenzial gegen Israel anbelangt, da ließe sich mit ganz anderen Mitteln Hilfe schaffen bzw. tendenzielle Abschwächung des Ressentiments bewirken, nämlich mit der Beendigung der Okkupation und einem ehrlich gemeinten Einstieg in einen Prozess zur endgültigen Beilegung des Konflikts. Dies zu erhoffen, scheint mir momentan freilich aus oben genannten Gründen fast völlig unangemessen zu sein.

In einem vor ein paar Monaten in »Der Zeit« erschienenen Gespräch mit dem palästinensischen Kulturminister Zaid Abu Amr war der erst auf wiederholte Nachfrage bereit, das Wort »Frieden« überhaupt in den Mund zu nehmen. Er will sich kulturell nach Europa orientieren. Den kulturellen Kräften und den Intellektuellen, die einen Dialog zwischen israelischen und palästinensischen Künstlern in Gang setzen könnten, vertraut er offenbar gar nicht. Ist in den vergangenen fünf Jahren jede Gesprächsbereitschaft, die damals noch feststellbar war, erstorben? Wie sehen das israelische Künstlerinnen und Künstler?

Warum sollte denn auch Zaid Abu Amr das Wort Frieden in den Mund nehmen? Was an der momentanen Entwicklung indiziert, dass auf israelischer Seite ein Frieden, der eben auch seinen Preis im oben ausgeführten Sinne hätte, überhaupt gewollt wird? Wenn der palästinensische Kulturminister kein von deutschen Journalisten initiiertes, hohles Lippengebet aufsagen soll, dann tut er sehr gut dran, das ernst gemeinte Wort »Frieden« sehr vorsichtig in den Mund zu nehmen. Das sage ich grundsätzlich, ganz unabhängig von den innerpalästinensischen Zwängen, die das Zögerliche an des Ministers Aussagen mitbestimmt haben mögen. Was nun den Dialog zwischen israelischen und palästinensischen Künstlerinnen und Künstlern anbelangt, so gibt es ihn durchaus. Es ist halt nur bezeichnend, dass bei mindestens drei Veranstaltungen, an denen ich im vergangenen Jahr partizipierte, Veranstaltungen, die von israelischen und palästinensischen Künstlerinnen und Künstlern gemeinsam im Ausland bestritten werden sollten, die Teilnehmer aus Palästina nicht erscheinen konnten, weil ihnen die Ausreise durch die israelischen Militärbehörden entweder verweigert oder erschwert worden war. Es gab natürlich auch Fälle, in denen palästinensische Künstlerinnen und Künstler die Teilnahme an einer gemeinsamen Ausstellung bzw. Veranstaltung mit Israelis verweigerten, weil sie nicht den Anschein der Kollaboration erwecken wollten, wo die palästinensische Gesamtbevölkerung harscher israelischer Repression ausgesetzt ist. Ich glaube, das sollte man nachvollziehen können. Vonseiten der israelischen Künstlerinnen und Künstler besteht zumeist eine hohe Bereitschaft zur Kooperation mit palästinensischen Kollegen, ein Umstand, der sich damit erklären mag, dass die allermeisten von ihnen politisch links eingestellt und friedensbewegt sind.

Ist Kultur als Ausgangspunkt für einen Dialog im gegenwärtigen Stadium und in der nahen Zukunft nur noch eine Schimäre? Wie wird das in Israel gesehen?

Kultur als Ausgangspunkt für einen Dialog ist nur dann eine Schimäre, wenn der Dialog realpolitisch, ökonomisch und lebensweltlich nicht wirklich stattfindet, was ich für den momentanen Zustand zwischen Israel und Palästina durchaus behaupten würde. Zugleich möchte ich aber darauf hinweisen, dass es gerade in dunklen und hoffnungsarmen Zeiten eine Kontinuität, und sei's eine noch so bescheidene, zu wahren gilt, gleichsam als fahlen Silberstreif am Horizont. Wir unterhalten seit etwa sechs, sieben Jahren eine Arbeitsgruppe von israelischen und palästinensischen Intellektuellen und Gelehrten. Wir haben uns selbst in den schlimmsten Zeiten der im Rahmen der Intifada auf beiden Seiten stattgefundenen Barbareien nicht beirren lassen, und selbst dann, wenn wir physisch nicht zusammenkommen konnten, den Kontakt weiterhin gewahrt. Dass wir dabei nichts an der Gesamtstruktur der Barbarei verändert haben, versteht sich von selbst. Dennoch wird, meine ich, mit dieser trotz widrigster Umstände und perennierenden Leids fortgesetzten Kooperation auch ein Stück Hoffnung weitergetragen. Eine Schimäre – ja, aber eben auch eine Stück Gegenentwurf.

Israelische Linke, die mit den Palästinensern Frieden schließen und dafür auch Zugeständnisse machen wollen, werden in Deutschland hart attackiert. »Konkret« unterstellt dem Mitbegründer der Friedensorganisation Gush Shalom Uri Avnery und anderen, dass er die »Lynchmorde palästinensischer Terroristen gutheißt«. Ihnen wird von anderen Kritikern bescheinigt, nicht das wahre Motiv der Selbstmordattentäter erkannt zu haben, nämlich »Vernichtungsantisemitismus«. Sie würden die reale Gefahr, in der Israels Bewohner schweben, banalisieren, indem Sie fahrlässig die existenziell notwendige Sicherheitsideologie durch einen freundlichen Diskurs verflüchtigen. Sie scheinen ein leichtsinniger Mensch zu sein. Teilen Ihre israelischen Kritiker die Meinung der deutschen oder gehen die noch weiter?

Meine deutschen Kritiker aus der antideutschen Ecke kommen mir immer lächerlicher vor. Sie sind fest entschlossen, ihren hitzigen deutschbefindlichen ideologischen Kampf in Deutschlands Norden bis zu unserem letzten Blutstropfen im Nahen Osten durchzufechten. Ganz gesinnungsfest sind sie dabei: antideutsch = proisraelisch = antiislamistisch. Eine kurzschließende Idiotie, die mit linkem Denken gar nichts mehr zu tun hat. Das Erschütterndste dabei ist, dass sie zumeist von Israel, von Palästina und vom Nahen Osten nicht den blassesten Schimmer haben. Einige von ihnen waren noch nie in Israel. Andere geben offen zu, dass sie Israel gar nicht interessiert. Was sie interessiert, ist Deutschland bzw. Deutschlands Vergangenheit, die sie immer noch aufzuarbeiten bemüht sind. Das ist natürlich honorig; was sich dabei aber immer wieder herausstellt, ist, dass »Israel« und »Juden« für sie nichts als Projektionsflächen sind, abstrakte Begriffe, die sie für ihre innerdeutschen Grabenkämpfe vereinnahmen. Dabei entpuppt sich ihr rigoroser Philosemitismus als das, was er immer schon war, nämlich verkappter Antisemitismus mit prophylaktischer Gegenwertigkeit. Wo Juden abstrahiert werden, da werden sie sehr bald auch verdinglicht. Und verdinglichtes Denken, sollte man meinen, müsste doch diese Leute am allermeisten alarmieren. Die israelische Historikerin Shulamit Volkov hat vor gut zwanzig Jahren vom Antisemitismus als kulturellem Code gesprochen. Es wäre an der Zeit, diese Konzeption um den Philosemitismus als kulturellen Code zu erweitern. Ich brauche keine Nachhilfestunden von Deutschen – welcher Gesinnung und ideologischer Couleur auch immer – in Sachen Antisemitismus. Ganz bestimmt brauche ich ihre Glaubenssätze in Dingen der israelischen Sicherheit nicht. Ich lebe in diesem Land, nicht sie. Diese Leute haben doch keine Ahnung davon, wie die vermeintliche »existenziell notwendige Sicherheitsideologie« zu einer rabiaten Ideologie barbarischer Okkupationspolitik verkommen ist; wie »Auschwitz« zum Fetisch entartet ist, der mit Auschwitz und seinem Andenken nichts mehr zu tun hat. Diese Leute müssen aber auch in diesen Kategorien denken, denn wenn sie »Auschwitz« nicht als Argument hätten, entstünde doch in ihrer Beziehung zu »Juden« und zu »Israel« ein schwarzes Loch. Diese Leute begreifen auch nicht, dass niemand heute Israel noch existenziell bedrohen kann, ohne dabei seinen eigenen Untergang mitzubeschließen; dass Israel den Frieden zum Überleben braucht, nicht weil es existenziell bedroht ist, sondern weil sich die Perspektive künftigen humanen Lebens in ihm immer nebulöser, immer verzerrter ausnimmt. Uri Avnery hat das vor Jahren schon begriffen. Seine antideutschen Kritiker werden es nie begreifen. Sie sind zu sehr selbstverliebt.

Welche Reaktionen haben Sie in Israel auf Ihre Kritik der israelischen Mythenfabrikation geerntet, die Sie unter anderem in »Zweierlei Holocaust« ausführlich dargelegt haben?

Es kommt darauf an, von welcher Seite. Von Gesinnungsgenossen waren und sind es gute, für neue Erkenntnisse dankbare Reaktionen, von lernwilligen Andersdenkenden ernstzunehmende, teils fruchtbare, teils authentisch ambivalente Entgegnungen. Von den Gegnern im rechtskonservativen und rechtsradikalen Lager habe ich viel Hass geerntet; für die bin ich ohnehin ein Verräter, allein schon dadurch, dass ich mich mit »Deutschen« abgebe und auf »Deutschland«

einlasse. Mit wem sich die Leute dieser Kategorie übrigens bestens verstehen würden, ist mit den Antideutschen – beide zeichnen sich durch die gleiche Denk- und Argumentationsstruktur aus.

Jüngst sagten Sie: »Kaum hat man hier angefangen, über Israel und die Juden zu reden, sind die Deutschen bei sich.« Sie müssen immer wieder daran erinnern, dass Israel nicht nur die Matrix für eine Auseinandersetzung in Deutschland abgibt, um mit dem historischen Belastetsein fertig zu werden, sondern auch einen eigenen politischen Alltag, seine eigene Realität hat. Ist diese narzisstische Regression auf die Bewältigung der eigenen Vergangenheit in Israel auch so stark ausgeprägt? Bedürfen nicht die Opfer und Täter sowie ihre Nachkommen einander, um gemeinsam aufzuarbeiten, zu bewältigen, und zwar in dem Sinne, dass das Wesen des Holocaust (an)erkannt und der »neue kategorische Imperativ« eine Chance hat, wirkmächtig zu werden? Oder ist es für so einen intensiven Dialog zwischen den politischen Kulturen Israels und Deutschlands noch zu früh oder schon zu spät?

Natürlich ist man in Israel mit der eigenen Vergangenheit nicht minder beschäftigt als Deutsche mit der ihren, wobei allerdings in Israel, bedingt durch die eigentümliche Entstehungsgeschichte der Gesellschaft, die Vergangenheitsmatrix heterogener strukturiert ist als in Deutschland: Allein schon die Gruppierungen aschkenasischer und orientalischer Juden, Juden aus der ehemaligen Sowjetunion und aus Äthiopien sowie die in Israel lebenden Araber ergeben ein aus unterschiedlichen Elementen zusammengesetztes Vergangenheitsmosaik; man sollte davon absehen, eine einheitliche Gesamtvergangenheit zu postulieren. Insofern die »jüdische Vergangenheit« dennoch homogenisiert worden ist, hatte dies weitgehend mit nationalen ideologischen Interessen des zionistischen Narrativs zu tun. Hierbei spielte und spielt natürlich »Deutschland« eine zentrale Rolle, namentlich bei der Shoah-Kodierung der staatsoffiziellen »Vergangenheit des jüdischen Volkes«. Aber dieses Moment der Projektion, welches in Israel tatsächlich dazu führt, dass man »Deutschland« nahezu immer durch die »Shoah-Brille« anvisiert, bezieht sich selten auf aktuelle Probleme des deutschen Lebens, etwa die Nachfolgeerscheinungen der Wiedervereinigung oder der Europa-Politik. Darin unterscheidet sich meines Erachtens die spezifische israelische Projektion von der deutschen. Dass gleichwohl beide Kollektivgedächtnisse einander idealtypisch bedürfen, um sich selbst zu strukturieren, kann in der Gesamttendenz nicht bezweifelt werden.

Was nun den von Ihnen angesprochenen Dialog anbelangt, so gibt es den zwar in Ansätzen – etwa in der verdienstvollen Arbeit eines Dan Bar-On –, und dennoch würde ich nicht so weit gehen, zu behaupten, die politischen Kulturen beider Länder hätten sich im Sinne der von Ihnen positiv angesprochenen Wechselseitigkeit so durchwirkt, dass man zu einer gemeinsamen Erkenntnis des Wesens der Shoah gelangt wäre, oder gar der »neue kategorische Imperativ« sich als gemeinsame Matrix der Vergangenheitsaufarbeitung erwiesen hätte. Soweit ist es lange noch nicht. Fraglich, ob es jemals dazu kommen könnte.

Sie stellen immer wieder unmissverständlich klar, dass die Gewalt der Nazis gegen die Juden und die des israelischen Staates gegen die Palästinenser nicht vergleichbar ist. Sie erinnern aber auch – in Anlehnung an Max Horkheimer – eindringlich daran, dass »die Weigerung, Gewalt als Argument der Wahrheit anzuerkennen ein durchgehender Zug in der Geschichte des jüdischen Volkes« sei. Fürchten Sie, das von den Nazis so emphatisch gehasste »Jüdische«, welches von den Diaspora-Juden, den Opfern des Holocaust, verkörpert wurde, könne ausgerechnet in Israel in einem Zyklus von Gewalt und Gegengewalt ausgelöscht werden? Wird Israel von der mörderischen Vernichtungslogik der Nazis verfolgt und eingeholt?

Das ist in der Tat die für mich schmerzhafteste Frage, die Sie bisher gestellt haben. Dabei geht es nicht nur um den an sich schon barbarischen Gewaltzirkel, in welchen sich mein Land über Jahrzehnte, nicht zuletzt, wenn auch nicht ausschließlich, aus eigenem Verschulden, hineingewirbelt hat, auch nicht nur darum, dass es anderen so viel Leid zugefügt hat – das sind natürlich die akutesten Auswirkungen, deren politischer Handhabung momentan auch vordringlich Aufmerksamkeit gewidmet werden muss. Es geht auch nicht nur um den indirekten Sieg Hitlers, um die ideologischen Reaktionen auf die von ihm an den Juden und am Judentum verursachten Verstümmelungen und deren politisch-militärischen Umsetzungen. Es geht mir dabei auch, wie Sie es ja mit dem Horkheimer-Zitat indizieren, um das historische Entschwinden eines Judentums, dem ich mich verpflichtet weiß, ein Judentum, das aus seiner geschichtlichen Realität des Verfolgtseins auch ein Stück überjüdische Menschlichkeit hat entstehen lassen; ein Judentum, das bei aller Insistenz auf die Selbsterhaltung auch das Hybride im Umgang mit dem »Anderen« (zumindest kulturell) praktiziert hat; ein Judentum, das die Leiderfahrung, gekoppelt mit der messianischen Zuversicht, wie sie sich noch bei einem Walter Benjamin erhalten hat, zu einer universellen regulativen

Idee menschlicher Emanzipation hat werden lassen. Der Zionismus – oder sagen wir lieber: dominante Strömungen in ihm, übrigens aus historisch teils nachvollziehbaren Gründen – hatte mit diesem Judentum nichts mehr am Hut. Er wollte es überwinden, es negieren, den »Neuen Juden« schaffen, den diasporischen überwinden. Das historische Ergebnis ist – neben vielem anderen, durchaus auch positivem –, dass wir heute eine schlagfertige Armee haben. Aber traurig ist es im »Land der Juden«, sehr traurig.

Sie sind mit der Generation aufgewachsen, die den »Vatermord« begangen hat, und Sie sind von der Frankfurter Schule erzogen worden. Sie sagten einmal, Sie seien seit einem Vortrag Adornos, den Sie als junger Mann in der Musikhochschule besucht haben, für den Rest Ihres Lebens erschüttert.

Naja, von Erschütterung für den Rest des Lebens würde ich nicht reden wollen – mir reicht es durchaus, zu sagen, dass ich von Adornos Denken zu allertiefst geprägt worden bin. Ich muss auch ganz ehrlich gestehen, dass ich den »Vatermord« Adorno gegenüber bis zum heutigen Tag noch nicht vollzogen habe; ich halte ihn weiterhin für einen der größten, für mich in vielerlei Hinsicht noch immer brandaktuellen Denker des 20. Jahrhunderts. Den von Ihnen vielleicht gemeinten anderen »Vatermord«, nämlich den der Achtundsechziger-Generation an ihren Eltern aus der Tätergeneration begangenen, musste ich gar nicht vollziehen – ich war ja ein in Israel geborener, im Westdeutschland der sechziger Jahre aufgewachsener Jude, Sohn polnischer Holocaust-Überlebender. Für mich und meinesgleichen stellten sich ganz andere »Vatermord«-Probleme.

Welche waren das?

Tja, mit welchen Vatermord-Problemen hat sich unsereins aus der so genannten jüdischen »Zweiten Generation« herumgeschlagen? Auf der makroideologischen Ebene handelt es sich zweifellos um den vom Zionismus an der diasporischen Stetl-Welt der Juden Osteuropas begangenen »Mord«, also um die nationale Revolution gegen das diasporische, größtenteils noch religiös getragene »Vaterhaus«, eben die realhistorische Verwirklichung der »Negation der Diaspora«. Die ideologische Rebellion gegen das traditionelle Elternhaus stand aber nicht im luftleeren Raum, sondern hatte, wie gesagt, kollektiv-nationale Auswirkungen. Nach 1945 kam noch ein weiteres gravierendes Moment hinzu: Die arrogant-ignorante Begegnung der nach dem Krieg, mithin bereits in Israel geborenen und aufgewachsenen Generation mit ihren Eltern, eine Begegnung, die in der bis heute unerhört gebliebenen Frage kulminierte: »Wie konntet ihr euch wie Vieh auf die Schlachtbank führen lassen?« Ohne dies hier tiefer elaborieren zu können, stellt für mich diese Frage, psychoanalytisch betrachtet, ein Paradigma für den »Vatermord« dieser (meiner) Generation dar: Nach der realen Vernichtung der Generation der Eltern wurde gleichsam noch einmal symbolisch »vatermordend« nachgesetzt. Die zionistische Ideologie bedurfte dieser Haltung für ihre eigenen Zwecke. In der Privatsphäre wurde sehr oft geschwiegen.

Abgesehen von der Tatsache, dass, sobald Adorno seinen Mund aufmachte, druckreife Bücher herauskamen: In welchen Punkten fühlen Sie sich seinem Werk am meisten verbunden? Ist es der »neue kategorische Imperativ«, wie Adorno es ausdrückte, den Hitler der Menschheit aufgezwungen hatte – vielen wäre er vielleicht nie bewusst geworden, wenn es Adorno nicht gegeben hätte?

Adornos Werk fühle ich mich vor allem in seiner Ausrichtung auf die Emanzipation des Menschen verbunden, wobei freilich diese emanzipative Gesinnung nicht mehr die unbefangen fröhliche der klassischen Aufklärung sein kann. Auschwitz hat in dieser Hinsicht in der Tat zivilisationsbrüchige Zeichen gesetzt, die nun aber nicht als Endpunkt allen emanzipativen Denkens und Handelns gesetzt werden sollen, sondern eben als eine Art Matrix mitgedacht bzw. -reflektiert werden müssen, eben das, was in der Passage des »neuen kategorischen Imperativs« so schlicht und zugleich genial formuliert worden ist. Damit eng verschwistert ist für mich ein anderer Denk- und Forschungsbereich Adornos und anderer Denker der Frankfurter Schule höchst bedeutsam geworden, nämlich die Theorie des autoritären Charakters, die meines Erachtens bis zum heutigen Tag höchste Relevanz, sowohl in der Soziologie des Alltags als auch in der Analyse der Wirkmächtigkeit politischer Ideologien und sich globalisierender kultureller Praktiken, beanspruchen kann. Für nahezu brandaktuell – vielleicht noch aktueller als zu Adornos Zeit selbst – halte ich die Kulturindustriethese, von der ich allerdings meine, dass sie sich mittlerweile über weit umfassendere Lebensbereiche erstreckt als die, die gängigerweise der Sphäre der Kulturindustrie zugeschlagen worden sind. Im Übrigen meine ich auch, dass der Begriff des autoritären Charakters mit dem der Kulturindustrie neu überdacht und erweitert werden sollte. Ob sich freilich etwas von Adornos Kunstautonomie-Konzept längerfristig halten lässt, ob mithin die innerkünstlerische Gesamttendenz der späten Moderne bzw. Postmoderne nicht die allmähliche Überlebtheit dieses Konzepts indizieren, müsste neu reflektiert und erörtert werden. Ich selbst verfechte noch immer das dialektische Konzept der Kunstautonomie, zumindest als regulative Idee, bin mir allerdings darüber im Klaren, dass ich dabei die objektive Entwicklung kritisch-abstrakt gegen den Strich bürste.

Unter welchen Aspekten muss denn die Kulturindustriethese aktualisiert werden? In dem Sinne, dass wir inzwischen Massenkultur »atmen«, es also kein Außerhalb mehr gibt? Oder in Bezug auf Adornos Kritik der Nivellierung der kulturellen Bereiche – das Ineinanderfließen von Erkenntnis und Unterhaltung (Philotainment) zur »unaufhörlichen Reklame für das Bestehende«? Was ist mit der »leichten Musik«? In welche Richtung und inwieweit sollte der Begriff des autoritären Charakters mit dem der Kulturindustrie neu überdacht werden?

Zunächst muss hervorgehoben werden, dass allein schon die Ausmaße dessen, was Adorno mit Kulturindustrie meinte, heute mittlerweile alles übersteigen, was Adorno sich noch hätte vorstellen können. Vergleichbar wäre dies mit der Vorstellung, die Walter Benjamin noch vom Film hatte, die – als er in den dreißiger Jahren seine Debatte mit Adorno führte – bei weitem noch nicht ahnen ließ, was Adorno zwanzig Jahre später mitbekommen sollte. Ich rede dabei nicht von den analytischen Kategorien. Die waren in den dreißiger Jahren bereits parat. Ich rede von der realen Ausuferung der kulturindustriellen Medien, und zwar sowohl im Hinblick auf die Produkte und die sich in ihnen abbildenden Produktionsmitteln als auch in Bezug auf die Technologie und Praxis der kommerziellen Verbreitung und Zirkulation. Das sind inzwischen ganz andere Größenordnungen. In der Analyse der Tendenz war Adorno ganz ohne Zweifel prophetisch, aber ähnlich wie Marx, der schon 1848 vom Weltmarkt zu reden wusste, und dennoch nicht ahnen konnte, was Globalisierung zu Beginn des 21. Jahrhundert bedeuten würde, so hatte zwar Adorno Benjamin gegenüber die Erfahrung des Fernsehens voraus, wusste aber noch nichts von den Auswirkungen des digitalen Zeitalters. Denn erst im Zeitalter der Computerkommunikation, des Internets und aller weiter sich davon ableitenden technischen Entwicklung kann man in der Tat behaupten, dass Kulturindustrie mittlerweile jede Pore und Nische des Alltags kolonisiert. Es gibt fast keinen Bereich der »Privatsphäre« mehr, der nicht in dieser oder jener Weise kulturindustriell affiziert wäre. Ein Entrinnen – selbst noch mittels der zweiten Reflexion – ist nahezu unmöglich geworden. Will man ganz böse sein, kann man sagen, dass die zweite Reflexion selbst mittlerweile kulturindustriell verdinglicht worden ist. »Leichte Musik« ist da noch das leichteste Problem. Denn es ist inzwischen nicht die Musik selbst, also das, was am Bewegungsgesetz des (leichten) Materials zu kritisieren wäre, was die Effizienz der kulturindustriellen Vereinnahmung ausmacht, sondern der Riesenapparat des heteronomen Kults, der um sie errichtet wird: die Stars, die Idole, die personifizierten Projektionsflächen, der Fetischcharakter der Adoration, die allgegenwärtige Zurichtung auf den Fetisch hin, die Legitimation der Zurichtung selbst. Und da, meine ich, in der nunmehr schrankenlosen Hingabe an diesen Ozean seichter Gegenwelten und unverhohlener Verdummung wird der neue postmodern-spätkapitalistische autoritäre Charakter der willentlichen Selbstentmündigung erkennbar. Je mehr dabei das Wort von der populärkulturellen »Subversion« im Mund geführt wird, desto rigoroser wird klar, wie selbst »Kritik« inzwischen entsorgenden Dingcharakter angenommen hat. Das ist in der Tat ein Novum: Ich bin überzeugt davon, dass die Benneton-Werbeleute ihren Adorno (oder zumindest doch ihren Eco) drauf haben. Die Ware siegt.

Die Verteidiger der »popkulturellen Subversion« werden Ihnen natürlich entgegenhalten, dass Pop als Antidoton zur Triebunterdrückung innerhalb der abendländischen Kultur unverzichtbar ist – Klaus Theweleit beispielsweise bezeichnete Rock und Jazz als »undeutsche Sprachen«, als Befreiungskultur und Antithese zum faschistischen Herrenmenschentum. Andere verweisen darauf, dass es ja schließlich Punk gibt, der seinen Warencharakter kritisch mitreflektiert und sich gleich als Müll »verkauft«. Zudem sei Punk die Demontage der falschen Liebe und Glücksversprechen, die Entlarvung der Authentizitätslüge (der Rockmusik) zu verdanken – Punk gilt ja als Mythen-Killer der Pop-Kultur.

Die Antwort, meine ich, ist bereits in der von Ihnen so formulierten Frage angelegt. Denn was Sie beispielsweise zum Punk sagen, indiziert ja die Hervorhebung des Heteronomen – also die dieser Kategorie von Kunst von vornherein beigemessene Funktion. Wenn Kunst nichts anderes zu leisten vermag als zu sagen, sie sei Müll, dann bleibt es sich letztlich auch gleich, ob es sie überhaupt gibt oder nicht. Adorno hat ja bekanntlich diesen einen Satz – dass alle Kultur nach Auschwitz Müll sei –, wenn nicht ganz zurückgenommen, so zumindest doch sehr stark relativiert. Ein Freund von mir nahm mich vor einigen Monaten auf ein Punk-Konzert in Hamburg mit. Als wir herauskamen, schwafelte ich etwas von der Dürftigkeit des musikalischen Materials, das wir gerade gehört hatten (naja, von Hören konnte eigentlich nur schwerlich die Rede sein). Daraufhin meinte er scherzend, das sei doch Unsinn, beim Punk zähle man bis drei und lege los, wer als erster fertig wird, sei Sieger. Das war eine schöne Antwort, die aber zugleich auch plastisch vor Augen führte, warum dies eigentlich nichts mehr mit dem Kunstparadigma eines Adorno zu tun hat. Denn diese Art von Aktivität ist letztlich fungibel, ersetzbar durch alles, was den auf der Bühne stehenden Leuten ihren Auftrittsorgasmus zu vermitteln vermag. Der Anspruch ist ein ganz anderer; mit dem Material des Vorgetragenen hat das nichts mehr zu tun. Wenn zudem Rock und Jazz nur deshalb gerühmt werden, weil es »undeutsche Sprachen« seien, dann dürfte es um ihren Eigenwert sehr schlecht bestellt sein. Ich selbst kann sowohl Rock als auch Jazz sehr wohl noch anderes abgewinnen. Ob darüber hinaus gerade Rock als »Antithese zum faschistischen Herrenmenschentum« herangezogen werden kann, darf man mehr als bezweifeln. Gerade beim Rock habe ich sehr oft den Eindruck, dass er ganz vorzüglich für das Faschistische einsetzbar sei. Es ist ja bezeichnend, dass sich neonazistische Bands seiner effektiv bedienen können. Aber Sie haben in Ihrer Frage ja bereits ein Stück der Antwort mitreflektiert: Indem Sie das »verkauft« in Anführungszeichen gesetzt haben, haben Sie zwar die Falle bereits mitthematisiert und prophylaktisch zu entsorgen versucht. Aber es ist ja klar, dass die Anführungszeichen nicht wirklich etwas an der Grundstruktur des Verkauftwerdens ändern können. Ob Adornos Kunstbegriff noch etwas zu leisten vermag, sei dahingestellt. Aber ganz gewiss kann man davon ausgehen, dass auch das »Antidoton zur Triebunterdrückung innerhalb der abendländischen Kultur« sich prächtig verkauft, seinen fetischistischen Warencharakter »fröhlich« weiterzementiert und selbst noch als Weggeworfenes seinen Profit abwirft.

Sie verteidigen das Konzept der Kunstautonomie, der Aufrechterhaltung der Grenzen zwischen Kunst und Massenkultur gegen den »fröhlichen Positivismus« des Postmodernismus nicht, weil Sie der Illusion nachhängen, dass Kunst noch eine Chance hat, keine Ware zu sein, sondern weil Sie auf ihre aufklärerisch-emanzipatorische Kraft, die utopische Hoffnung, die Ausrichtung der Kunst auf eine mögliche Befreiung des Menschen nicht verzichten wollen. Während Adorno noch aus verständlichen Gründen von der bitteren Erkenntnis beeindruckt war, dass Ambiguität auch in dem Begriff »National-Sozialismus« steckt: Ist es nicht nach Anbruch des globalen Zeitalters nötig, sich vom traditionellen europäischen Kunstverständnis zu lösen, ein ungehindertes Nebeneinander des Vielen zuzulassen, um dem Grundsatz demokratischer Kultur zu seinem Recht zu verhelfen?

Das ungehinderte Nebeneinander bedarf nicht der absegnenden Zustimmung, von wem auch immer – es ist einfach da, war übrigens immer schon da, lange vor der so genannten Globalisierung. Vieles hat dabei keinen Eingang in die Hegemonialkultur gefunden; das erklärt sich aus historischen Agonalformationen, die sich aber nie Rechenschaft darüber abgelegt haben, dass in den realen Lebenswelten inzwischen ganz andere kulturelle Diskurse stattfanden, als was man sich »oben« so vorstellte. Zu fragen ist also nicht, ob etwas zugelassen werden soll, sondern inwieweit etwas am ohnehin Bestehenden verkehrt oder gar schlecht sei – ob beispielsweise Kulturindustrie die Menschen verdumme: Wenn diese Frage bejaht wird, dann wird für mich kein »Grundsatz demokratischer Kultur« aufrechterhalten, wenn man sagt, dieser Müll verdummt zwar die Menschen, aber das ist es nun mal, was die Menschen wollen – verdummt werden –, und dann muss man das auch respektieren. Für mich ist dieses zynisch-scheinheilige Demokratieverständnis elitär im übelsten Sinne des Wortes: bigottes Vorspielen von emanzipativen Motivationen, welches ideologisch umso effektiver die strukturelle Beibehaltung der Macht- und Herrschaftsverhältnisse fördert. Nichts ist für mich demokratisch am »toleranten« Verhungernlassen von Menschen, wenn diese es nur »wollen« – weder im Bereich des realen physischen Hungers noch in dem des freilich nie eindeutig auszumachenden kulturellen. Verneint man aber die obige Frage – ob Kulturindustrie verdumme –, dann hat man's eben nicht mehr mit Kulturindustrie zu tun; denn der von Adorno hierzu geprägte Begriff enthält auch immer ein Stück Verdummung. In diesem Zusammenhang würde ich mir stets die Frage stellen, inwieweit man sich bei der Abschaffung dieses Begriffs (und des mit diesem komplementär einhergehenden der Kunstautonomie) nur über etwas beruhigen möchte, was unter emanzipativen Gesichtspunkten tiefste Unruhe stiften sollte – »ungehindertes Nebeneinander« kann sehr schnell zur Ideologie verkommen.

Aus der Erkenntnis, dass jede positiv formulierte ethische Maxime vor der katastrophalen geschichtlichen Realität, die in Auschwitz kulminiert ist, machtlos ist, zog Adorno die Konsequenz, dass wir nicht sagen können, was sein soll, sondern was nicht sein darf. Ist ein Moralprinzip, das am »Bilderverbot nach Auschwitz« festhält und sich negatorisch auf das »beschädigte Leben« bezieht, heute noch haltbar und nötig?

Ich würde der Grundeinstellung Adornos im Großen und Ganzen auch heute noch zustimmen. Es gilt nicht nur vor der Auschwitz-Katastrophe, dass wir nicht mehr sagen können, was sein soll, sondern auch vor der immer krasser sich manifestierenden Tatsache, dass alles Gesagte, und sei's noch als regulative Idee bzw. utopisch gemeint, sogleich durch die Mechanismen der Kulturindustrie, des plappernden Mediendiskurses, der parteipolitischen Rhetorik, der katastrophengesättigten Indifferenz und sonstiger Entsorgungsverfahren verdinglicht bzw. heteronom instrumentalisiert wird. Zu schnell kann das Gesagte zur Ware werden, zu schnell zur Ideologie entarten. Zugleich ist freilich in dem, was nicht sein darf, ein Stück von dem, was sein soll, dennoch mit enthalten. Wenn ich sage, Menschen dürfen nicht verhungern, dann weiß ich genau, was »sein soll«, damit das nicht geschieht. Aber die permanente Kritik am schlecht Bestehenden, die ich für unabdingbar für die Bekämpfung des Beschädigten am Leben halte, muss in der Tat ohne die Ausformulierung des Gegenentwurfs auskommen. Das wusste schon Marx: Von barocker Farbenpracht ist seine Kapitalismuskritik; pastell und relativ bescheiden dagegen seine Beschreibung dessen, was im »Reich der Freiheit« zu erwarten wäre.

Adorno hat dem vergesellschafteten Individuum geraten, »moralischen Widerstand« zu leisten und »soweit es nur irgend möglich ist, so zu leben, wie man in einer befreiten Welt glaubt, leben zu sollen, gleichsam durch die Form der eigenen Existenz, mit all den unvermeidbaren Widersprüchen und Konflikten, die das nach sich zieht, versuchen, die Existenzform vorwegzunehmen, die die eigentlich richtige wäre«. Wenn alles Gesagte, sogar schon die Kritik verdinglicht ist, muss jede widerständige Handlung doch zwangsläufig scheitern; es bleibt nur noch das Mentalreservat, und selbst zu dem ist der Zugang womöglich schon versperrt?

Das ist in der Tat die berühmte Adornosche Aporie, die sich übrigens auch deutlich bei Marcuse wiederfindet, wie mein Tel Aviver Kollege Zvi Tauber glänzend herausgearbeitet hat: Ohne freies gesellschaftliches Sein kein wirklich freies Bewusstsein – ohne freies Bewusstsein kein freies gesellschaftliches Sein. Tauber hat zur »Lösung« des Problems das Absurde des Camus'schen Sisyphos bemüht. Es geht in der Tat um das Erhalten einer Art von Dennoch, dem – das ist richtig – das Scheitern zwar tendenziell eingeschrieben ist; das Scheitern wird aber nicht mehr als ultimatives Bewertungskriterium der Handlung herangezogen. Ob nun sisyphosisch oder tantalisch gewendet: Solange uns die eigentlich richtige Existenzform vor Augen steht, besser noch: solange wir überhaupt noch an der Idee einer »eigentlich richtigen Existenzform« festhalten wollen, muss man die Widersprüche ihrer nicht minder eigentlichen Unmöglichkeit im Stande der Unfreiheit aushalten können, ohne sich dabei des emanzipativen Impulses endgültig entschlagen zu wollen. Ein letzter, nicht vereinnahmbarer Rest bleibt stets erhalten, und sei's dadurch, dass man die Idee des Nicht-vereinnahmt-werden-Wollens zumindest mental erhalten hat. Es gibt, so besehen – und ich glaube, dass Adorno das meint –, kein richtiges Leben im falschen, aber eben doch ein potenziell besser werdendes im schlecht Bestehenden.

Welche Konsequenzen ziehen Sie aus diesen Überlegungen und Erkenntnissen als jüdischer Denker, Marxist und Friedensstifter in einer entmenschlichten Lebenswirklichkeit? In den Straßen von Tel Aviv lauert ja ständig die Gefahr eines gewaltsamen Todes; die Psyche der Menschen in Israel wird von einer realen Angst dominiert, aber auch von einer neurotischen, die, wie Sie in »Zweierlei Holocaust« eindringlich beschreiben, zu einer beinharten Ideologie gewuchert ist. Angst vergiftet ja nicht nur die Seele des Menschen, sondern – um es mit Fassbinder zu sagen – »isst die Seele auf«.

Die Konsequenz ergibt sich, meine ich, von selbst. Ich rede von der realen Angst der Israelis ja nicht als einem ihnen a priori eignenden Bedürfnis, sondern als einem aus einer bestimmten historischen und politischen Konstellation entstandenen Gefühl gegenüber ihrer wirklichen Lebensrealität. Also muss diese Realität historisch überwunden werden, und zwar auf politischem Weg. Denn alles, was historisch entstanden und gewachsen ist, kann ja auch historisch verändert werden. Der für das Überleben Israels (und Palästinas) unabdingbare Frieden ist ja nicht unmöglich. Es handelt sich ja nicht um einen Kampf gegen Aussichtsloses, sondern – ganz im Gegenteil – für die Erlangung dessen, was immer schon in Aussicht steht und nun historisch ergriffen werden muss. Dass dabei Angst zur Ideologie erstarrt ist, macht den Kampf zwar nicht gerade leichter – denn es gibt ja Momente, wo sich Ideologie nahezu zur dritten Natur verfestigt –, zugleich aber auch handhabbarer, denn ich glaube fest daran, dass falsches Bewusstsein auch seine Wirkungsgrenzen hat. Dass die Lebenswirklichkeit entmenschlichter ist, unter anderem auch deshalb, weil man einem Kollektiv angehört, das anderen so viel Leid zufügt, heißt aber auch: Im Gegenentwurf zu dieser Lebenswirklichkeit, dem ich als Marxist und Friedensstifter verpflichtet bin, wird auch ein Stück menschlichere Lebenswirklichkeit mitgetragen. Es gibt Zeiten, in denen es nicht sehr viel mehr zu hoffen gibt als dies.

Das Böse der Banalisierung

Moshe Zuckermann im Gespräch mit der Internet-Zeitschrift »Hintergrund« [2010]

Herr Zuckermann, bislang haben Sie als Historiker, als Marxist – der Ideologie als falsches Bewusstsein begreift – und nicht zuletzt als Sohn von Auschwitz-Überlebenden keinen unerheblichen Teil Ihrer Lebenszeit damit verbracht, Antisemitismus, in welcher Form auch immer er sich regt und erscheint, radikal zu kritisieren und zu bekämpfen. Was hat ausgerechnet Sie veranlasst, Antisemitismuskritik, zumindest welche, die den Anspruch erhebt, eine zu sein, ins Visier Ihrer Kritik zu nehmen?

Na ja, gerade mein Selbstverständnis als Historiker, Marxist und Abkömmling von Shoah-Überlebenden. Als Historiker geht es mir um den Entstehungszusammenhang des geschichtlichen Antisemitismus; als Marxist um die gesellschaftlichen Hintergründe und Auswirkungen des Antisemitismus und als jemand, der mit der Shoah befasst ist, um die generellen Schlussfolgerungen von dem, was mich lebensgeschichtlich immer schon umgetrieben hat und bis ans Ende meiner Tage umtreiben wird. Die sogenannte Antisemitismuskritik, von der ich in meinem Buch rede, hat mit alledem nichts zu tun. Sie gilt nicht der Bekämpfung des realen Antisemitismus, sondern suhlt sich einzig in der Instrumentalisierung des Antisemitismus-Vorwurfs für fremdbestimmte Zwecke unter Verwendung perfidester denunziatorischer und polemisch verlogener Mittel.

Sie beschreiben und analysieren in der Tat atemberaubende Auswüchse dieses Phänomens, die Sie bei Regierungspolitikern, Vertretern von Parteien, Stiftungen, außerparlamentarischen Gruppen, Medien bis tief hinein in die Abgründe der Blogger-Szene beobachtet haben. Sie behaupten, der »konstruierte Zusammenhang zwischen Zionismus, Israel, Shoah, Antisemitismus und Nahostkonflikt« sei noch nie so schändlich missbraucht worden wie im ersten Jahrzehnt des 21. Jahrhunderts. Welche welthistorische Konstellation hat für diese Ideologieverdichtung den Humus bereitet?

Ich bin mir nicht sicher, dass wir das hundertprozentig festmachen können. In jedem Fall sind die Gründe dafür komplex. In Israel dürfte der Zusammenbruch des Oslo-Friedensprozesses und der Ausbruch der zweiten Intifada ausschlaggebend gewesen sein. Die zionistische Linke in der parlamentarischen wie außerparlamentarischen Landschaft ist mehr oder minder zusammengebrochen, was zu einer merklichen Regression des öffentlichen politischen Diskurses insgesamt geführt hat – eine Regression, die sich nicht zuletzt in der von Ihnen erwähnten ideologischen Formation niederschlägt. In den letzten Jahren kommt zunehmend die kriegsdurchwirkte Barbarisierung der israelischen Politik hinzu, die in Ausnahmezuständen schon immer den Spieß umzudrehen und sich in erbärmlicher Selbstviktimisierung zu ergehen verstand. In Deutschland sehe ich in erster Linie den Zusammenhang von tabuisiertem Antisemitismus und legitimierter Islamophobie, welche nach dem 11. September 2001 einen großen weltpolitischen Aufschwung erhalten hat, als Nährboden für besagte Formation. Die Islamophobie ersetzt den Antisemitismus, der nun seinerseits in einen unsäglichen Philosemitismus umschlagen darf. Die offizielle Staatspolitik der Bundesrepublik, die aus geschichtlich erklärbaren Gründen diese Linie schon immer verfolgt hat, erhält nun von der bürgerlichen Presse einerseits und den sogenannten Antideutschen andererseits eine bemerkenswerte ideologische Affirmation. Das gab es so vorher nicht. Auch die deutsche Linke scheint mir, ähnlich wie die israelische, weitgehend zusammengebrochen zu sein. Das muss man, meine ich, in indirektem Zusammenhang mit dem Zusammenbruch des Blocksystems, dem Siegeszug des globalisierten Kapitalismus und der Heraufkunft des amerikanischen Neokonservatismus sehen.

Die Transformation der Antisemitismuskritik zur ideologischen Waffe fand, wie Norman Finkelstein 2005 dargelegt hat, ja auch maßgeblich in den US-amerikanischen Neocon-Denkfabriken statt. Dort wurde – übrigens gleichzeitig mit dem Beginn des Siegeszugs des Neoliberalismus – der Begriff »neuer Antisemitismus« produziert: Ein Vehikel zur Erweiterung der Antisemitismuskritik auf Sphären, die in keinem oder keinem direkten Bezug zu Juden und Judentum stehen. Es wurden Kommunisten und andere Kapitalismuskritiker als »neue Antisemiten« denunziert. Schließlich nahmen prominente Neocons wie Alan Dershowitz alle Kritiker von Israels Staatspolitik, von neoimperialistischen Kriegen der westlichen Welt oder Kritiker von Folter oder anderen Menschenrechtsverletzungen ins Visier. Irgendwann mussten soziale Bewegungen dran glauben, die sich gegen Rassismus oder auch nur gegen Kinderarbeit oder Tierversuche engagieren. Diese inflationäre Entwicklung gipfelte in der grotesken Behauptung, schon die pejorative Verwendung des Begriffs Neokonservatismus sei eine Form verkappten Judenhasses. Trägt diese Ideologie nicht totalitäre Züge?

Nein, das Totalitäre erfordert meines Erachtens nun doch einen ganz anderen Stellenwert des Staates, den es im Neokonservatismus nicht gibt, wie es ihn noch im klassischen Faschismus gab. Dafür hat sich der Kapitalismus zu sehr globalisiert. Der Kapitalismus bedurfte immer schon des Staates als Vehikel, um seine überstaatlichen Interessen zu verfolgen. Aber der Staat ist ihm mittlerweile selbst als Vehikel zu klein und ohnmächtig – der Kapitalismus muss in Kategorien von übernationalen Blöcken und geopolitischen Weltkonstellationen denken, bei denen der Staat realiter eine eher schmächtige Rolle spielt, nämlich die des schäbigen Handlangers. Nein, die neue Ideologie, von der Sie reden, ist nichts anderes als ein Mittel, kaschierte Interessen effektiv zu verfolgen, und ist darin das, was Ideologie letztlich schon immer war: ein Instrument der Affirmation von Herrschaft und Legitimierung von repressiv Bestehendem. Der Antisemitismusbegriff, dessen sich diese Ideologie bedient, hat, wie Sie richtig andeuten, fast nichts mehr mit Antisemitismus, geschweige denn mit seiner Bekämpfung zu tun, sondern dient, wie ich eingangs sagte, als Instrument zur Verfolgung gänzlich fremdbestimmter Zwecke. Dass er sich dabei des Shoah-Gedenkens in so perfider Weise bedient, wie er es immer wieder tut, ist für mich mit die schändlichste Form der Verwertung der Erinnerung an die historischen Opfer, ja grenzt meines Erachtens an Shoah-Verleugnung. Der philosemitische Impuls, der dabei oft zutage tritt, ist gerade darin durchaus dem genuinen antisemitischen Ressentiment verschwistert.

Totalitär wäre vor allem im Sinne eines sämtliche Unterschiede nivellierenden Neusprechs zu verstehen, mit dem jeder, der sich ansatzweise links-oppositionell betätigt, in die Kausalkette Antisemitismus–Nazis–Shoah eingereiht wird. Inwiefern und wo grenzt der ideologische Missbrauch der Antisemitismuskritik an »Shoah-Verleugnung« – bei den Genozid verharmlosenden, sogar verniedlichenden Gleichsetzungen von NS-Schergen mit militanten Palästinensern, wie sie beispielsweise von israelischen Regierungsvertretern oder hierzulande von Israelsolidarisierern praktiziert werden? Sie warnen ja auch von einer »Entleerung« des Antisemitismusbegriffs.

Ja, es handelt sich in der Tat um Vergleiche, die das, was ein Adorno noch als unsäglich apostrophierte und sich davor scheute, allzu schnell mit Namen zu benennen, in einen polemisch konstruierten Zusammenhang bringen. Es geht also um eine verbale Praxis, die letztlich darauf hinauslaufen muss, dass durch Inflationierung des Begriffs, mithin durch seine Abnutzung die welthistorische Singularität der Shoah, aber eben auch das Bewusstsein von den geschichtlich gewichtigen Auswirkungen des realen Antisemitismus schlicht aushöhlt. Was den Polemikern, die solche Vergleiche in Israel wie in Deutschland anstellen, entgeht, ist die Tatsache, dass sie damit nicht nur die historischen Opfer des Antisemitismus für unhaltbare Zwecke instrumentalisieren, sondern dass sie die Opfer im Stande ihres Opferseins, also als die, die sie waren, nämlich Opfer, nicht mehr erinnern. Damit verraten sie die Opfer selbst, aber auch das Andenken daran, was diese zivilisatorisch repräsentieren – eine Opfer erzeugende gesellschaftliche Realität – ein weiteres Mal. Im Falle der so agierenden Deutschen wundert mich das auch gar nicht: ihnen geht es ja gar nicht um die Juden, schon gar nicht um die heute noch lebenden, sondern primär um ihre eigene Befindlichkeit bzw. um die Regulierung ihres emotionalen Haushalts. Es handelt sich um ein regressives Moment.

Apropos »gestört«. Sie dokumentieren eine im Internet veröffentlichte Sex-Fantasie eines Bloggers aus dem Milieu der sogenannten Antideutschen, der offenbar dem Bundesarbeitskreis Shalom im Jugendverband der Linkspartei angehört. Darin rühmt sich der junge Deutsche, der sich als Nazienkel outet, des Beischlafs mit einer israelischen Jüdin, deren Großmutter, wie er betont, »als kleines Kind während der Todesmärsche um ihr leben kämpfen« musste. Sie analysieren diese, wie Sie sagen, »Widerlichkeit« nicht nur als »die erbärmliche Perversität des Anspruchs auf Überbrückung von Unüberbrückbarem und ›Wiedergutmachung‹ dessen, was für immer unwiederherstellbar, mithin ›unwiedergutmachbar‹ bleiben muss«. Sondern Sie sagen, sie zeuge auch von einem Wunsch »symbiotischer Vereinigung mit den Opfern, dem Bedürfnis, sich ihnen gleichzumachen und dem Verlangen, sich ihrer Identität zu bemächtigen«. Ist diese Vergangenheitsbewältigungs-Pornografie nicht auch ein Symptom für die von Ihnen bereits in den 1990er-Jahren diagnostizierte Zeitenwende in der politischen Kultur der Berliner Republik, die besonders von einem wachsenden Bedürfnis getragen ist: Sich der Last der NS-Geschichte inklusive dem für die militärischen Unternehmungen unter anderem in Afghanistan eher hinderlichen antifaschistischen Imperativ »Nie wieder Krieg!« zu entledigen? Was die Rechten mit der Forderung nach dem »Schlussstrich« oder mit der Holocaust-Leugnung versuchen, treiben Linke, die keine mehr sind, durch anmaßende und degoutante Distanzlosigkeit und feindliche Übernahme der Identitäten all jener voran, die sie mit den jüdischen Opfern assoziieren.

Ja, ich kann Ihnen in Ihrer Darlegung des Problems nur zustimmen. Vor allem stimme ich mit Ihnen darin überein, dass der offene oder latente »Schlussstrich«-Wunsch immer schon verschiedene Formen annahm. Das zog sich in der Tat von »Wir haben schon genug gezahlt« über die Weigerung, sich der »Dauerpräsentation unserer Schande« auszusetzen, bis eben zu diesen besonders perfiden Formen, in denen die von Gershom Scholem seinerzeit in Abrede gestellte Symbiose von Deutschen und Juden gleichsam nachgeholt wird. In der Angleichung liegt nicht nur eine Anmaßung, sondern es drückt sich darin der Wunsch aus, sich dessen zu entledigen, was »Deutschen« nun mal anhaften muss, weil sie einem Kollektiv angehören, das die Monstrosität an den Juden verbrochen hat. Etwas zutiefst Narzisstisches färbt diesen Wunsch ein. Und weil dabei die Nachkommen der historischen Opfer nur die Funktion erfüllen, diesem Wunsch entgegenzukommen, werden die historischen Opfer wieder verraten. Nicht minder schlimm ist dabei, dass die diesen Wunsch hegenden Deutschen sowohl sich selbst als »Deutsche« als auch die Juden als »Juden« abstrahieren – letztlich auf die leere Formel des »Deutschen« und des »Juden« reduzieren. Wie schnell sind da die Inhalte austauschbar, wie schnell kann das Ressentiment der fremdbestimmten Hingezogenheit ins Gegenteil, in die Aversion, umschlagen.

Mit dem kollektiven Wilkomirski-Syndrom, mit der Sehnsucht, ein unschuldiges Opfer zu sein – freilich ohne jemals selbst leiden zu müssen –, korrespondiert eine weitere: Nicht nur den Stachel der Tätergeschichte, sondern auch den der militärischen Niederlage abzustreifen und zu den welthistorischen Siegern zu gehören. Objekt ihrer Identifikationsbegierde und Wunschprojektionen ist der zionistische »Bärenjude«, der die Ostgrenze des »zivilisierten Westens« gegen die »barbarischen Islamnazis« verteidigt. Juden hingegen, die die untergegangene diasporische Welt und die damit verbundene Leiderfahrung verkörpern, und das Judentum, dem Max Horkheimer einst eine »unendliche Zartheit« bescheinigte, werden von den »Antideutschen« mit Verachtung gestraft. Trauer um die Holocaust-Opfer, Engagement für Antimilitarismus und Frieden gilt als »unsexy«; man feiert lieber »Auschwitz-Befreiungsraves«. Auf »antideutschen« Demonstrationen werden nicht erst seit dem Gaza-Krieg Herrenmenschen-Parolen wie »Palästina, knie nieder – die Siedler kommen wieder!« und »Bomber Harris Superstar – komm in meine Antifa!« skandiert. Da gerieren sich die Nazienkel zu allem Übel auch noch als Rechtsnachfolger der alliierten Befreier, womöglich sogar Ben-Gurions.

Das Interessante dabei ist, dass die Verachtung für den diasporischen Juden, die Sie hier den »Antideutschen« bescheinigen, mit ebenderselben Verachtung, die der Zionismus von jeher allem jüdisch Diasporischen gegenüber hegte, korrespondiert. Die Negation der Diaspora, die ja ein Zentralpostulat des klassischen Zionismus war, meinte dabei nicht nur die Schaffung des Neuen Juden bzw. Max Nordaus »Muskeljuden«, sondern war vor allem von einem Abscheu vor dem diasporischen Judentum beseelt, welches er für degeneriert erachtete. So besehen, ließe sich in der Tat die Vermutung anstellen, dass das, was israelsolidarische »Antideutsche« an Israel bewundern, sich nicht zuletzt von dem speist, was das Selbstverständnis des Zionismus immer schon dem Diaporischen gegenüber empfand: Verachtung. Dass damit auf deutscher bzw. »antideutscher« Seite ein latent pulsierendes antisemitisches Ressentiment bedient wird, dürfte auf der Hand liegen. Endgültig manifest wird dieses Ressentiment dann in der Islamophobie: Sie ist nicht nur Ersatz für den tabuisierten Antisemitismus, sondern nachgerade erforderlich, damit man sich mit den Israelis so solidarisieren kann, dass man dabei den zionistisch verachteten diasporischen Juden mit umso größerer, freilich uneingestandener Verve antisemitisch »verarbeiten« kann.

Der emphatische Hass, der diasporischen, aber auch israelischen Juden, die sich für einen gerechten Frieden im Nahen Osten engagieren, von deutschen und »antideutschen« Neocons entgegenschlägt, legt davon ein beredtes Zeugnis ab. Die jüdisch-israelischen Kommunisten hätten »Aufklärungsverrat« begangen, wetterte unlängst Stephan Grigat, einer ihrer führenden Ideologen. Friedensbewegte Shoah-Überlebende aus Israel wurden vor einigen Jahren in Köln von jungen »Antideutschen« – die mittlerweile vermehrt unter dem Label »Antinationale« auftreten – als »Nazi-Schweine« beschimpft. Diese Kreise greifen auch Sie auf den einschlägigen Internetseiten meist anonym als »jüdischen Antisemiten« oder »Alibi-Juden« an. Interessanterweise werden Sie von diesen »Antisemitismuskritikern« selten als Historiker oder Marxist angegangen, sondern fast immer als Jude – bevorzugt als sogenannter selbsthassender. Alle Juden, die es nicht mit Israels Kriegs- und Besatzungspolitik halten und nicht die von Deutschen festgesetzten Kriterien fürs Richtiger-Jude-Sein erfüllen, sind Wiedergänger Otto Weiningers? Ist da Antisemitismuskritik nicht längst in blanken Antisemitismus zurückgefallen? Und gibt es in Israel ähnliche Auswüchse zu beobachten?

In meinem Buch versuche ich ja darzulegen, dass die philosemitische »Solidarität« mit Israel samt der damit einhergehenden Attacken auf jüdische Kritiker der israelischen Politik und der unverhohlene klassische Antisemitismus auf dem gleichen antijüdischen Ressentiment beruhen. Ja, für mich sind das besonders raffiniert verkappte Antisemiten, genau die Typen, die unter gewendeten Umständen und anderen historischen Konstellationen zu gestandenen Judenverfolgern wurden – oder noch werden könnten. Bedenken Sie nur, wie ehemalige Antizionisten und Israelhasser sich, als es opportun geworden war, gewendet haben und sich heute als große Anhänger von Israel und dem Zionismus gerieren. Aber das wundert auch nicht allzu sehr – das ist »gute« alte deutsche Tradition: Die Deutschen wussten immer schon am besten, wie der Jude zu sein hat und was an ihm nicht akzeptabel ist, sie wussten ihm immer schon die Bedingungen zu stellen, wie er sich zu verändern hat, damit er von ihnen aufgenommen werden kann. Und zwischendurch wussten sie auch, warum er auf keinen Fall aufgenommen werden kann und vernichtet werden muss. Da zieht sich eine lange Reihe von Richard Wagner bis zu den heutigen Hassern von Juden, die sich mit Israel kritisch auseinandersetzen. Na ja, und das mit dem sich selbst hassenden Juden – diese Masche kennt man ja lange: In Israel wird dieses »Argument«, wenn überhaupt, von Rechtsradikalen aus der Ecke der Siedlerbewegung und der rechten Nationalreligiösen verwendet. Und genau in dieses politische Milieu gehören meines Erachtens auch diese deutschen »Linken« und »antideutschen« Neokonservativen. Wie man mich dabei von dieser Seite persönlich apostrophiert, interessiert mich herzlich wenig. Was habe ich mit diesen Typen zu schaffen? Ich bin doch ein Linker. Über das allgemeine Niveau dieser Leute möchte ich mich lieber nicht äußern. Allein die Tatsache, dass sie zwischen Antisemitismus, Antizionismus und Israelkritik offenbar nicht zu unterscheiden vermögen, lässt mich vor der Substanz ihrer intellektuellen Verrenkungen nicht gerade vor Ehrfurcht erschaudern.

In der Tat sind in der vergangenen Dekade massenhaft deutsche linke Antizionisten und Israelhasser mit fliegenden Fahnen ins Lager der Israelsolidarisierer übergelaufen. Bekannte Publizisten, Ex-Grüne-Politiker, Mitglieder diverser K-Gruppen und auch der Linkspartei. Nicht wenige inszenieren ihre Ankunft im gelobten Land der Israelsolidarität sehr medienwirksam: Da legt eine Linken-Abgeordnete vor Publikum mit pathosschwangerer Stimme eine Beichte über ihren früheren Aufenthalt im Ausbildungslager des Schwarzen September ab. Freilich darf bei so einer gründlichen Abrechnung mit der eigenen Vergangenheit nicht das Absingen schmutziger Lieder gegen all jene Antiimperialisten und andere Linke fehlen, die nicht mitziehen wollen – »alles Antisemiten«. Sie haben diesem Überläufer-Phänomen ja auch Überlegungen gewidmet: Was macht Israel und der exzessive Gebrauch von dem, was diese Leute für »Antisemitismuskritik« halten, so anziehend – Karrierechancen, machtpolitische Erwägungen?

Was es genau ist, dass diese Leute sich an der vermeintlichen Antisemitismuskritik so delektieren lässt, kann ich nicht Bestimmtheit sagen. Denn es wird dabei so viel Quatsch geredet, falsch gedacht und diffamiert, dass man dieses Phänomen, so will es scheinen, kaum noch mit rationalen Diskurskategorien beschreiben und begreifen kann. Wollte ich wohlwollend sein, würde ich ein schlechtes Gewissen dieser Leute wegen ihrer eigenen Vergangenheit vermuten – einer Vergangenheit, bei der freilich nicht auszuschließen ist, dass sie in der Tat auch latent antisemitisch angehaucht war. Dass sie aber meinen, den defizitären Mist der eigenen Vergangenheit mit neuem defizitären Mist »wiedergutmachen« zu sollen, ist für mich ein Indiz dafür, was für politische Armleuchter, vor allem aber, wie unfähig zu wirklicher Aufklärung diese Leute sind. Das Schlimmste dabei ist, dass sie wegen der eigenen Verblendung nicht kapieren, dass sie mit ihrer sogearteten Israelsolidarität Israel selbst keinen Gefallen erweisen. Sie solidarisieren sich mit einem Israel, das sich mit seiner eigenen Politik selbst nach und nach in den Abgrund treibt. Aber vielleicht ist das ja auch ihr geheimer Wunsch, wer weiß? Wem Palästinenser und jüdische Israelis so austauschbar sind, wie sie es ihnen lebensgeschichtlich offenbar waren, gerät in den Verdacht, dass er sich letztlich sowohl um die realen Palästinenser als auch um die realen Israelis einen Scheißdreck kümmert. Na ja, und außerdem liegt natürlich »Antisemitismuskritik« ganz hoch im Trend. Dem Zeitgeist frönen und dabei auch noch Gutmensch sein – das lohnt sich doch allemal, oder?

Ist diese Flucht von ehemaligen Antizionisten unter das zionistische Pantheon bloß ein deutsches Phänomen? Lässt sich das nicht auch bei israelischen Linken und Exlinken, diversen Intellektuellen beobachten?

Mit dem Vorgang in Israel lässt sich das meines Erachtens nicht ganz vergleichen. Diejenigen, die in Israel vom Zionismus abgelassen hatten bzw. dezidierte Antizionisten gewesen waren, haben keinen Rückzieher vollzogen. Welchen Anlass sollten sie dazu auch gehabt haben? Was aber mit dem Zusammenbruch des Oslo-Friedensprozesses und dem damit einhergehenden Ausbruch der zweiten Intifada geschah, war, dass große Teile der zionistischen Linken, die ja sich vor allem über ihre Positionen im israelisch-palästinensischen Konflikt definiert hatten, ihre ehemaligen friedensbewegten Ideale und politischen Aktivitäten hinter sich ließen – ja teilweise eine regelrechte Kehrtwende vollzogen. Ihre Hinwendung zum Zionismus war ja keine, sondern bedeutete lediglich eine Neupositionierung im Zionismus, dem sie schon immer angehört hatten. Sie gaben sich einfach als Desillusionierte, von den Palästinensern »Enttäuschte«, und richteten sich gemütlich im israelischen nationalen Konsens ein. Das unterscheidet sich von dem, was mit den ehemaligen Linken in Deutschland geschah – und noch immer geschieht.

Und was treibt ehemals linke Juden wie den französischen Regisseur Claude Lanzmann zu einer, wie Sie zu sagen pflegen, »Fernsolidarität« mit Israel, die Sie unter anderem als »hysterisch« beschreiben und die sich, so Ihr Vorwurf, einer »schäbigen Banalisierung der Shoah« bedient? Sie kritisieren ihn, unter anderem weil er während des zweiten Golfkriegs seiner Liebe zur Bombe wortreich Ausdruck verliehen und auch in Israel sehr umstrittene Shoah-Vergleiche angestellt hatte. Beispielsweise meinte er, verblüffende Ähnlichkeiten zwischen Saddam und Hitler oder auch zwischen dem, seiner Meinung nach, zu passiven Handeln der israelischen Regierung gegenüber dem Irak und dem Verhalten der Judenräte gegenüber den NS-Schergen ausmachen zu können.

Was Lanzmann zu dem trieb, was sich für mich als hysterisierende Ideologie ausnimmt, war wohl genuine Angst. Angst wovor? Angst davor, dass Israel zur diasporischen Ghettomentalität zurückkehrt. Er redete totalen Blödsinn, aber das ändert nichts an der Tatsache, dass er wirklich Angst hatte. Israel widerfuhr im Golfkrieg das Beste, was es unter den entstandenen Umständen erwarten durfte:

Die Amerikaner sagten, sitzt ruhig, wir machen die Arbeit für euch. Sie taten das, um die arabische Welt zu besänftigen und den Golfkrieg nicht zum israelisch-palästinensischen Anliegen geraten zu lassen, wie es Saddam Hussein taktisch wollte – eine Sache, die noch der letzte israelische Politiker begriff. Lanzmann konnte das offenbar nicht begreifen. Er hatte Angst, und der ließ er freien Lauf. Das ist sein gutes Recht, nur entpuppte er sich dabei als das, was er wirklich ist: ein paranoider Bellizist. Überhaupt scheint er stets Schatten von Bergen für Berge zu halten. Dass er dabei stets sein kulturelles Kapital als Schöpfer von »Shoah« einsetzt, scheint mir nicht nur schäbig zu sein, sondern eine besonders penetrante Form der Instrumentalisierung des Shoah-Gedenkens.

Wie Sie bereits erwähnten, scheint das zentrale Problem bei der Degeneration des Niveaus linker Debatten die ideologische Verschmelzung der Begriffe Antisemitismus, Antizionismus, Israelkritik zu sein. Damit sind doch eigentlich alle Dämme gebrochen: Nicht nur kann jede Kritik an allem, was israelische Regierungen an Menschen- und Völkerrechtsbrüchen begehen, moralisch skandalisiert werden. Es können auch alle Juden, die diesem Kurs nicht folgen wollen – vom anarchistischen Kriegsdienstverweigerer über den antizionistischen Kommunisten, dem Ultraorthodoxen bis zu ehemaligen israelischen Politikern und Diplomaten, die gegen den Eskalationskurs von Netanjahu opponieren –, »politisch korrekt« in einen Sack gesteckt und an den Pranger gestellt werden. Die repressive Identifikation von Juden und Judentum mit Zionismus und Israel – nichts anderes fabrizieren ja jene, die die Begriffe Antisemitismus, Antizionismus und Israelkritik in einen Topf schmeißen – zeitigt aber noch andere bittere Folgen: Das in rechtsextremen Kreisen überaus beliebte antisemitische Ressentiment, dass Israels Politik ein Ausdruck kollektiver Charaktereigenschaften »der Juden« sei, wird objektiv hochgehalten und genährt.

Ich glaube nicht, dass rechtextremistische Kreise je darauf gewartet haben, dass sich an Israel das objektiviert, worin sie eine Rechtfertigung für das finden könnten, was sie ohnehin schon immer »wussten«, noch bevor es überhaupt ein Israel gab. Dass Israels Politik aber objektiv dem Antisemitismus jede Menge Futter liefert, daran kann nicht gezweifelt werden. Das Problem dabei liegt aber eben in erster Linie in dem, was Israel tut, und nicht darin, was die Antisemiten gut daran finden, weil es ihrem Antisemitismus das Wort redet. Wenn Israel Völkerrechtswidriges verbricht, dann ist das doch der Skandalon und nicht die

Tatsache, dass sich die Judenfeinde daran delektieren. In den 1950er-Jahren hat Ben-Gurion einmal gesagt, es sei nicht wichtig, was die Gojim sagen, sondern was die Juden tun werden. Jetzt hat sich plötzlich das Blatt gewendet: Die Israelsolidarisierer beklagen, was die Gojim sagen, und nicht, was die Juden tun. Das aber, was Israel an den Palästinensern verbricht, kann sich nicht daran bemessen, ob es dabei einen Imageschaden erleidet – ja nicht einmal daran, ob die, die bereits von einem antisemitischen Ressentiment angetrieben werden, sich durch Israels Taten bestätigt sehen, sondern einzig an dem, was diese Taten an Leid und Unrecht erzeugen. Linke müssen stets fähig sein, sich von rechtsextremistischen Kreisen distanzieren zu können. In keinem Fall dürfen sie sich von ihrer gerechtfertigten Kritik an Israel abschrecken lassen, nur weil sie den Beifall von falscher Seite erhält.

Selbstverständlich ist das durch Israels Kriegs- und Besatzungspolitik bewirkte reale Leid das Kernproblem und nicht ihre Reflexion durch Externe. Aber die von den Israelsolidarisierern forcierte Einebnung der Unterschiede zwischen Antisemitismus, Antizionismus und Israelkritik ist Antiaufklärung über die wahren Ursachen, Historie, verantwortlichen Akteure etc. des Nahostkonflikts. Diese behindert doch eine politisch wirkmächtige Entfaltung der von Ihnen geforderten gerechtfertigten Israelkritik oder lenkt sie gegen falsche Adressaten

Ja, das sehe auch ich so. Meine Antwort bezog sich auf den Teil Ihrer Frage, der das Problem thematisierte, dass rechtsextreme Kreise Israels Politik als Ausdruck kollektiver Eigenschaften »der Juden« deuten. Was nun die Parallele zu den vermeintlichen Israelsolidarisierern anbelangt, so liegt der Kurzschluss in der Tat in nämlicher Übertragung, welche allerdings ihre Quellen im historischen »Nie wieder Deutschland!« hat: Weil Deutsche an den Juden Schlimmstes verbrochen haben, ist unabdingbare Solidarität mit Juden angesagt. Und weil Juden sich nationalstaatlich in Israel konsolidiert haben, ist unabdingbare Solidarität mit Israel angesagt. Schon hier lag ein Fehler, denn, wie ich immer wieder darzulegen versuche, sind nicht alle Juden Zionisten, nicht alle Zionisten Israelis und nicht alle Israelis Juden. Wenn man aber darüber hinaus bedenkt, dass Israels Politik objektiv auch für Israel, mithin für die in Israel lebenden Juden katastrophal ist, nimmt sich diese falsche Israelsolidarität als etwas aus, das mit dem konkreten Israel und seinen Juden längst nichts mehr zu tun hat. Dies wiederum ist ein Resultat des nicht minder ideologischen Kurzschlusses, wonach Antisemitismus, Antizionismus und Israelkritik dasselbe seien.

Dieser »ideologische Kurzschluss« ist mittlerweile in den Redaktionen fast aller etablierten deutschen Medien herrschende Praxis. Wenn jüdische Zionisten zusammen mit nichtjüdischen »Antideutschen«, der Partei Bibeltreuer Christen und anderen Rechtskonservativen – aus diesen politischen Strömungen rekrutieren sich gewöhnlich die israelsolidarischen Bündnisse – aufmarschieren, um die Bombardierung Gazas oder die Erstürmung der Free-Gaza-Flotte durch die israelische Armee zu unterstützen, dann berichten sogar als seriös geltende Nachrichtenmagazine von »jüdischen Demonstrationen«. Die Proteste von Palästinensern und anderen Arabern, Antiimperialisten und friedenspolitischen Initiativen werden entsprechend pauschal als »judenfeindlich« oder »antisemitisch« deklariert. Meinen Sie das, wenn Sie im Vorwort Ihres Buchs, in Anlehnung an ein Diktum des Historikers Theodor Mommsen, schreiben, die »lustvoll heteronome Verwendung von ›Antisemitismus‹ als Parole im vermeintlichen Kampf gegen Antisemitismus« sei »›in eine fürchterliche Epidemie wie die Cholera‹ umgeschlagen«. Und warum haben Sie zu dieser epidemologischen Metapher gegriffen?

Zur epidemologischen Metapher habe ich, wie Sie ja selbst und richtig anmerken, in Anlehnung an Theodor Mommsen gegriffen. Mommsen, den ich zitiere, verwendete sie in Bezug auf den realen Antisemitismus. Ich verwende sie im Hinblick auf den vermeintlichen Anti-Antisemitismus. Mommsen verwendete seinerzeit diese Metapher, weil er in der Verbreitung des Antisemitismus eine soziale Verblendung gewahrte, die sich durch das Ansteckende des unreflektierten, von Grund auf irrationalen Ressentiments auszeichnet. Ähnliches lässt sich heute vom fetischisierten Anti-Antisemitismus behaupten: Er ist schon darin irrational, dass er in nichts oder doch nur wenig Realem gründet; er ist unreflektiert, weil er ein fremdbestimmtes Bedürfnis bedient; und er ist ansteckend, weil er sich auf dem Boden einer umfassenden gesellschaftlichen Ideologie bildet. Dieser allgemeine Verblendungszusammenhang ist es, der ihm einen fruchtbaren Nährboden bietet, wodurch er auch die ungewöhnlichen Dimensionen einer politischen Epidemie annehmen kann. Von selbst versteht sich dabei, dass »Epidemie« hier nichts Biologisches bzw. Medizinisches meint, sondern, wenn überhaupt, eine politische Pathologie. Man kann, so besehen, in diesem Zusammenhang ruhig auch auf den etwas unbelasteteren Begriff der Ideologie zurückgreifen. Mein ganzes Buch versteht sich ja letztlich als Ideologiekritik in altbewährter Tradition.

Aber was bleibt, wenn selbst die Ideologiekritik zur Ideologie verkommt? Das, was Sie als »fetischisiert-ideologische Erstarrung des ursprünglichen kritischen Impulses« der Antisemitismuskritik beschreiben – eine Regression, »die die emanzipatorische Kampfemphase zur narzisstischen Selbstsetzung entarten lässt« –, und die damit unweigerlich verbundene »Veralltäglichung der Shoah« vollziehen sich ja nicht in den Niederungen des rechtspopulistischen oder rechtsextremen Milieus, wenngleich sie dort in anderer, weniger verklausulierter Form nach wie vor anzutreffen sind. Das alles kommt »von oben«: Es geschieht in renommierten Forschungseinrichtungen und Universitäten, in linken Denkfabriken wie der Rosa-Luxemburg-Stiftung und wird von Akademikern vorangetrieben, die für sich – unwidersprochen! – das intellektuelle Erbe von Marx und Adorno in Anspruch nehmen.

Na ja, was kann ich Ihnen schon darauf antworten? Was zu tun ist, ist dafür zu sorgen, dass erhalten wird, was erhalten werden muss – nämlich die Ideologiekritik der zur Ideologie erstarrten Ideologiekritik. Das heißt, der negativ kritische Impuls darf nie aufgegeben werden. Adorno war sich sehr wohl dessen bewusst, wie leicht Aufklärung verdinglicht, emanzipatives Denken zum Fetisch geraten kann. Das nicht zuletzt war ja der Grund, warum er in der Negativen Dialektik von einer endgültigen Aufhebung absah. Wenn Marx- und Adorno-Anhänger zu Ideologen verkommen, dann müssen sie eben genau dessen überführt werden. Dass sie möglicherweise die Oberhand behalten, weil sie zahlreicher, saturierter und in institutionellen Machtpositionen untergekommen sind, darf nicht nur die radikale Kritik an ihnen nicht zum Erlahmen bringen – es muss als Beweis dafür genommen werden, dass eben nichts vor Ideologisierung gefeit ist, solange die gesellschaftliche Realität und die ihr inhärenten Machtstrukturen der Ideologie bedürfen, um sich als das, was sie sind, zu erhalten: Manifestationen eines repressiven Weltzustands.

Sie sagen: »Es gab nicht nur die reale Banalität des Bösen, sondern es gibt heute auch das Böse der Banalisierung dessen, was statt sich ans Unsägliche heranzutasten, längst zur Allerweltsparole degeneriert ist.« Welche Rolle spielt dabei die Kulturindustrie, die Holocaust-Kitsch wie »Schindlers Liste« und stumpfe Rache-Gewaltorgien wie »Inglourious Basterds« am Fließband produziert? Quentin Tarantino, für den, wie ein Zeit-Rezensent schrieb, »die genießerisch ausgemalte Widerwärtigkeit der Nazis genauso schön ist wie die Gegenwiderwärtigkeit der Partisanen«, machte nicht einmal vor einer fiktiven

Revision der Geschichte des Genozids halt: amerikanische Juden töten Hitler und besiegen die Nazis. »Für die Nachgeborenen ein Fest der Selbstgerechtigkeit«, schrieb der Rezensent und sprach von einem »Missbrauch« der jüdischen Katastrophe für einen »blutigen Scherz«.

Ja, ich finde wie Sie sowohl den Edelkitsch *Schindlers Liste* als auch Tarantinos Rachephantasie unsäglich. Und in der Tat bewahrheitet sich an diesen Machwerken das, was Adorno an der Kulturindustrie so gefährlich erschien, dass er, mit Horkheimer zusammen, diesem Phänomen einen zentralen Platz in der »Dialektik der Aufklärung« einräumte. Kulturindustrie ist nämlich nicht nur ein Affront gegen das, was die hohe, die authentische Kunst zu sein hätte – nämlich in ihrem schieren zweckfreien So-Sein ein Gegenentwurf zum schlecht Bestehenden –, sondern auch ein Mittel der Ideologie im Hinblick auf alles, was den Verblendungszusammenhang im Spätkapitalismus ausmacht: die Manifestation des Tauschprinzips, die kommerzielle Verdinglichung von Ephemerem und die Fetischisierung von allem, was der kritischen Hinterfragung der repressiven Zustände zu dienen hätte. Das Problem besteht nicht in den guten oder schlechten Intentionen Spielbergs oder Tarantinos, sondern in der Tatsache, dass ihre Werke dem Hollywood'schen Vermittlungsmodus der Welt strukturell gar nicht erst entrinnen wollen. Wenn sie dabei auch nicht vor dem Holocaust haltmachen, mithin die Erinnerung bewusst in die gaudihafte bzw. pseudoernste Gefilde der Unterhaltung ziehen, ist das nur ein Aspekt davon, dass heutzutage nicht nur der historische, sondern auch der unter Umständen gerade stattfindende Völkermord gar nicht mehr anders als kulturindustriell vermittelt und eben auch rezipiert werden können.

Erfährt Adornos Kulturindustriethese nicht eine ähnlich drastische Deformation wie die Antisemitismuskritik? Beispielsweise der »Jungle-World«-Autor Hannes Gießler – auch immer weit vorn, wenn es um die Zerschwätzung des Antisemitismusbegriffs geht – bescheinigt der Bewusstseinsindustrie eine »Janusköpfigkeit«. Regressiv seien die Unterhaltungswaren im NS-Staat gewesen und heute der Rapper Bushido. Progressiv hingegen sei Heavy Metal in Teheran, »weil er subversiv ist«. Der Islamismus, weiß Gießler, wolle nämlich »den unheiligen Kulturwaren das Profitmotiv austreiben, verkörpert es für ihn doch die Freizügigkeit der westlichen Welt«. Also, gerade wegen ihrer Warenförmigkeit, will uns der Autor sagen, sei die Kulturindustrie als Motor der Emanzipation zu preisen. Was sagen Sie als Kunsttheoretiker, Marxist und nicht zuletzt als jemand, der an der Universität Tel Aviv Vorlesungen zur »Dialektik der Aufklärung« hält, denn dazu?

Na ja, in Ihrer Frage ist ja bereits die Erbärmlichkeit der These dieses Autors voll enthalten. Wenn er sich darauf beschränkt hätte zu sagen, dass etwas Kulturindustrielles ein subversives Element enthält, weil es in einem Kontext aufgeführt wird, der den Machthabern nicht gefällt, dann wäre das zwar nicht das Gelbe vom Ei, aber immerhin auf der seichtesten Ebene des Begriffs der Subversion nachvollziehbar. Sollte er aber damit suggerieren wollen, mit Heavy Metal würde die Macht der Mullahs unterminiert, dann halte ich das für ausgemachten Blödsinn. Wann hätte je Kunst, geschweige denn Kulturindustrie die Macht von irgendjemanden realiter unterminiert? Mal ganz abgesehen davon, was Adorno seinerzeit über die Konsumierbarkeit der Protestsongs der 1960er-Jahre gesagt hat, das an sich schon indiziert, dass ästhetische Selbstgefälligkeit eher affirmativen denn subversiven Charakters ist: Dem Autor kann nicht entgangen sein, dass die Mullahs nur einen Wink zu geben bräuchten, damit die gesamte Heavy-Metal-Szene im Iran von einem Tag auf den anderen verschwindet. Worum es dem Autor aber zu gehen scheint, ist ja gar nicht die mögliche Emanzipation von Iranern, sondern das Profitmotiv als neue Möglichkeit der Emanzipation herauszustellen. Mal ganz abgesehen davon, dass dabei eine konzeptuelle Verrenkung herauskommt – und auch ein weiteres beredtes Erzeugnis des neoliberalen Neusprechs –, tritt dabei die Ideologie des Autors objektiv zutage, eben die der neokonservativen Kapitalismusverherrlichung. Die liegt ja ganz im Trend des Zeitgeistes, zumindest in den Gefilden dieses neuen Ungeistes.

Damit verbunden ist, wie auch in diesem Fall, eine weitere »Verrenkung«: Die islamische Welt wird in diesem Milieu als ideologischer Nachfolger des Nationalsozialismus gehandelt, der angeblich in erster Linie Sozialismus gewesen sei. Daher auch Begriffskreationen wie »Umma-Sozialismus«, »Islam-Faschismus« und »Internationalsozialismus« als Bezeichnung für antiimperialistische Strömungen. Und daher auch die aggressive, oftmals hysterische Abwehr jeglicher Kritik an Islamophobie – vor allem dann, wenn, wie Sie es auch tun, Beziehungen und historische Kontinuitäten zwischen dem Hass auf Juden und dem Hass auf Muslime aufgezeigt werden. Sie fragen in Ihrem Buch: »Wenn Antisemitismus nicht in die vergleichende Nähe der Islamophobie gerückt werden darf, wie kommt es, dass die heftigen Attacken der islamischen Welt gegen Israel leichterhand als Antisemitismus eingestuft werden?«

Sie selbst geben in Ihrem Buch eine ausführliche Antwort, die ich jetzt mal überspringe und an die ich die Frage anschließe: Vielleicht auch, weil sich in der politischen Kultur der westlichen Welt Islam, Antizionismus und Antisemitismus als ideologische Chiffre für Sozialismus, also die Verlierer-Seite, und für die Sieger-Seite Israel, Zionismus und Judentum als Chiffre für den Kapitalismus – freilich ein antisemitisches Ressentiment – längst verfestigt hat?

Ich kann das nicht mit Bestimmtheit beantworten. Dass sich aber »Linke« nicht entblöden, im Nationalsozialismus einen Sozialismus sehen zu wollen, ist doch schon Indiz genug, dass da ganz idiotische Ideologen am Werk sind – mögen sie sich noch so selbstzufrieden auf die »Sieger-Seite« schlagen. Was diese Verblendeten aber offenbar ganz und gar verdrängen, ist, dass der von ihnen so heißgeliebte Zionismus zum großen und gravierenden Teil seine bedeutenden historischen Wurzeln im Sozialismus hatte. Ich weiß nicht, ob diese Leute mal etwas von Borochov gehört haben; ob sie wissen, dass die in der prästaatlichen Ära angelegte Infrastruktur, die die Gründung des Staates Israel erst ermöglichte, ohne die Kibbutz-Bewegung undenkbar gewesen wäre; ob ihnen bewusst ist, dass eine Arbeitspartei den Staat Israel gegründet und ihn auch über Jahrzehnte regiert hat. Ich weiß nicht, ob diese Leute überhaupt etwas über die zionistische Geschichte wissen. Aber wer A sagt, muss auch B sagen: Wenn der Nationalsozialismus in erster Linie Sozialismus gewesen sein soll, und der Zionismus ursprünglich auch, dann haben Nationalsozialismus und Zionismus etwas Gemeinsames. Ist es das, was diese Typen unterstellen wollen? Denn eines darf man mit Gewissheit sagen: Wenn mit Sozialismus die im Westen angedachte Produktionsweise gemeint ist, war er im Zionismus viel präsenter als er es im Islam jemals sein konnte. Aber, wie gesagt, auf die Denkverrenkung einer Wesensverwandtschaft von Sozialismus und Nationalsozialismus muss man sich nicht einlassen. Sie passt zu den Typen, die sie sich konstruieren. Warum sollten sie mich interessieren?

Beispielsweise die Leiterin der Amadeu Antonio Stiftung, die sich die Bekämpfung von Rechtsextremismus, Rassismus und Antisemitismus auf die Fahnen geschrieben hat, aber auch Bündnisse unter Titeln wie »Freiheit statt islamische Republik« – wohl nicht rein zufällig eine Anlehnung an die alte Dregger-Parole – mit »antideutschen« und anderen bellizistischen Neocons eingeht, meint: »Derzeit wird oft behauptet, die Islamophobie hätte den Antisemitismus abgelöst. Das halte ich für reine Polemik.« Eher im Gegenteil: Durch den

11. September, so die Stiftungsleiterin weiter, sei der in der DDR kodierte Antisemitismus unter ihren ehemaligen Bürgern offen zur Entfaltung gekommen: »Gerade dieser Anschlag in New York hat den Ostdeutschen suggeriert, dass es nicht alles falsch war, was sie im Staatsbürgerkundeunterricht über die bösen Zionisten, die bösen Amerikaner und überhaupt die Ursachen aller Probleme auf der Welt gelernt haben.«

Ich bitte Sie, wozu sich überhaupt damit befassen, was die Leiterin der Amadeu Antonio Stiftung unbeschwert in die Welt setzt? Ich weiß nicht, wer diese Frau ist. Aber wenn ich dem folge, was Sie von ihr berichten, habe ich das Gefühl, es handelt sich um eine ehemals stramme SED-Anhängerin, vielleicht sogar noch mehr, die heute versucht, ihre Vergangenheit so zurechtzurichten, dass sie mit der Ideologie des gerade in Deutschland wehenden Zeitgeistes vereinbar ist. Ich könnte mir denken, sie war selbst mal eine dezidierte Antizionistin, die jetzt versucht, ihre »Jugendsünden« wiedergutzumachen. Das sei ihr auch psychologisch zugestanden – ich weiß nur nie, warum diese Leute immer meinen, ihre lebensgeschichtlichen Defizite und die damit einhergehenden »Reuen« in allgemeine Kategorien fassen und durch hanebüchene Ideologien kompensieren zu sollen. Bitte sehen Sie mir nach, dass ich nicht meine, mich mit den Auslassungen der Leiterin der Amadeu Antonio Stiftung befassen zu müssen.

Sie haben, nicht nur in unseren Gespräch, sehr düstere Bestandsaufnahmen gemacht … Die US-amerikanische Bürgerrechtlerin Angela Davis sagte vor fünf Jahren: »Wir treten in das konservativste Zeitalter unserer Geschichte ein – viel konservativer als die McCarthy-Ära.« Hatte sie recht?

Ja, und wie sie recht hatte. Das hat mit einigem zu tun, was wir in diesem Gespräch thematisiert haben: dem Zusammenbruch des sowjetischen Kommunismus, wie arg es um diesen selbst bestellt gewesen sein mag; mit dem Siegeszug des Kapitalismus als Neoliberalismus und Neokonservatismus; mit der Politisierung des Islams als verspätete Reaktion auf den historischen Kolonialismus und der Pauperisierung großer Weltteile, in denen der Islam vorherrscht. Es hat auch mit der Perpetuierung des Nahostkonflikts, allen voran mit der Fortschreibung des israelischen Okkupationsregimes zu tun. Und es hat nicht zuletzt auch mit einer Menge Opportunismus und Gesinnungsverrat zu tun, mit dem Ausstieg der Linken aus ihrer historischen Rolle und ihrem emanzipatorischen Auftrag. Ja, Angela Davis hatte so recht, dass es einem dabei in der Tat düster werden kann.

Zum Schluss bitte ich Sie um eine Prognose: Falls sich das von Ihnen beschriebene und analysierte Problem – »nicht nur der Antisemitismus selbst ist eine der verruchtesten Formen der Ideologie, auch seine sich kritisch gerierende Rezeption kann sich als wesentlich ideologisch entpuppen« – verfestigen, politisch vollständig durchsetzen und gesellschaftlich etablieren sollte: Welche Auswirkungen befürchten Sie für die Erinnerungskultur der Shoah, die Antisemitismusforschung, vor allem eine Politik, die sich dem von Adorno formulierten neuen kategorischen Imperativ – alles »Denken und Handeln so einzurichten, dass Auschwitz nicht sich wiederhole, nichts Ähnliches geschehe« – verpflichtet fühlt?

Falls sich diese Erscheinung, wie Sie sagen, vollständig durchsetzen und gesellschaftlich so etablieren sollte, dass sie den Gesamtdiskurs beherrscht, dann sähe ich das als Ende einer jeglichen authentischen Erinnerungskultur an. Was übrig bliebe, wäre eine Ideologie des Pseudogedenkens – kein Gedenken der Opfer im Stande ihres Opferseins. Damit würde sich der neue kategorische Imperativ Adornos mehr oder minder erledigt haben. Die Tendenz deutet bereits heute darauf: Der Schindluder, der mit Adornos paradigmatischem Diktum gerade von den ideologischen Verballhornern der Erinnerung betrieben wird, ist unsäglich. Die Leichtigkeit, mit der sie dabei mit dem Antisemitismus-Vorwurf umgehen, ist Indiz genug dafür, dass es ihnen nicht wirklich bange ist um den reellen Antisemitismus. Es geht ihnen um vieles, wenig, wenn überhaupt etwas, aber um den Antisemitismus selbst. Ich sehe darin eine große Gefahr, wie ich denn in jeder Verblendung, in jeder Ideologie eine politische und zivilgesellschaftliche Gefahr sehe.

Die Macht der Realität

Ein Gedankenaustausch zwischen Moshe Zuckermann und Susann Witt-Stahl über den ideologisierten Zeitgeist des Sommers 2011 in Deutschland und Nahost

Als der deutsche Minister der Verteidigung Thomas de Maizière für ein Gespräch zur Intensivierung der Rüstungskooperation nach Jerusalem kam, war er außer sich vor Glück, als eine israelische Militärkappelle die deutsche Nationalhymne spielte. »Wenn ich in Tel Aviv von einer israelischen Armee die deutsche Nationalhymne höre, und neben mir steht der israelische Verteidigungsminister, und das ist vollständig normal geworden«, kommentierte er das Ereignis überschwänglich. »Das ist noch nicht mal etwas Besonderes, dann finde ich das wiederum etwas Besonderes und das bewegt mich sehr.« Deutschland und Israel – offenbar ein »besonderes ganz normales« Verhältnis?

Man sollte nie allzu ernst nehmen, was Verteidigungsminister über Nationalhymnen zu sagen haben. Ihre Ausrichtung in dieser Sache ist in ihrem Job angelegt. Schon gar nicht sollte man ernst nehmen, wenn jemand außer sich vor Glück ist, sobald er Militärkapellen hört. Zu fragen bleibt gleichwohl, wovon sich der Minister hat so sehr bewegen lassen. Ihm kann doch nicht entgangen sein, dass die offiziellen Beziehungen zwischen Deutschland und Israel seit Gründung der alten Bundesrepublik auf der Basis der »Normalisierung« gestellt waren, und zwar absichtsvoll. Die Materialisierung der Sühne war *the name of the game* – die BRD sollte zahlen wollen, und Israel wollte die Zahlungen. Der Deal war von Anbeginn frei von (positiven) Sentimenten, von Liebe ganz zu schweigen. Was der Minister nun offenbar tut, ist die staatsoffizielle Lieblosigkeit auf die Sentimentalebene des Symbolischen zu verlegen; auf dieser Ebene darf er »sehr bewegt« sein. Mir sind, offen gestanden, Menschen, die beim Hören der eigenen Nationalhymne sentimental werden, zutiefst suspekt. Im Fall des deutschen Verteidigungsministers handelt es sich aber um das Problem eines nicht überwundenen nationalen Liebesentzugs. Und so verwandelt sich Narzissmus in Ideologie: Die von einer Militärkapelle gespielte Nationalhymne als eine Art Schadensabwicklung.

Beim Yad-Vashem-Besuch erfuhr die Rührung des deutschen Ministers noch eine Steigerung. Er dankte, so berichtete »Die Welt«, seinen Gastgebern für das »Geschenk der Versöhnung zwischen Deutschland und Israel«. In der Bonner Republik kniete ein Kanzler in Warschau noch schweigend nieder und bekannte sich damit zur deutschen Schuld am Völkermord an den europäischen Juden. In der Berliner Republik redet ein Verteidigungsminister in Jerusalem so, als hätte es damals eine »Meinungsverschiedenheit« zwischen Deutschland und dem noch gar nicht existenten Staat Israel gegeben.

Das ist es ja. Wenn man sich früher im kritischen deutschen Diskurs noch über denn allzu eifrig gezogenen »Schlussstrich« den Kopf zu zerbrechen pflegte, ist heute bereits »Normalisierung«, ja »Versöhnung« das Maß der Dinge geworden. Das ist vielleicht vom Standpunkt eines Politikers, der nicht Persönlichkeit und Statur eines Willy Brandt aufzuweisen hat, verständlich, und er darf sich dabei sogar noch darauf berufen, dass er lediglich bei dem mitspielt, was die Israelis für ihn inszeniert haben. Der obligatorische Gang nach Yad Vashem hat bei staatsoffiziellen Besuchen schon seit Jahren nichts mit Shoah-Gedenken zu tun. Wissen sollte aber der deutsche Minister, dass der Staat Israel ihm nicht das »Geschenk der Versöhnung« anzubieten berechtigt ist. Über das, was zwischen Deutschen und Juden im 20. Jahrhundert geschehen ist, kann man sich nicht versöhnen; es steht daher niemandem zu, eine kollektive Versöhnung zu proklamieren. Am allerwenigsten steht es einem deutschen Politiker zu, ein solches Versöhnungsangebot anzunehmen, wenn er wirklich des Unsäglichen gedenken will. Man kann ja auch »anständig« miteinander umgehen, ohne sich auf eine unzulässige Versöhnung zu berufen. Das machen ja Israelis und Deutsche bereits seit Jahrzehnten. Aber was erwartet man schon, wenn jemand beim Hören der Nationalhymne rührselig wird?

Auch Repräsentanten der Partei Die Linke demonstrieren zunehmend Israel-Solidarität. Die Bundestagsabgeordnete Petra Pau lässt sich lieber einmal mehr als zu wenig mit dem Gesandten des Staates Israel in Deutschland vor der Nationalfahne des Judenstaates ablichten. Genossen der Parteijugend vom BAK Shalom begnügen sich nicht mehr mit der ohnehin schon intensiv betriebenen Nationalfahnen-Fetischisierung: Auf der Bühne der Hamburger Talmud-Tora-Schule wird vor israelischen Gästen mit stolzgeschwellter Brust die Hatikvah geschmettert.

Was Petra Pau mit derlei Praktiken zu bewirken trachtet, weiß ich nicht. In Deutschland wird dies wohl damit zu tun haben, dass man den Lackmustest der Konsenszugehörigkeit bestanden hat. Was nun die israelische Wahrnehmung anbelangt, sollten deutsche Politiker vielleicht wissen: Israelis, die Deutsche nicht ertragen können, werden sich von solcherlei Mätzchen nicht beeindrucken lassen. Israelis, die linke Deutsche verabscheuen, erst recht nicht. Israelis, die eine Petra Pau in Israel begrüßen, scheren sich für gewöhnlich einen Dreck um das Posieren vor Fahnen überhaupt und Israelfahnen im Besonderen. Wozu also das Theater? Tja, und das Hatikvah-Singen der BAK-Shalom-Jugendlichen – das ist sehr löblich von ihnen, zumal der israelische Erziehungsminister zuletzt angeordnet hat, dass die Woche in israelischen Kindergärten in Zukunft mit dem Singen der israelischen Nationalhymne beginnen solle. Viele israelische Kindergärtnerinnen haben sich daraufhin gegen diese Gehirnwäschen-Anordnung auf die Hinterbeine gestellt. Aber was sind schon israelische Kindergärtnerinnen gegen nichtjüdische BAK-Shalom-Jugendliche?

Von führenden Politikern der Linken-Partei sind erschütternde Bekenntnisse zu vernehmen. Es gebe Antisemiten in den eigenen Reihen, behauptet beispielsweise Petra Pau. Der stellvertretende Fraktionschef Dietmar Bartsch soll, laut dem Publizisten Henryk M. Broder, sogar eingestanden haben, »ein großer Teil der Partei sei antisemitisch kontaminiert. Aber würde er die alle rausschmeißen, bliebe nur noch ein Gerippe.« Nun machen diese Damen und Herren aber nicht die geringsten Anstalten, die Täter beim Namen zu nennen und Parteiausschlussverfahren anzustrengen. Wie ist so ein Verhalten zu bewerten?

Die Antwort darauf bewegt sich meines Erachtens auf zwei Ebenen. Zunächst: Wenn Dietmar Bartsch ernsthaft meint, was er sagt, darf man ihm die Frage stellen, was er in einer politischen Organisation, die nach seiner eigenen Aussage zum großen Teil antisemitisch durchsetzt ist, eigentlich verloren hat. Warum ist er weiterhin stellvertretender Bundestagsfraktionschef einer solchen Partei? Mehr noch: Von welchem Kriterium ist er angetrieben bei der Erwägung, Parteimitglieder, die er für antisemitisch hält, nicht aus der Partei auszustoßen? Ist ihm der Antisemitismus nicht Grund genug dafür? Von selbst versteht sich, dass wenn Bartsch recht hat, die Partei sich nicht als Die Linke verstehen und selbst titulieren darf, wenn »links« noch irgendetwas mit der Geschichte von Bewegungen gesellschaftlicher Emanzipation in der Moderne zu tun haben soll. Die zweite Ebene – mit Bartschs Getöne freilich verschwistert – betrifft die realpolitische Ausrichtung der Partei: Sie will offenbar den Eintritt in den politische Konsens und weiß, dass dieser im heutigen Deutschland ohne ein heuchlerisches Lippenbekenntnis zu Israel und zur genüsslich verbreiteten Antisemitismus-Panik nicht zu haben ist. An der im Juni 2011 verabschiedeten Resolution der Partei kann man dabei sehen, dass sie selbst offenbar keine Ahnung davon hat, was Antisemitismus ist. Wahllos wird Antizionismus oder schlichte Israel-Kritik mit Antisemitismus gleichgesetzt, nur um den Normen des abstrusen gängigen deutschen Diskurses zu willfahren. Man kann das im Fall der Linken, die ja auch ein Stück DDR-Vergangenheit mitträgt, dahingehend deuten, dass ihre Träger den antiisraelischen und antizionistischen Kurs der SED im Nachhinein noch als Antisemitismus interpretieren und nun meinen, etwas an dieser vermeintlichen Erblast »wiedergutmachen« zu sollen. Das Bittere dabei ist, dass das alles mit der Bekämpfung des realen Antisemitismus rein gar nichts zu tun hat.

Das könnte sein. Der Parteiflügel der »Reformer« hat ein regelrechtes Feuerwerk der Kritik an den linken LINKEN entfacht. Seine Mitglieder stehen Schlange bei den bürgerlichen Medien, um sich dort als »Whistleblower« würdigen zu lassen, die aus deutschen Gewissensgründen den »Antisemitismus« ihrer Genossen anklagen müssen. Standardmäßig leiten sie ihre Aussagen mit dem Satz »Gerade vor dem Hintergrund der deutschen Geschichte ...« ein. So auch Linken-Bundestagsvizefraktionschefin Ulla Lötzer, die trotz der bereits seit ihrer Teilnahme an der Gaza-Flotte 2010 andauernden medialen Hinrichtung der Genossin Inge Höger immer noch als Zeugin der Anklage auftritt: Auf Högers Seite sei von einer »Judaisierung Jerusalems« die Rede gewesen sein (in dem Text ging es unter anderem um die Vertreibung der arabischen Bevölkerung aus Ost-Jerusalem), berichtet Lötzer empört mit Verweis auf einen Artikel eines Autors des Neocon-Netzwerks »Die Achse des Guten« und spricht davon, dass sie schon früh morgens Anrufe von Leuten erhalten habe, die »zu Recht schockiert« gewesen seien. Sind Sie auch schockiert?

Sie meinen, ob ich über den Begriff »Judaisierung Jerusalems« schockiert bin? Dafür brauche ich doch die deutschen Befindlichkeitsquerelen nicht. Das ist doch ein Begriff, der von israelischen Politikern regelmäßig verwendet wird, wie denn schon seit Jahrzehnten im israelischen Diskurs von der »Judaisierung Galiläas« im Norden und der »Judaisierung des Negevs« im Süden Israels die Rede ist. »Judaisierung« ist dabei ein Begriff, der von den Israelis erfunden worden ist, um die Notwendigkeit, vermischte Regionen des Landes, in denen Juden und Araber leben, demografisch zugunsten der Juden umzustrukturieren. Im Falle Jerusalems ist doch vollkommen klar, was Sache ist: Da der Ostteil der Stadt in großer Mehrheit von Palästinensern bewohnt, Ostjerusalem aber vom Staat Israel annektiert worden ist, soll der Ostteil zunehmend »judaisiert« werden, was nichts anderes heißt, als dass immer mehr Juden in diesen Teil der Stadt ziehen sollen bzw. das jüdische Viertel in Ostjerusalem ausgebaut werden soll. Demonstrativ hat seinerzeit Ariel Scharon ein Haus dort erstanden, um »jüdische Anwesenheit« zu demonstrieren. Wenn aber ahnungslose Deutsche darüber reden, dann deuten sie den Begriff »Judaisierung« pejorativ, was letztlich indiziert, dass sie selbst ein Problem mit »Juden« und mutatis mutandis mit »Judaisierung« haben. Das weiß selbstverständlich die perfid-versierte Achse des Guten aufs Manipulativste auszuschlachten, und schuldbewusste »linke« Deutsche lassen sich dabei bereitwillig in die Pfanne hauen.

Nun hat sich trotz erheblicher Bemühungen kein Linken-Politiker gefunden, dem ohne Verfälschungen und Entkontextualisierungen seiner Aussagen vorgeworfen werden kann, er habe das – seit mehr als 60 Jahren Tag für Tag exekutierte – Existenzrecht Israels bestritten. Katharina König, Linken-Abgeordnete im Thüringer Landtag – in der Sendung Report München forderte sie »Raus mit Mitgliedern, die Antisemiten sind!« –, hat eine Lösung für dieses Problem gefunden: Sie behauptete nicht nur, dass Linken-Abgeordnete, die sich an der Gaza-Flotte beteiligten, »letztendlich ein Ziel unterstützen, das in gewissem Sinne auch von Nazis vertreten wird«. Sie meint auch, wer an der »staatlichen Existenz« Israels »keinen Zweifel lasse«, sei »israelfeindlich« und »antisemitisch«. LINKE, die das extra betonen, »entlarven, dass für sie die Eliminierung Israels eine zumindest denkbare Option ist«, heißt es in einem offenen Brief, den König zusammen mit dem neokonservativen BAK Shalom der Linksjugend und anderen Linken-Politikern unterzeichnet hat. Ich fasse noch mal zusammen: »Antisemit« ist also nicht nur, wer das Existenzrecht Israels bestreitet, sondern »Antisemit« ist auch, wer das Existenzrecht explizit anerkennt. Diese lückenlose Abrechnung mit Israel-Feindschaft und Antisemitismus kann doch nur als »konsequent« bezeichnet werden, oder?

Schauen Sie, es ist schon ein Kreuz, womit man sich als Jude alles befassen muss, wenn Deutsche erst anfangen, über Juden zu reden. Ich kenne Katharina König nicht, weiß entsprechend nicht, ob das eine ernstzunehmende Frau ist. Aber wenn ich die Logik ihrer Argumentation verfolge, heißt das doch, die schiere Erwähnung Israels ist für sie bereits so neuralgisch konnotiert, dass man sich fragen muss, was sie selbst umtreibt und wo ihr eigenes Problem mit Israel liegt. Wie Sie richtig sagen, ging es im israelischen Diskurs der letzten fünfzig, sechzig Jahre nie um Israels Existenzrecht, sondern einzig um Israels Existenz, wobei damit die reale Bedrohung des Landes in den großen regionalen Kriegen mit Israels Nachbarstaaten in den 60er- und 70er-Jahren gemeint war. Die Palästinenser haben nie eine reale Bedrohung Israels dargestellt. Nicht zuletzt ist das der Grund, warum die radikalen Organisationen und Wortführer unter ihnen, einzig das abstrakte Existenz*recht* Israels zur Disposition stellen konnten. Gerade das war ein beredtes Zeugnis ihrer Ohnmacht. Und weil Israels Existenz im israelisch-palästinensischen Konfliktdiskurs nie wirklich bedroht war, haben sich alle an diesem Diskurs Beteiligten sich auf das verlegt, was eine symbolische, also keine reale Bedeutung hat: das Recht Israels auf Existenz. Wie immer sind dabei deutsche Teilnehmer am Diskurs die hysterischsten. Das hat seinen Grund: Weil Deutsche im 20. Jahrhundert jüdische Existenz ausgelöscht haben, was nie mehr wiedergutgemacht werden kann, sorgen sie materiell für Israels Existenz, palavern aber vor allem über sein Existenzrecht. Wenn Katharina König sich also darüber echauffiert, dass das schiere Reden über Israels Existenzrecht bereits von einem antisemitischen Affekt zeuge, begreift sie offenbar nicht nur nicht, wie es zu dieser Diskurspraxis gekommen ist, sondern darin, dass sie den Zirkel hermetisch schließt – Nichtanerkennung und explizite Anerkennung des Existenzrechts Israels seien beide antisemitisch affiziert –, bezeugt sie die Erbärmlichkeit ihres eigenen Umgangs mit Israel und dem Antisemitismus: Sie muss offenbar die Kategorie des Antisemitismus um jeden Preis wahren, um überhaupt über Israel reden zu können. Darin darf sie sich freilich dem gesamten rechten Gesinnungslager in Israels politischer Kultur eng verschwistert wissen.

Was ein wenig merkwürdig ist: Als ein Mitglied des BAK Shalom auf dem Blog Lipstick Israel seine – gelinde gesagt: perversen – Fantasien über seine Sex-Erlebnisse als Täterenkel mit einer Enkelin einer jüdischen Holocaust-Überlebenden in Israel ausgebreitet hat, zeigte kein einziger Politiker der Linken Empörung (mittlerweile hat der Urheber versucht, alle Spuren im Internet zu beseitigen, nachdem Sie seine Entgleisung in Ihrem letzten Buch öffentlich gemacht hatten). Auch nicht über andere von deutschen Befindlichkeiten geschwängerte Ressentiments, wie sie beispielsweise von Bodo Ramelows – mittlerweile ehemaligem – Mitarbeiter über linke israelkritische Juden öffentlich verbreitet wurden. Die Landtagsabgeordnete Katharina König macht Veranstaltungen mit Islam-Hassern und kriegsbegeisterten Neocons. Als der Berliner Linken-Chef Klaus Lederer sowie Mitglieder des BAK Shalom zusammen mit der Partei Bibeltreuer Christen und anderen ultrarechten Organisationen an einer Demonstration für den Gaza-Krieg teilgenommen haben, gab es so gut wie keine Proteste von führenden Genossen. Nicht einmal, als der LAK Shalom Hamburg mit den Bahamisten – die machen regelmäßig gegen »dreckige Araberfressen« und für den »War on Terror« mobil und bekunden offen Sympathie für die FPÖ – zu einer Demonstration gegen die Linke und deren »poststalinistischen Parteisozialismus« aufrief, zu der viele Geert-Wilders-Buttons tragende Anhänger neu-rechter Parteien kamen. Sind einige Linke mittlerweile auf dem rechten Auge blind?

Die Frage, so gestellt, ist falsch. Zu fragen ist, ob diese Leute und ihresgleichen überhaupt noch für Linke erachtet werden können, mehr noch: ob sie überhaupt noch für Linke erachtet werden wollen. Wenn Parteilinke schweigend hinnehmen, was ihre längst nicht mehr linken Parteigenossen an politischem Schwachsinn und moralischer Erbärmlichkeit verzapfen, dann sind sie entweder ohnmächtig-feige – nicht gerade eine emanzipative linke Tugend –, oder sie identifizieren sich sogar heimlich bzw. vorbewusst mit dem Gesinnungsschwenk ihrer Parteigenossen, was freilich ihr gesamtes Linkssein infrage stellt. Es geht hier um ein Problem des grundsätzlichen Selbstverständnisses. Dass dieses bei den Linken der Post-DDR-Ära ins Wanken geriet, vielleicht sogar ins Wanken geraten musste, ist nachvollziehbar. Aber die Hoffnung lag doch darin, dass bei jenen, die sich in der Linken versammelt fanden, weiterhin die Raison d'Être ihrer Parteizugehörigkeit bildete, was im »real existierenden Sozialismus« entstellt worden war: eine wahrhafte linke, mithin rigoros emanzipative Ausrichtung ihres sozialen und politischen Tuns. Sie mussten eine prästabilisierte Zionismus- und Israelfeindlichkeit aus DDR-Zeiten aufarbeiten? Gut. Aber was hat das mit einer unbedingten Solidarität mit dem heutigen, sich zunehmend faschisierenden Israel zu tun? Vor allem aber: Was hat das mit einer dumpf-unreflektierten Solidarität mit »Juden« zu tun? Es ist eine Schande, dass gerade jene, die sich noch immer für Linke ausgeben, offenbar nicht begriffen haben, was es mit dem realen Antisemitismus auf sich hat, aus dieser Ignoranz aber zugleich die Rechtfertigung für ihre Politik (samt Gesinnungswende) beziehen.

Nun haben die »Reformer« mit dem – einstimmigen! – Beschluss der Bundestagsfraktion gründlich aufgeräumt mit der in der Partei verwurzelten Palästina-Solidarität. Der Beschluss bringt nämlich die Apologie der Einstaatlösung für den Nahost-Konflikt, die Unterstützung der Gaza-Flotte und die internationale Kampagne Boykott, Divestment und Sanktionen (BDS) nicht nur mit »Antisemitismus«, sondern auch mit »Rechtsextremismus« in Verbindung. Da diese drei Kriterien von Repräsentanten des linken Parteiflügels erfüllt werden – beispielsweise fuhren im vergangenen Jahr Bundestagsabgeordnete auf der Mavi Marmara mit –, hätten diese Vorwürfe, behaupten böse Zungen, auch die Funktion, politischen Ballast abzuwerfen und seine Träger öffentlich zu diskreditieren. Beispielsweise forderte Bodo Ramelow in einem »Spiegel«-Interview, in dem er über den »Antisemitismus« in seiner Partei spricht, dass sie »nicht zuerst das Wort Verstaatlichung als Allheilmittel formuliert«. Das ist eine Salve in die Richtung der antikapitalistischen Linken. Nun hat Ramelow keinen direkten Zusammenhang von »linken Antisemitismus« und Antikapitalismus behauptet. Andere Linken-Politiker hingegen schon. So kritisiert Juliane Nagel vom Landesvorstand Sachsen die Kräfte in der Partei, die »ihr Hauptaugenmerk auf die Beseitigung des Hauptwiderspruchs zwischen Kapital und Arbeit« legen und deren »oberflächliche Kritik des Kapitalismus anfällig für verschwörungstheoretische, antisemitische Argumentationsmuster ist, wenn sie beispielsweise das Finanzkapital verdammt und Heuschrecken-Vergleiche anwendet«. Antisemitismusvorwürfe werden womöglich nicht nur als Exkulpationsinstrument verwendet, vermuten Kritiker der »Reformer«, sondern auch als politische Waffe in Stellung gebracht, um das kleiner und kleinlauter werdende kommunistische Lager sturmreif zu schießen.

Dass »Antisemitismus« in diesem Zusammenhang vollkommen fremdbestimmt instrumentalisiert wird, liegt auf der Hand. Man kann nachgerade davon ausgehen, dass es dem, der diese Vereinnahmung vornimmt, weniger um die Bekämpfung des Antisemitismus per se geht als um die Kontaminierung dessen, was eigentlich angegangen werden soll, mit dem Attribut des Antisemitischen. In einer Partei wie der Linken dürfte Antikapitalismus eigentlich kein Makel, sondern gerade Programm sein. Wenn man ihn aber mit dem Antisemitismus in Zusammenhang bringt, erreicht man eine über jeden Zweifel erhabene Legitimation für die Bekämpfung des Antikapitalismus, die in einer sozialistischen/kommunistischen Partei – vorläufig jedenfalls – eben nicht selbstverständlich ist oder sein sollte. Man muss allerdings sagen, dass der Antisemitismus sich historisch stets verschiedenartig fusionieren ließ: Linke Juden waren den Kapitalisten als Sozialisten stets ein Dorn im Auge, wie denn als kapitalistische Juden das Paradigma dessen, was Sozialisten zu bekämpfen trachteten. Meister in der propagandistischen Verwendung von »Juden« als Ausgeburt des ausbeuterischen Kapitalismus einerseits und als Träger des revolutionären Marxismus andererseits waren die Nazis, allen voran Hitler selbst. Daran sollten jene stets denken, die einen Kausalnexus zwischen Antikapitalismus und Antisemitismus herzustellen beabsichtigen – besonders, wenn sie Karrieren in einer Partei wie der Linken machen.

Ob beim rechten Flügel der LINKEN – wo man die denunziatorischen Potenziale erst vor kurzem entdeckt hat – oder durch Hardcore-Neocons: Zu keinem Zeitpunkt seit 1945 wurde die Behauptung einer genuinen Verflechtung zwischen Antisemitismus und Antikapitalismus so intensiv perpetuiert wie heute. Heute läuft es aber anders als damals: Nicht mehr gegen Juden wird für den Kapitalismus agitiert, sondern mit Juden gegen den Antikapitalismus. Der Historiker Michael Wolffsohn treibt es auf die Spitze: Er bescheinigt »den Juden« eine »grundsätzliche Identifizierung mit Liberalismus und Kapitalismus [...]. Sie ist eine Tatsache. Nur im liberal-kapitalistischen System konnten und können sich Juden frei entfalten«, schreibt er in der »Financial Times«. »Die Juden sahen und sehen sich als Teil der ›Bourgeoisie‹«, die nun mal von den Linken gehasst werde, weil sie der »Klassenfeind« sei. Sein Fazit: Die Linke, inklusive der Linkspartei, »ist antisemitisch. Sie muss es sein, wenn sie links sein will«. Das klingt so, als hätten die Nazi-Propagandisten doch recht gehabt, und der Kapitalismus war im »Dritten Reich« abgeschafft? Und der Kapitalismus muss ja das reinste »Juden-Paradies« sein?

Es gibt Behauptungen, die solchermaßen hanebüchen sind, dass man sich selbst besudelt, wenn man auf sie überhaupt erst eingeht. Ich habe schon lange nicht so etwas Idiotisches gehört wie diese Behauptung Michael Wolfssohns. Dass er dabei noch mit der Autorität des Historikers auftreten darf, ist nachgerade erschreckend. Von welchen »Juden« redet da der Mann? Hat er allen Ernstes noch nie etwas von jüdischen Proletariern gehört? Noch nie von jüdischen Sozialisten, Kommunisten und Bundisten? Weiß dieser Historiker denn nicht, dass eine Hauptströmung im klassischen Zionismus sozialistisch gesinnt war, ja im Grunde die Infrastruktur des Jischuws in der prästaatlichen Phase Israels durch die Kibbutzbewegung erst eigentlich ermöglicht wurde? Hat er noch nie von jüdischen Landarbeitern, von jüdischen Handwerkern, von jüdischen Kleinbürgern gehört, und zwar sowohl in den osteuropäischen als auch in den orientalischen Lebenswelten? Wie soll man überhaupt anfangen, sich auf jemanden einzulassen, der einen Satz wie »die Juden sahen und sehen sich als Teil der ‚Bourgeoisie‹«, mir nichts, dir nichts, vom Stapel lässt? Mal ganz abgesehen von der vollkommenen geschichtlichen Verzerrung, mithin der Missachtung ganzer historischer jüdischer Lebenswirklichkeiten; mal abgesehen vom generalisierenden Charakter dieses unglaublichen Satzes, der sich ja genau der Technik klassischer antisemitischer Pauschalisierungen bedient – es ist ungeheuerlich, dass gerade ein Jude mit diesem Schmarren aufwartet, um seinem ideologischen Hass auf Linke und den Antikapitalismus freien Lauf zu lassen. Ihre Assoziation zu Nazi-Propagandisten trifft, so besehen, die Sache in einem noch anderen als den von Ihnen gemeinten Sinn. Aber diese Verbandelung von Antisemitismus und Antikapitalismus müsste über Wolffsohn hinaus reflektiert werden. Er ist als Kronzeuge viel zu erbärmlich.

Selbst Herr Wolffsohn hat schon von der Existenz jüdischer Linker gehört. Er führt sie unter der Kategorie »Ausnahmen« – quasi als aus der Art Geschlagene. Nun habe ich aber eine schlechte Nachricht für Sie: Wolffsohns Rezeption des Judentums ist im deutschen Diskursen keineswegs randständig. Sie mausert sich in den zahlreichen neokonservativ – teilweise auch in linksliberal – ausgerichteten Medien, sogar unter Wissenschaftlern zum Common Sense. Nationalsozialismus wird nicht mehr als Form bürgerlich-kapitalistischer Herrschaft, sondern als Sozialismus rezipiert und Karl Marx als einer der geistigen Väter des Antisemitismus. »Judenfeindlichkeit ist strukturell in der sozialistischen Ideologiegeschichte angelegt«, schreibt Richard Herzinger in »Die Welt.« Die wahrhaft »moderne Linke« müsse sich vom »reaktionären Ballast marxistischen und ‚antiimperialistischen‹ Sektierertums abwenden«, lautet seine Empfehlung. Einer, der ihr schon viele Jahre folgt, lange bevor sie ausgesprochen wurde, ist der wertkritische Marx-Theoretiker und Guru der »Antideutschen« Moishe Postone: Der behauptet, der Nationalsozialismus sei in erster Linie eine »antikapitalistische Revolte« gewesen. 150 Jahre der Weigerung, Kapitalismus als abstrakte Herrschaft zu begreifen, so Postone, habe zunächst zur

»Identifikation des globalen Kapitals mit der britischen und später amerikanischen Hegemonie und seine Personifizierung in den Juden« geführt. Für diese Erkenntnisleistung wurde er vom Chefredakteur des »Handelsblatts« mit überschwänglichem Jubel belohnt: An der Tatsache, dass »Antisemitismus und Antikapitalismus in gleichem festen Schritt und Tritt marschieren«, sei nicht zu rütteln. Wenn das sogar ein renommierter Marx-Forscher wie Postone sagt, dann muss das doch richtig sein, oder?

Es kann jetzt nicht darum gehen, diesen oder jenen Wissenschaftler seiner je eigenen Denkdürftigkeit zu überführen. Was ich persönlich von Wolffsohn, Postone und ihresgleichen, die in diese Richtung argumentieren, halte, spielt hier keine Rolle. Was zählt, ist einzig die ideologische Funktion, die sie mit derlei Thesen erfüllen. Und Sie zeigen es in Ihrer Frage ja selbst deutlich an: Wenn Moishe Postone zum Guru der »Antideutschen« avanciert ist und vom Chefredakteur des *Handelsblatts* bejubelt wird, dann sind ja diese begeisterten Rezipienten seines Denkangebots das Symptom dessen, was er bedient; welchen Wandel Postone selbst inzwischen durchmessen hat, interessiert mich weniger. Um das mal an den »Antideutschen« festzumachen: Begonnen haben sie einst als »antideutsche« Kommunisten, die ihr »Antideutschtum« daraus ableiteten, dass man gegen Deutschland sein muss, weil es an Juden Schlimmstes verbrochen hat. Damit haben sie sich aber nicht begnügt, sondern komplementierten ihre Einstellung gegen Deutschland mit einer radikal geforderten Solidarität mit »Juden«; mit konkreten Juden hatte diese Solidarität ungefähr so viel zu tun wie die Aversion der Antisemiten konkreten Juden gegenüber – nichts nämlich: So wie der klassische Antisemit die Juden abstrahiert und abstrakt hasst, abstrahierten die »Antideutschen« die »Juden«, mit denen sie Solidarität bekundeten. Und von da an lief die Kette ideologischer Kurzschlüssigkeit wie geschmiert: Die unbedingte Solidarität mit Juden führte zum unhinterfragbaren Proisraelismus, mit welchem, der Logik des Nahostkonflikts gehorchend, ein zutiefst feindschaftliches Ressentiment gegen Palästinenser/Araber/Muslime einhergehen musste. Und weil in dem Jahrzehnt, in dem die »Antideutschen« merklich an Macht im deutschen Diskurs gewannen, die USA begann, Araber bzw. Muslime zu bekriegen, brach auch die »antideutsche« Begeisterung für die USA (nicht zuletzt als Weltpolizisten) aus, womit man sich vor dem Problem gestellt sah, den von den USA paradigmatisch getragenen Kapitalismus zu rechtfertigen. Dieser kleine Schritt war dann schnell vollzogen und musste nur noch theoretisiert werden – wofür denn Postone und andere Wissenschaftler von kleinerem Kaliber beizeiten mit ihrer intellektuellen Ware auftraten. Was freilich zunächst da war – der in Richtung der Kapitalismus-Apologie gewandelte Zeitgeist, in den man sich nunmehr kommod integrieren konnte, oder die beschriebenen ideologischen Verrenkungen, aus denen der Zeitgeist erst eigentlich erwuchs –, muss gar nicht entschieden werden. Der Theoretiker Postone und der jubelnde Chefredakteur des *Handelsblatts* bezeugen, dass sie sich wechselseitig aufs Glänzendste ergänzen.

Freilich sollten wir mit der öffentlichen Überführung wendehalsiger Wissenschaftler nicht unsere Zeit verschwenden. Mir geht es vielmehr darum, deren – leider wirkmächtige – Strategien der Zurichtung und Dienstbarmachung genuin emanzipativer und aufklärerischer Theoriebestände für die Durchsetzung der neoliberalen Agenda inklusive ökonomischer und geopolitischer Expansionsbestrebungen darzulegen. Was Postone von Wolffsohn unterscheidet: Dieser formuliert seinen Linken-Hass und Kapitalismus-Apologie unverhohlen, während jener sich als Marx-Erbe aufführt. Bei genauerer Betrachtung erodieren pseudokritische Wertkritiker wie er aber die Kapitalismuskritik, eskamotieren die Klassenfrage und denunzieren die Akteure sozialer Kämpfe als »antisemitischen Mob«. In seinem Aufsatz »Nationalsozialismus und Antisemitismus« analysiert Postone die Entstehung des modernen Antisemitismus unhistorisch, monokausal und reduktionistisch.

Der Antisemitismus sei eine »besonders gefährliche Form des Fetischs«. Dessen von Karl Marx erkannte Elementarform, der Warenfetisch (der sich in entwickelteren Stufen noch als Geld- und Kapitalfetisch fortsetzt), bedeutet, dass der doppelte Charakter der Waren, nützlich zu sein und einen Wert zu haben, in der Form zum Ausdruck kommt, dass sich Waren und Geld getrennt gegenüberstehen und ihr Zusammenhang verschwunden scheint. Postone argumentiert, der in der Ware enthaltene Gegensatz von Gebrauchswert und Wert entfalte sich als Gegensatz von Konkretem und Abstraktem. Da aufseiten der Ware die gesellschaftliche Dimension zugunsten der stofflichen entfalle, stelle sich »das Geld als einziger Ort des Wertes dar, als Manifestation des ganz und gar Abstrakten«. In der fetischisierenden Wahrnehmung des Antikapitalisten würden Arbeit und Produkte als dem »Konkreten« Geld und Zins als das »Abstrakte« gegenübergestellt, als wären beide nicht miteinander verbunden. Aber bereits Postones Verwendung des Begriffs »abstrakt« ist problematisch. Marx sprach von einer »Unfassbarkeit« der einzelnen Ware als Wertding. Aber er betont, da »ihre Wertgegenständlichkeit also rein gesellschaftlich ist, so versteht sich auch von selbst, dass sie nur im gesellschaftlichen Verhältnis von Ware zu Ware erscheinen kann«. Der Wert bleibt nicht »abstrakt«, er nimmt stets gegenständliche Form an. Er hat keine von dieser Form verschiedene »abstrakte« Existenzform. Anders Postone: Auf der Ebene des Kapitalfetischs, fährt er fort, werde der in der falschen Vorstellung des fetischisierenden Antikapitalismus lediglich als Geld und Zins begriffene »abstrakte« Kapitalismus – das ist laut Postone ein Muss und kein Kann – in den Juden personalisiert. Nicht nur, weil sie gesellschaftlich in der Zirkulationssphäre eingesperrt waren, sondern weil sie allgemein mit allem »Abstrakten« identifiziert würden (Beweise für diese Behauptung bleibt Postone schuldig). Postones Anhänger schließlich gehen so weit, allen Kapitalismuskritikern, die Kapitalismus fälschlicherweise nur als Finanzmarktkapitalismus begreifen, den aber gar nicht mit Juden in Verbindung bringen, »strukturellen Antisemitismus« vorzuwerfen. Das ist eine ideologische Umdefinierung des traditionellen Antisemitismusbegriffs. Denn in allererster Linie subsumiert dieser alle konkret gegen »die Juden« gerichteten Ressentiments. Hatten demgemäß Adorno und Horkheimer noch entlarvt, dass der Antisemitismus »den Juden« für die Vergehen des Kapitalisten, dem »wahren Shylock«, zur Rechenschaft zieht, um dessen Raffen als Schaffen zu verkleiden, konservieren und perpetuieren die »antideutschen« Wertkritiker objektiv genau diesen Antisemitismus, indem sie umgekehrt jegliche Feindschaft des Antikapitalisten gegen den Kapitalisten als Feindschaft gegen »den Juden« interpretieren. Die Juden werden also als Schutzschild funktionalisiert, hinter dem der Kapitalist in Sicherheit gebracht wird. Der mittlerweile grassierende Vorwurf des »strukturellen Antisemitismus« – das hat die Verleumdungspraxis der »Antideutschen« eindringlich bewiesen – trifft mehr oder weniger alle, die Kapitalismus, wie Marx und die Kritischen Theoretiker taten, nicht bloß als strukturelle Herrschaft des automatischen Subjekts (wie es viele Wertkritiker praktizieren), sondern *auch* als personale Herrschaft von Menschen über Menschen begreifen. Ich denke, das ist der eigentliche Zweck der Dehn- und Verrenkungsübungen mit dem selbst längst zum Fetisch gewucherten Antisemitismusbegriff: Die rigorose Delegitimierung des Antikapitalismus.

Sie stellen eindrücklich dar, wie sich ein Grundgedanke bei angemessener ideologischer Arbeit von Grund auf verballhornen lässt. Man fühlt sich an das Kinderspiel gemahnt, bei dem ein Kind dem anderen einen Satz ins Ohr flüstert, das zweite Kind es dann dem dritten ins Ohr flüstert und so weiter und so fort. Was dann beim zehnten Kind nach der langen Einflüsterungsreihe angekommen ist, hat mit dem ursprünglichen Satz herzlich wenig zu tun. Angemerkt sei nur, dass sich Schritt für Schritt rekonstruieren lässt, wie es zur dichten Verhunzung des Ursprungssatzes kam. Das haben Sie, meine ich, in dem, was Sie darlegen, bereits geleistet. Denn es ist in der Tat so, dass sich bei Marx Gebrauchswert und Tauschwert einzig gesellschaftlich erklären lassen, und zwar nicht nur in Bezug aufs *Verhältnis* von beiden, sondern auch was die ursprünglichen Materialität der Ware sowohl als nützliche als auch als Wert erzeugende anbelangt. Ohne real existierende Waren gibt es auch kein abstraktes Verhältnis zwischen ihnen. Das heißt, ihr Abstraktes ist ein Epiphänomen ihrer realen materiellen Gewordenheit. Worum es Marx nun geht, ist nicht nur die Benennung des Unfasslichen dessen, was nicht mehr anschaulich erkennbar ist, sondern auch (und vor allem) darum, darzulegen, wie sich aus dem Warencharakter des real Produzierten Kapitalakkumulation, Ausbeutung und Herrschaftsstrukturen entstehen, die sich historisch in den Produktionsverhältnissen manifestieren. Die im Wesen des Kapitalismus angelegte Profitmaximierung und private Aneignung von gesellschaftlicher Arbeit sind entsprechend das eigentliche Ziel der Marx'schen Kritik, und zwar nicht nur, weil sich in ihnen ein strukturell sich bildende (soziale) Ungerechtigkeit generiert, sondern auch, weil damit menschliche Emanzipationspotentiale begraben werden.

Wenn also Marx in seinem Judenfrage-Aufsatz die Kategorie der Juden als Vertreter der Zirkulationssphäre heranzieht, dann geht es ihm letztlich wenig um die Juden, vielmehr hat er die gesellschaftliche Emanzipation des Menschen – einschließlich des jüdischen Menschen – im Blick. Wenn Postone dies nun zum eigenen Topos erhebt, dann argumentiert er vermeintlich noch mit Marx, hat aber die emanzipative Matrix der Marx'schen Argumentation verlassen. Sein Begriff des Abstrakten hat in der Tat mit dem, was Marx zufolge dem Menschen als unfassbar erscheinen muss, nicht mehr viel zu tun. Vielmehr ergeht er sich in einem Zirkelschluss: Weil er (mit Marx) die Juden als Protagonisten der Zirkulationssphäre ansieht – also der Sphäre der »abstrakten« gesellschaftlichen Verhältnisse, welche aber nur in der Wahrnehmung als solche zu sehen sind – und den Juden das allgemeine Attribut des Abstrakten, welches ihnen von Antikapitalisten qua Antisemiten angehängt wird, zuschreibt, meint er, einen Beitrag zur Genese des als Antikapitalismus verbrämten Antisemitismus ausgemacht zu haben, ohne sich aber über etwas Grundlegendes Rechenschaft abgelegt zu haben: Dass diese Attribuierung als Ideologem zu verstehen ist, welches sich beim Antisemiten, der aus realen gesellschaftlichen Defiziten seines eigenen Seins zu einem solchen geworden ist, bereits prästabilisiert findet. Der Antisemit ist aus sozialen historischen Gründen bereits ein solcher, wenn er das, was er ist – nämlich von einem antisemitischen Ressentiment getragen –, mit dem »Abstrakten« des Juden zu ideologisieren trachtet. Aber wenn schon das Ressentiment gegen das »Abstrakte« als Kategorie herangezogen wird, um die antisemitische Weltsicht zu erklären, dann ist es nicht das »Abstrakte« am Juden, das den Antisemiten verstört, sondern das Abstrakte dessen, was Hegel als objektiven Geist der Moderne ansieht, etwa das formale Staatsgesetz, die formale Freiheit, die Demokratie als Abstraktum. Was dem Juden angehängt wird – wenn man sich denn unbedingt daran orientieren möchte –, ist die Unwirtlichkeit der Moderne als einer Dialektik der Aufklärung, weshalb aber der Jude sowohl des Kapitalismus als auch des revolutionären Sozialismus »bezichtigt« werden kann.

Was dann das »antideutsche« Denken daraus macht, ist inhaltlich wirklich nicht mehr der Rede wert. Es ist wie beim zehnten Kind, das nach der Einflüsterungsreihe das ursprünglich Gesagte nicht mehr versteht, dies aber nicht zugibt, sondern mit großer Emphase verkündet, was es gerade meint, gehört zu haben. Das ist letztlich auch nicht sonderlich zu verwundern, denn das, was die »Antideutschen« hören *wollen*, hören sie auch. Und weil sie im Grunde dem Kapitalismus frönen, kommt es ihnen zupass, dass man angeblich den Antikapitalismus des Antisemitismus überführen kann. Ich würde sogar die Vermutung wagen, dass sie der Antisemitismus per se, mithin die Juden, herzlich wenig interessiert. Es geht ihnen um den Kapitalismus, den sie, ganz auf der Höhe der Zeit und ihres neoliberalen Geistes, ideologisch wie real retten wollen. Wenn man bedenkt, dass sie sich einst als »antideutsche Kommunisten« ausgegeben haben … Na ja, man weiß ja: tempora mutantur, et nos mutamur in illis.

»Die Rangordnung der Güter ist bei den bürgerlichen Juden weder jüdisch noch christlich, sondern bürgerlich. Der jüdische Kapitalist opfert vor der Gewalt, ebenso wie sein ›arischer‹ Klassenkollege, zuerst den eigenen Aberglauben, dann das Leben anderer und ganz zuletzt sein Kapital. Der jüdische Revolutionär setzt in Deutschland wie der ›arische‹ für die Befreiung der Menschen das eigene Leben ein«, sagte der junge Max Horkheimer, kurz bevor das dunkelste Kapitel deutscher Geschichte geschrieben wurde. Allein diese seine simple Erkenntnis ist gegen den Müll, den »Kommunisten« siebzig Jahre nach Auschwitz verbreiten, ein Feuerwerk der Aufklärung gegen den Antisemitismus: wie klassenbewusst, wie emanzipativ – wie wahr. Heute dagegen wirken Ex-Linke im Namen von Marx an einem der atemberaubendsten

Geschichtsklitterungs-Projekte der Moderne mit: Der ideologischen Neudefinition des deutschen Faschismus (samt seiner mörderischen Praxis) als Sozialismus. Die betreiben längst nicht nur »antideutsche« und klassische Neocons – sie ist Mainstream der Faschismusforschung. Da tingelt beispielsweise ein Historiker des Vereins für demokratische Kultur mit einer – in diversen Medien der Linken, aber auch von der Bundeszentrale für politische Bildung veröffentlichten – Theorie durch die Lande, die den Faschismus nicht in erster Linie als Herrschaftsform, sondern als Massenphänomen, als »Feindschaft gegen Liberalismus, Individualismus, bürgerlichen Lebensstil und Hedonismus« und vor allem als »Bruch« mit dem Kapitalismus verstanden haben will. Das ist ein Verständnis von Faschismus, für das Friedrich August von Hayek und Ludwig Mises Urheberschaft beanspruchen.

Es ist ja klar, warum man diese Umdefinition braucht: Wenn sich die Praxis im Weltmaßstab neoliberalisiert hat, muss auch die Nomenklatur im Ideologischen stimmen. Der als Sieger aus dem Kalten Krieg hervorgegangene Kapitalismus muss alles ausmerzen, was ihm historisch oder künftig noch einmal in die Quere kommen könnte. Dabei geht er so sophisticated vor, wie er es auf anderen Ebenen schon immer war. Der Erfolg seiner perfiden Raffinesse hat ihm schon seit Jahren klargemacht, dass er am effektivsten ist, wenn er keine rohe Gewalt gebrauchen muss, sondern das Bewusstsein seiner Kollektive aus der Logik seiner unhinterfragbaren Herrschaft »im Guten« bestimmen kann. Das ist ja das Neue an der Ideologie des Kapitalismus, sie ist ein hermetischer Gesamtzustand, und zwar so sehr, dass es fast kein Außer-ihr mehr gibt. Althusser hat das schon vor Jahrzehnten erkannt. Und weil es nach dem Zusammenbruch des Sowjetkommunismus keinen ernstzunehmenden Gegenentwurf zum nunmehr hegemonial den Weltzustand beherrschenden Kapitalismus gab (auch nicht geben konnte), konnte sich der Kapitalismus selbstgewiss daran machen, Geschichte zu klittern und die Logik der Gegenwart ideologisch neu zu benennen. Die Mätzchen, die sich dabei die konforme Sozialwissenschaft leistet (wie etwa die Kulturalisierung des Faschismus), sind, so besehen, nichts als eine zusätzliche Dimension der bis in die letzten Poren des öffentlichen Bewusstseins eingedrungenen Ideologie des Kapitalismus auf dem historischen Höhepunkt seiner globalen Macht. Dass Sie Max Horkheimer noch (vollkommen zu Recht) zitieren, kann den Platzhaltern des gegenwärtigen Hegemonialdiskurses nur noch ein müdes Lächeln abringen. Sie haben ja die Definitionsmacht – wissen sie sich doch auf der durchideologisierten Höhe der Zeit.

Apropos »Definitionsmacht«. Galt in der Zeit, als Horkheimer seinen Aphorismus formulierte, »Ob es regnet oder schneit – der Jude ist an allem schuld!«, gilt heute als ausgemachte Sache, dass »der Moslem« das reine Böse verkörpert: Er ist ein blutrünstiger Dschihadist, Frauenschinder und Schwulen-Hasser. »Auf unsere unbeholfenen Reaktionen, auf die naiven Angebote des Dialogs, der interkulturellen Verständigung, der westlich geprägten Sehnsucht nach Harmonie und Kompromiss reagieren die Strategen des globalen Kalifats nur mit höhnischem Lachen«, sagt Mathias Döpfner, Vorstandsvorsitzender der Springer AG, und verweist auf die Verbindung des »islamischen Fundamentalismus mit dem Nationalsozialismus und Bolschewismus«. Unsere freiheitliche, tolerante, multikulturelle Gesellschaft sei den islamistischen Schurken und ihrer perfiden Hinterhältigkeit hilflos ausgeliefert. Sein neokonservativer Gesinnungsfreund Gerhard Scheit hat sogar herausgefunden, dass vom radikalen Islam »die Wiederholung Auschwitz' droht«. Und der LAK Shalom Sachsen der Linksjugend hat »nachgewiesen«, dass der Koran sowie die Geschichte des Verhältnisses des Islam zum Judentum durchwirkt ist von Antisemitismus, Pogromen von Moslems gegen Juden, Folterung und deren Behandlung als »Menschen zweiter Klasse«. Der English Defence League haben wir die »Erkenntnis« zu verdanken, dass Muslime zur Pädophilie neigen. Welche Parallelen gibt es zwischen Antisemitismus und Islam-Hass – welche Unterschiede?

Zunächst gilt es dezidiert festzuhalten, was Sie hier wie beiläufig zur Sprache bringen: Der Islam-Hass erfüllt heute in der Tat die Funktion, die der Antisemitismus in Deutschland erfüllt hat. Weil der Antisemitismus in Deutschland nach Auschwitz aber weitgehend tabuisiert (und auf jeden Fall nicht en vogue) ist, bietet sich der Islam als willkommener Ersatz für ihn an. Und zwar nicht nur, weil seit 9/11 der Hass auf den mit dem Dschihad und dem Terror gleichgesetzten Islam sich gleichsam global »legitimiert« hat, sondern weil die Moslems (im Gegensatz zu den Juden) sehr viel mehr als früher quantitativ in Deutschland präsent sind und »unter uns« weilen. Sie erfüllen die Funktion, im Fremden als solchen den Kohäsionsfaktor heranzubilden, dessen viele Deutsche offenbar bedürfen, um das ja gerade in Deutschland geschichtslädierte »Wir« zu konsolidieren. Die nationale Ich-Schwäche bildet sich am Ressentiment gegen den Fremden heran – ein traditionelles Muster der deutschen Geschichte, welches gleichwohl nicht nur in Deutschland wirkmächtig war (und ist). Man kann nun auf den Unterschied verweisen, Juden hätten sich im 19. und dem beginnenden

20. Jahrhundert immerhin in Deutschland assimilieren wollen, was die Muslime in Deutschland angeblich nicht einmal im Ansatz versuchen. Mal abgesehen davon, was die schiere Aufforderung zur Assimilation historisch wie aktuell bedeutet, sei hier darauf insistiert, dass dieser Vorwurf nur das Ressentiment zu kaschieren trachtet, das, wie gesagt, seine Wurzeln in den Defiziten des »Wirs« und nicht in dem, was die Anderen realiter sind, hat. Was dabei ein Döpfner von einer »westlich geprägten Sehnsucht nach Harmonie und Kompromiss« schwafelt, kann man ruhig unerörtert lassen. Der Westen – mit seiner unsäglichen Kolonialgeschichte und dem Imperialismus, mit den zwei von ihm ausgehenden Weltkriegen im 20. Jahrhundert und der Shoah – und harmoniesüchtig? Man sollte darauf achten, selbst noch in perfider Polemik das Mindestmaß an Anstand zu wahren. Gleiches geht an Herrn Scheit: Er wird sich schon damit abfinden müssen, dass Auschwitz ein genuines Erzeugnis Deutschlands, mithin der westlichen Moderne ist. Ich weiß nicht, womit er seine Analogie begründet, aber auch in der Banalisierung der Shoah sollte man zusehen, dass man nicht allzu borniert argumentiert. Na ja, und die Aussagen eines LAK Shalom Sachsen sind ja nun wahrlich nicht der Erörterung wert: Wenn man sich schon als vorgebliche Linksjugend auf die Durchforstung religiöser Schriften und geschichtlicher Ereignisse einlässt, sollte man doch das Mindeste an relevantem Wissen dazu aufbringen: Angeraten sei dieser »Jugend«, sich einmal die heiligen und liturgischen Schriften des Judentums in diesem Zusammenhang vorzunehmen. Man wird sich wundern, was sich da alles gegenüber den Gojim (also anderen Völkern) finden lässt. Das Christentum predigt zwar die Liebe, das stimmt. Aber war die sächsische Politindoktrination in ihren atheistischen Phasen so effektiv, dass ihre Zöglinge nicht mitbekommen haben, wie sich eine fünfzehnhundertjährige Geschichte der Beziehung von Christen zu Juden *real* zugetragen hat? Der Islam war in dieser Hinsicht ein Waisenkind im Vergleich mit der historischen Praxis der von ihrer Liebesreligion beseelten Christen im Westen. Das Verhältnis des Islams zu den Juden trat erst mit der Heraufkunft des politischen Zionismus in seine violente Phase ein. Aber was wollen wir schon mit derlei Aufklärungen bezwecken? – Wo das Ressentiment zur handfesten Ideologie geronnen ist, nützt kein Wissen mehr. Es kommt halt doch immer wieder darauf an, die Ursprünge des Ressentiments kritisch herauszuarbeiten.

Interessant ist, das diese Ressentiments gegen Muslime vor allem von exlinken Neocons bevorzugt im Zusammenhang mit einer Überhöhung alles Jüdischen ausgelebt wird: Die zivilisierte Jude als Antithese zum barbarischen Moslem. Die Mitglieder des BAK Shalom oder der Betreiber von Lizas Welt toben ihre »nationale Ich-Schwäche« – ein sehr treffender Ausdruck – an den Palästinensern oder anderen Arabern aus. Und die Reha findet dann auf dem Traumschiff Israel statt: Von der Fetischisierung der israelischen Nationalfahne und -hymne bis zur landserromantischen Anbetung der IDF und Verklärung ihrer vermeintlichen »Heldentaten«. So einen extremen Militarismus und Chauvinismus bis zum politischen Borderline-Syndrom kennt man sonst nur von Ultrarechten. Ein Beispiel ist die ebenfalls proisraelische English Defence League, die an der Heimatfront Propagandafeldzüge für den »War on Terror« führt und zunehmend militant gegen die muslimische Bevölkerung vorgeht. Gleiches gilt für den Front National oder Wilders Partij voor de Vrijheid. Meinen Sie nicht auch, das ist kein primär deutsches, sondern ein Problem der westlichen Welt und ihrer neoimperialistischen Bestrebungen?

Ja, insgesamt betrachtet, haben wir es hier unzweifelhaft mit einem über Deutschland hinausgehen Syndrom zu tun, was aber auch relativ leicht erklärbar ist: die islamische Welt stellt heute, in Europa zumal, eine viel konkretere »Bedrohung« dar als das »abstrakte« Judentum. Infolge der ökonomischen Klüfte in Weltmaßstab und der Auswirkungen der postkolonialen Migrationsbewegungen sind, wie bereits gesagt, die Muslime viel präsenter in Europa und wirken daher auch bedrohlicher als zuvor. Die neokonservativen und faschistischen Reaktionen darauf sind da in der Tat ein Symptom für Ängste vor einem neuen Weltzustand: Eine hungernde dritte Welt kommt in die satte erste; der Nationalstaat gerinnt objektiv zum Auslaufmodell des 21. Jahrhunderts; die konkreten sozialen Spannungen erweisen sich zunehmend als nicht mehr leicht sublimierbar – der ideale Nährboden für den Faschismus, wobei freilich gesagt werden muss, dass der rechtsextreme Rand lediglich ein sich artikulierendes Symptom für das ist, was längst schon tief in die »anständigen« Schichten der bürgerlichen Gesellschaft gegriffen hat. In Deutschland kommt aber das Spezifikum hinzu, dass man infolge der beachtlichen Aufarbeitungspraxis der Nachkriegszeit glaubte, sich derlei Ressentiments entledigt zu haben, und zwar als eine aus der deutschen Geschichte gezogene »Lehre«. So wurden die Juden zum Paradigma eines Tabus, welches aber dringend einen Ersatz für die klassischen Objekte des Ressentiments erforderlich machte. Nichts Günstigeres bot sich da an als die in Deutschland lebenden Muslime. Denn nun erweist sich ja, dass noch längst nicht ausgestanden ist, was man schon überwunden wähnte. Vor einigen Jahren sagte Thomas Ebermann, Deutschland sei reif: ein Zeichen »von oben« und der tätige Hass gegen Juden breche wieder aus. Das war natürlich Quatsch. Aber ein Stück Wahrheit steckte wohl auch in diesem Quatsch. Nur, nicht die Juden sind die Objekte des neuerdings (auch »von oben«) legitimierten Hassausbruches, sondern die Muslime. Die »Juden« sind nunmehr zum projektiven Objekt der »Solidarität« avanciert und sind darin zugleich auch ein Faktor der Legitimation des an den Muslimen ausgetobten Ressentiments.

Das nehmen die von der eigenen performativen Israel-Solidarität – die sie als Solidarität mit »den Juden« verstehen – besoffenen Ebermänner nicht zur Kenntnis. Islamophobie und antimuslimischer Rassismus firmieren doch längst unter dem Label »Ideologiekritik«. Kein Kabarettabend im »roten Salon« ohne ein paar Witzchen über die »Musels« (die angeblich ohnehin fast alle heimliche Hamas-Anhänger sind) – und ihre Helfershelfer: die antiimperialistische internationalistische Linke. Von dem rechten Netzwerk Politically Incorrect über die Achse des Guten bis zu »Konkret« und »Jungle World« – das wachsende Lager der »Islam-Kritiker« begegnet ihr mit emphatischem Hass, sobald sie sich auch nur des »Appeasements« gegenüber den Muslimen schuldig gemacht hat. Nachdem ein neokonservativer Extremist in Norwegen diesen Hass mal rausgelassen hatte, lobten die gemäßigten neokonservativen Brandstifter sich selbst als reflektierte Warner und Mahner – mit dem Gestus »das kommt davon, wenn man die Angst der Menschen vor der schleichenden Islamisierung nicht ernst nimmt«. Einige unterstellten den Opfern des Massakers indirekt eine Mitschuld, indem sie, wie der Journalist Ulrich Sahm, eindringlich daraufhin hinwiesen, dass schließlich viele von ihnen »antiisraelische Positionen« vertreten haben. Der »Achse-des-Guten«-Autor Bernd Zeller meint, die wahren Opfer zu kennen und spricht von einer »beispiellosen Hetze gegen Islam-Kritiker«, die den Zweck habe, dass »schön in Ruhe weiter islamisiert werden kann«. Eine der originellsten Blüten hat der »Welt«-Autor Thomas von der Osten-Sacken auf seinem Blog beigesteuert. Dort erfuhr man, Breivik sei in Wahrheit »Antiimperialist« und ein Freund des Islam.

Na ja, das alles bestärkt nur meine Behauptung, dass Antisemitismus heute durch Islam-Hass ersetzt worden ist oder zumindest doch seinen Stellenwert eingenommen hat. Denn genau so, wie Sie es in Bezug auf die Islam-Hasser beschreiben, hat man doch die Antisemiten in Schutz genommen: die Juden seien doch selbst schuld daran, dass man sie verfolgt – was müssen sie auch so sein, wie sie sind? Was müssen sie Sozialisten bzw. Kapitalisten (je nach ideologischem Bedürfnis) sein? Was müssen sie mauscheln bzw. ein besseres Deutsch als die Deutschen sprechen? Man fühlt sich sogar an die Worte jener israelischen Politikerin gemahnt, die sich nicht entblödete zu lamentieren, sie werde es den Palästinensern nie verzeihen, dass sie sie gezwungen hätten, auf sie zu schießen. Auch Zellers Erguss ist nicht unbekannt: Knappe sechs Wochen nach Yitzhak Rabins Ermordung sprach in Israel kaum jemand noch von der Ermordung des Premierministers; der gesamte israelische Hegemonialdiskurs hatte sich auf die Frage verschoben, warum jetzt alle gegen die israelische Rechte hetzen, aus deren Reihen ja der Mörder gekommen war. Bekannt ist auch der alte jüdische Witz: Ein Tag, nachdem ein Nazi seinen Schäferhund auf einen Juden losließ, ist im *Völkischen Beobachter* zu lesen: »Jude fällt deutschen Schäferhund an!« Was soll man zum Neusprech dieser Apologeten des Massakers schon großartig sagen? Nachzuweisen ist es nicht, aber zu vermuten steht, dass viele unter ihnen frustriert sind, nicht selbst mal »konsequent« handeln zu dürfen. Wie gern wären sie mal selbst losgezogen, um wahllos zu ballern. Das ist letztlich das eigentlich Erschreckende und zugleich Ekelerregende an dieser Erscheinung: Es geht nicht einmal mehr um die narzisstische Rechtfertigung des eigenen Defizits (welches man vorbewusst erkannt und anerkannt haben mag), sondern um den blanken Lustgewinn am Untergang des Hassobjektes, welchen man freilich öffentlich nicht eingestehen darf.

Ja, die Lust auf Gewalt gegen alle, die man irgendwie als »Islamisten« markieren kann, und die angeblich mit ihnen verschworene Linke ist groß. In Deutschland wird das als »Antifaschismus« verbrämt. Der Sänger der »israel-solidarischen« Elektropopband Egotronic, deren Konzerte auch noch so große Hallen linker Zentren aus allen Nähten platzen lassen, beklagt öffentlich, dass der linken Friedenspolitikerin Inge Höger »ein Einschussloch in der Stirn« fehle. Auf seiner Homepage widmet er ihr den Song »Hetzjagd auf Nazis«. Und wenn er sich vor Publikum über das »Zurückballern« der IDF im Gaza-Krieg begeistert, dann raved sich im anschließenden Konzert die teils in Israel-Fahnen gehüllte Fan-Meute schon mal an den Rand eines Blutrauschs. Woher kommen diese Verrohungstendenzen, woher die Gewalt- und Kriegsgeilheit vor allem bei der Neocon-Jugend? Ist es übertrieben, von Faschisierungstendenzen zu sprechen? Ist in Israel Ähnliches zu beobachten, oder hält man sich in Ihrem Land, wo man die Gewaltexzesse mehr oder weniger vor der Haustür hat, gar nicht mit Ersatzritualen auf?

Ich würde auf jeden Fall von Faschisierungstendenzen reden, die aber selbst der Erklärung bedürfen. Ich rede jetzt nicht von der allgemeinen Faschisierungstendenz, die die israelische Gesellschaft umtreibt, sondern von der, die die Erscheinungen belangt, die Sie benennen. Da ist in der Tat ein Unterschied zwischen Deutschland und Israel zu registrieren: In Israel ist die Möglichkeit zur Erlangung von Lustgewinn an schießender Gewalt quasi als integraler Bestandteil der normativen Sozialisation eines jeden jüdischen Jugendlichen, der seinen Militärdienst absolvieren muss, wie von selbst gegeben. Die Gewalt ist gleichsam durch die Bürger- bzw. Soldatenpflicht institutionalisiert und als solche legitimiert. Nimmt man hinzu, dass der reale Kontext des Nahostkonflikts die Gewalt auch als nationale Tugend absegnet, bedarf es keiner besonderen Exzesse im Zivilleben, um sich austoben zu können – was übrigens nicht besagt, dass die Zivilgesellschaft Israels nicht von Gewalt durchsetzt ist: Man kann nicht im Militarismus leben, ohne dass sich dieser auch auf die Umgangsformen im Außermilitärischen auswirkt. In Deutschland gibt es diese institutionalisierte Möglichkeit nicht, mehr noch: insofern sie historisch Teil der politischen Kultur Deutschlands war, ist sie seit dem Zweiten Weltkrieg und infolge seines Ausgangs weitgehend tabuisiert. Aber das Bedürfnis danach ist offenbar nicht erloschen, mehr noch, es verbindet sich mit zweierlei Projektion auf »Juden« und auf »Israel« (als Nationalstaat der Juden): Durch die neurotische Identifikation mit »Juden« wird das Bedürfnis, auch mal Opfer sein zu dürfen, projektiv befriedigt. Durch die nicht minder neurotische Identifikation mit »jüdischen Soldaten« und der israelischen Armee wird dem perversen Bedürfnis, auch wieder ballern zu dürfen, Genüge getan. Das ist zutiefst deutsch, wenn ich dieses Grundmuster mal leger pauschalisieren darf. Deutsch ist daran, dass eine tabuisierte Kultur der herrenmenschlichen Unterdrückung von Anderen, die sich einst exzessiv an Juden austobte, als eine gewaltdurchwirkte »Wiedergutmachung« an Juden durch die exzessive Aggression gegen Muslime qua Juden-Feinde wieder aufleben darf. Und wer sich diesem unbeherrschbaren latenten Bedürfnis in den Weg stellt, dem wird eben, vorläufig symbolisch, »ein Einschussloch in der Stirn« verpasst.

Welche sind die signifikanten Merkmale der von Ihnen so benannten »allgemeinen Faschisierungstendenzen« in Israel? Und wie kommt es: In der arabischen Welt herrscht – angeblich – »Frühling« und in Israel dagegen »Herbst«?

Wie es mit dem arabischen »Frühling« bestellt ist, muss man noch abwarten. Ich bin mir noch ganz und gar nicht sicher, womit wir es da zu tun haben.

Was ich aber mit den Faschisierungstendenzen in Israel meine, kann ich genauer benennen. Denn dass in Israel seit langem ein Alltags-Rassismus herrscht, und zwar sowohl in Bezug auf Juden gegenüber Arabern und – anders – in Bezug auf aschkenasische Juden orientalischen Juden gegenüber (und vice versa), ist nicht neu. Dass sich die jüdische Bevölkerung Israels seit dem Zusammenbruch des Oslo-Prozesses und dem Ausbruch der zweiten Intifada immer mehr nach rechts bewegt hat, dürfte auch nicht unbekannt sein. Neu ist, dass die institutionalisierten Ergebnisse dieser Tendenz, wie sie sich bei den letzten Wahlen und der aus ihnen hervorgegangenen Regierungskoalition manifestierten, mittlerweile einen Aktivitätsrausch der israelischen Legislative entfesselt haben, der zutiefst beunruhigend ist. Gesetze sind verabschiedet bzw. zur Verabschiedung vorgelegt worden, von denen man nicht anders als in Begriffen wie faschistoid und rassistisch reden muss. Das verwundert freilich nicht, denn in Israel herrscht in der gegenwärtigen Legislaturperiode die rechteste Koalition in der gesamten Parlamentsgeschichte des Landes. Dass es dazu gekommen ist, erklärt sich meines Erachtens aus der historischen Sackgassen-Situation, in die sich Israel bzw. der Zionismus insgesamt hineinmanövriert hat. Wie ich schon oft dargelegt habe, muss sich Israel entweder für die Zweistaatenlösung des Nahostkonflikts entscheiden, was heute durchaus dazu führen könnte, dass das Land in einen Bürgerkrieg gerät, wenn es ans Eingemachte der Rückgabe der besetzten Gebiete geht. Oder aber man entscheidet sich für die Beibehaltung des Okkupationszustands, was objektiv auf die Entstehung einer binationalen Struktur zulaufen muss. Ich glaube nicht, dass es jemanden in Israel gibt, der sich die Lage nicht klargemacht oder ihr zumindest einen leisen Einlass in sein Vorbewusstsein gewährt hat. Diesen gordischen Geschichtsknoten durchhaut man gegenwärtig durch Selbsteinmauerung, nationalistische Radikalisierung und eben damit einhergehender Faschisierung.

Gibt es berechtigte Hoffnung, dass aus den sozialen Protesten – vorläufiger Höhepunkt war ein Marsch von mehr als 300.000 Menschen – eine Gegenbewegung erwachsen könnte, die die von Ihnen nach der letzten Knesset-Wahl als »nach rechts gerückte Stagnation« bezeichnete Lage ändern könnte?

Man muss zunächst die herangewachsene Protestbewegung begrüßen; sie indiziert zumindest, dass große Teile der israelischen Bevölkerung aus der zivilgesellschaftlichen Lethargie erwacht sind, von der sie seit Jahren erfasst war. Ich bin der Meinung, dieses Erwachen hängt etwas mit einer ersten leisen kollektiven Ahnung davon zusammen, dass sich Israel mit seinem Okkupationsregime in eine gefährliche geschichtliche Sackgasse hineinmanövriert hat. Zugleich ist die Bewegung, weitgehend von einer Protestemphase des Mittelstands getragen, recht begrenzt in ihrem Selbstverständnis; sie will nicht als »politisch« gelten, mithin sich durch keine Parteizuordnungen spalten lassen. Das kann man taktisch zwar nachvollziehen, insofern das Massenhafte der Bewegung gewahrt werden soll. Aber das bedeutet auch, dass sie sich selbst Grenzen auferlegt, die ihre beherzte Forderung nach »sozialer Gerechtigkeit« zum Lippenbekenntnis verkommen lassen. Die führenden Personen und Gruppen der Bewegung würden sich nämlich nicht einfallen lassen, den Kapitalismus, der ja in seiner neoliberalen Netanjahu-Version den sozialen Missstand, gegen den man protestiert, produziert hat, grundsätzlich zu hinterfragen. Sie weigern sich auch, die Okkupation zum Gegenstand des Protestes zu machen, und zwar nicht nur in völkerrechtlicher Hinsicht, sondern eben auch als Faktor der ökonomischen Misere. Vor allem aber gilt zu befürchten, dass die allermeisten Protestierenden sich nicht einfallen ließen, die nationalen Tabugrenzen zu durchbrechen – sie dürften allesamt eine wirkliche Protestgewalt scheuen und kollektiv brav ihren nächsten Reservedienst absolvieren, wenn es wieder einmal an den Grenzen »heiß« werden sollte. Warum es genau dann, an den Grenzen »heiß« geworden ist, werden sich die wenigsten von ihnen fragen.

Nun ist es so, dass der bloße Versuch, die Einstaatlösung zu erörtern, sowohl von israelischen Zionisten als auch von deutschen Politikern, mittlerweile auch von vielen LINKEN, als »Antisemitismus« und »Israel-Hass« verteufelt wird. Allerdings unternehmen israelische Regierungen (das gilt ja wohl nicht nur für Netanjahu) doch überhaupt nichts (mehr), um eine Zweistaatenlösung zu realisieren – im Gegenteil. Auch Versuche von palästinensischer Seite, sie herbeizuführen, werden von Israel systematisch unterminiert, von deutschen und anderen westlichen Regierungen boykottiert. Was bleibt dann der »next generation« in Ihrem Land: Bestenfalls ein Ghetto-Dasein (viele Neocons und andere Rechte vergleichen Israel ohnehin schon lange mit dem Warschauer Ghetto und wollen die IDF als historische Nachfolger der Ghetto-Kämpfer anerkannt wissen – freilich mit dem ideologischen Zweck, für Israel uneingeschränkten und unbefristeten Opfer-Status zu beanspruchen), schlimmstenfalls Ground Zero – die christlich-fundamentalistischen Endzeit-Jünger, die seit einigen Jahren Hochkonjunktur haben, frohlocken ja bereits in Anbetracht der zunehmenden Eskalation im Nahen Osten, dass das von ihnen heiß ersehnte Armageddon naht?

Ja, gerade diese Woche hat Glenn Beck in Israel Urständ gefeiert, wobei das eigentliche Erschreckende nicht er selbst ist – was erwartet man schon von einem evangelikalen Propagandisten, der an perfider ideologischer Polemik einem Goebbels in nichts nachsteht? –, sondern dass er in Israel so viel Zuspruch erhielt, und zwar nicht nur von der vox populi inhumana, sondern auch von Vertretern der herrschenden politischen Klasse. Und doch meine ich, das Reden über die Einstaatlösung zum gegenwärtigen Zeitpunkt ist eher Ausdruck der Frustration über die Unbeweglichkeit der israelischen Realpolitik als die ernsthafte Erörterung einer realen Lösungsmöglichkeit. Aus diesem Grund meine ich, dass es in dieser historischen Phase weiterhin an der Zweistaatenlösung festzuhalten gilt, denn keines der beiden Kollektive – weder die Palästinenser noch die Israelis – sind derzeit an der Schaffung eines binationalen Staat interessiert; er ist zum gegenwärtigen historischen Zeitpunkt schlicht nicht zu haben. Dass freilich allein schon das Reden über den binationalen Staat in Deutschland als »Antisemitismus« und »Israel-Hass« verteufelt wird, hat nichts mit der Irrealität der Möglichkeit seiner Verwirklichung zu tun, sondern damit, dass sich die israelische Propaganda und ihre Verlängerung durch die verblendeten Israel-Solidarisierer Deutschlands in die Kanäle des deutschen Befindlichkeitsgesuhles eingeflossen sind und sich dort festgesetzt haben. Das muss man ungefähr so ernst nehmen, wie man heute den Namen der Linken-Partei noch als solchen ernst nehmen kann.

Die Apodiktizität, mit der in Deutschland von den einen behauptet wird, dass die Einstaatenlösung das einzig Wahre sei, und von den anderen, dass es nichts anderes als die Zweistaatenlösung geben darf, ist bisweilen befremdlich. Mehr Zurückhaltung von allen, die selbst nicht mit welcher auch immer eines Tages geeinigten Lösung werden leben müssen, wäre angebracht. Nicht jedoch, meine ich, wenn es darum geht, dafür zu streiten, die Bedingungen zu schaffen, dass es einen gerechten Frieden und keinen Kapitulationsfrieden (der niemals ein wahrer und stabiler Frieden sein kann) zwischen dem jüdischen und dem arabischen Kollektiv geben wird. Nur was kann die anständig gebliebene internationale Restlinke tun, um diesen Prozess wenigstens symbolisch (viel mehr Möglichkeiten hat sie ja wohl nicht, so schwach wie sie ist) zu unterstützen? Die Zeit drängt. Die Tragödie im Nahen Osten droht, sich vielleicht noch zur Katastrophe auszuweiten. Wenn die Zweistaatenlösung, wie Sie sagen, gegenwärtig die einzig machbare und der Interessenlage der Akteure adäquate Lösung ist – wer hat die Macht und den aufrichtigen Willen, sie durchzusetzen? Obama hat's doch nicht gebracht.

In Ihrer Frage steckt in der Tat die ganze Tragödie – des Nahostkonflikts, der Linken in der Welt, der Geschichtsperspektive. Marxisten leben immer in einer Welt, die sie nie zur Ruhe gelangen lassen kann: Sie sind einer Gesinnung verpflichtet, die sie sich, wenn es optimal kommt, zur Theorie und zum theoretischen Instrumentarium ausgebaut haben. Zugleich sind sie aber auch ganz und gar auf die Praxis ausgerichtet. Und wenn schon nicht auf die Praxis der Tathandlung, so doch auf die analytische Erörterung des praktisch Möglichen. Auf unseren Kontext im Nahen Osten bezogen: Das Ideal (mithin die regulative Idee) muss der Zusammenschluss sein, der die Antagonismen in einer Weise überwindet, dass eine friedfertige Kohabitation bzw. ein gestandener Frieden möglich wird. Ob das nun bi- oder multinationaler Staat genannt wird oder Konföderation, ist letztlich egal – auf den Willen und die Bestrebung, etwas zusammenwachsen zu lassen, kommt es an. Die historische Realität in der gegenwärtigen Phase lässt aber nicht mehr als einen Schimmer der Hoffnung und das verzweifelte Wachhalten des Prinzips zu – realpolitisch hat man's mit etwas ganz anderem zu tun: mit der Verhinderung des Schlimmsten und dem Management der sich anbahnenden Katastrophe. Da darf man zwar das erstrebte Endziel nie aus den Augen verlieren, muss aber zugleich auch alle Energie in die Verwirklichung des real Möglichen investieren. Da ist in der Tat eine Ambivalenz, die zuweilen ins Schizoide umkippen kann. Sie fragen, wer die Macht und den Willen hat, die adäquate Lösung durchzusetzen? Abstrakt gesprochen: die Realität. Es rumort in der arabischen Welt, es bewegt sich etwas in Israel, aber man ist sich der allerletzten strukturellen Ursachen des Unbehagens noch nicht bewusst bzw. noch nicht fähig, sich diese als Matrix der Praxis oder als Leitidee des zu Verwirklichenden zu formulieren. Wird es noch kommen? Weiß ich nicht. Ich hoffe es. Zu entsetzlich wäre es, wenn es nicht dazu käme. Dass aber die Menschen gemerkt haben, dass etwas an ihrer Situation nicht stimmt, davon kann ausgegangen werden. Es rumort. Und das lässt – bei allem Unbehagen angesichts des noch immer vorherrschenden falschen Bewusstseins – auch hoffen.

Abdruckverzeichnis

(1) Zionistischer und palästinensischer Nationalismus
»Zionistischer und palästinensischer Nationalismus«, in: Lawrence von Arabien. Genese eines Mythos, Begleitband zur Sonderausstellung »Lawrence von Arabien«, Oldenburg 2010, S.149–153

(2) Die Auserwählten – ein Volk ohne Grenzen
»Die Auserwählten«, in: Kunst + Kultur, Nr. 3, Oktober 2010, S.16–1

(3) Zionismus und Rassismus
»Zionismus und Rassismus«, in: Junge Welt, 17.11.2010, S. 10

(4) Die Kulturalismusfalle am Beispiel des Nahostkonflikts
»Die Kulturalismusfalle am Beispiel des Nahostkonflikts«, in: Lernen aus Geschichte, 7/10, S. 3f

(5) Juden in Deutschland – Deutschland in den Juden
»Juden in Deutschland – Deutschland in den Juden«, in: Y. Michal Bodemann und Micha Brumlik (Hrsg.): Juden in Deutschland – Deutschland in den Juden. Neue Perspektiven, Göttingen 2010, S.217–224

(6) Die Shoah-Kodierung Deutschlands in Israel
»Israel«, in: Klaus Stierstorfer (Hrsg.): Deutschlandbilder im Spiegel anderer Nationen, Reinbek bei Hamburg 2003, S. 141–154

(7) Von Interessen und Befindlichkeiten. Anmerkungen zu den deutsch-israelischen Beziehungen
»Verdinglichte Sühne. Von Interessen und Befindlichkeiten. Anmerkungen zu den deutsch-israelischen Beziehungen«, in: Klaus Holz, Heiko Kauffmann und Jobst Paul (Hrsg.): Die Verneinung des Judentums. Antisemitismus als religiöse und säkulare Waffe, Münster 2009, S.100–107

(8) Abstraktes Postulat
»Abstraktes Postulat«, in: Junge Welt, 30.6.2010, S. 10f

(9) Der Bankeinbruch. Anmerkungen zur Gaza-Flottille 2010
»Der Bankeinbruch. Anmerkungen zur Gaza-Flottille 2010«, in: Moustafa Bayoumi (Hrsg.): Mitternacht auf der Mavi Marmara, Hamburg 2011, S.27–33

(10) In der Konsensfalle. Israels konformistische Linke
»In der Konsensfalle«, in: Junge Welt, 24.1.2009, S.10–11
(11) Das Schaufenster. Avigdor Lieberman als Symptom israelischer Demokratieverdrossenheit
»Das Schaufenster. Hintergrund: Avigdor Lieberman als Symptom israelischer Demokratieverdrossenheit«, in: Junge Welt, 7.2.2011, S. 10
(12) Der Elefant und die Maus
»Der Elefant und die Maus«, in: Junge Welt, 23.6.2011, S. 10
(13) Vom Kreuz der Verdienste in Deutschland
»Vom Kreuz der Verdienste«, in: Junge Welt, 24.7.2009, S. 3
(14) Von Stiftungen und Anstiftern
»Von Stiftungen und Anstiftern«, in: Junge Welt, 2.3.2010, S. 10f.
(15) Eine Lachnummer. What's Left? – Deutschland 2011
»Eine Lachnummer«, in: Junge Welt, 12.6.2011, S. 3
(16) Adornos Kompass
Kunst + Kultur, 10. Jahrgang, 5/2003, S. 83–87
(17) Das Böse der Banalisierung
http://www.hintergrund.de/201011251260/feuilleton/zeitfragen/das-boese-der-banalisierung.html
(18) Die Macht der Realität.
Ein Gedankenaustausch mit Moshe Zuckermann über den ideologisierten Zeitgeist des Sommers 2011 in Deutschland und Nahost

Weiterführende Literatur zum Thema im LAIKA-Verlag

Bereits erschienen

laika diskurs

Régis Debray: Brief an einen israelischen Freund

In seinem Brief an den Freund Élie Barnavi, ehemaliger Botschafter Israels in Frankreich und Autor des Buches *Les Religiones meurtrières*, spricht der französische Intellektuelle Régis Debray brennende Fragen im Verhältnis zwischen Israel und Palästina, Aspekte des Judentums und des Antisemitismus in Frankreich an.

Dieser mit erstaunlicher Schärfe und Perspektive formulierte Brief vermeidet jede Provokation und ist eine Aufforderung zur notwendigen Reflexion in einem fast schon statisch gewordenen Konflikt. Beispielgebend für eine gut durchdachte und freie Argumentation hat dieses Buch die Qualität, eine produktive Debatte zu befördern.

Régis Debray: Brief an einen israelischen Freund · 112 Seiten · Preis 14,90 EUR
ISBN: 978-3942281-03-4

Edition PROVO Band 2

Moustafa Bayoumi: Mitternacht auf der Mavi Marmarar – Der Angriff auf die Gaza-Solidaritäts-Flottille

Am 31. Mai 2010 überfiel ein Kommando der israelischen Armee in internationalen Gewässern die sieben Schiffe der Gaza-Hilfsflottille. Neun Teilnehmer des Solidaritätskonvois wurden erschossen, mehr als dreißig zum Teil lebensgefährlich verletzt. Die UN-Vollversammlung stellte in ihrem am 27. September 2010 veröffentlichten Untersuchungsbericht fest, dass Israel damit international geltendes Recht gebrochen habe, einschließlich der Verletzung der Menschenrechte. Am 23. Januar 2011 veröffentlichte die Untersuchungskommission der israelischen Knesset ihren Bericht. Darin wird sowohl die israelische Regierung als auch die Armee von jeglichem Fehlverhalten freigesprochen. Der Bericht beweise, so Ehud Barak, dass Israel ein gesetzestreues Land sei, es verstehe sich selbst zu kontrollieren und die Normen und Regeln des internationalen Systems zu respektieren.

In diesem Buch berichten Teilnehmer und Journalisten von den Ereignissen der Nacht im Mai und verknüpfen sie mit ihrer Einordnung der dreijährigen Blockade des Gazastreifes sowie des jahrzehntelangen Konflikts zwischen Israel und Palästina.

Mit Beiträgen von: Noam Chomsky, Sümeyye Ertekin, Norman Finkelstein, Neve Gordon, Glenn Greenwald, Arun Gupta, Amira Hass, Henning Mankell, Paul Larudee, Gideon Levy, Lubna Masarwa, Ken O'Kneefe, Daniel Luban, Kevin Ovenden, Ilan Pappe, Henry Siegman, Ahdaf Soueif, Richard Tillinghast, Alice Walker, Stephen M. Walt, Philip Weiss, Norman Paech, Haneen Zoabi und Moshe Zuckermann

Moustafa Bayoumi: Mitternacht auf der Mavi Marmarar – Der Angriff auf die Gaza-Solidaritäts-Flottille ·368 Seiten · Preis 19,90 EUR · ISBN: 978-3-942281-88-1

EDITION PROVO Band 4

Saree Makdisi: Palästina – Innenansichten einer Belagerung

Saree Makdisi belegt anhand bisher unveröffentlichter Dokumente aus den israelischen Militärarchiven und anhand der minutiösen Dokumentation der Fragmentierung palästinensischer Gebiete seine Sicht, dass eine Zweistaatenlösung längst illusorisch geworden ist. Makdisi sieht als einzige realistische Alternative einen multiethnischen, demokratischen Staat.

Saree Makdisis Buch, nominiert für den »Humanitarian Book Award«, wurde vom amerikanischen Ex-Präsidenten Jimmy Carter als »eines der wichtigsten und besten Bücher der letzten Jahre zum Nahost-Konflikt« bezeichnet.

Saree Makdisi: Palästina – Innenansichten einer Belagerung · 418 Seiten · Preis 21 EUR · ISBN: 978-3-942281-90-4

Russell Tribunal Palästina – Die Sitzungen in Barcelona im März 2010 und in London im November 2010

> *»Möge dieses Tribunal das Verbrechen des Schweigens verhindern…« erklärte Bertrand Russell 1967 zur Eröffnung des Vietnam-Tribunals 1966. Diesem Aufruf folgt auch das sechste Internationale Russell-Tribunal zu Palästina.*

Diesem Aufruf folgt auch das sechste Internationale Russell-Tribunal zu Palästina. Das Tribunal hat keinen internationalen juristischen Status, es agiert als Gerichtshof der Völker – ein Tribunal des Gewissens angesichts von Verletzungen des internationalen Völkerrechts, die von keinem internationalen Gerichtshof geahndet werden. Grundlage des Tribunals sind die UN-Charta und die Gesetze des internationalen Völkerrechts, auf deren Kriterien basierend die Jury ihr Urteil fällt. Gleichzeitig möchten die Initiatoren und Paten des Tribunals die internationale Öffentlichkeit auf diese Verstöße gegen internationales Recht aufmerksam machen und sie zu Engagement und Protest auffordern.

Das Tribunal zu Palästina organisiert insgesamt vier Sitzungen, wovon die erste in Barcelona und die zweite in London stattfand. Die nächste Sitzung in Kapstadt (Südafrika) beginnt Ende November 2011, beschlossen wird das Tribunal Mitte 2012 mit der Abschlusssitzung in den USA. In diesem Band werden die Ergebnisse und Analysen der ersten beiden Sitzungen veröffentlicht.

Russell Tribunal Palästina – Die Sitzungen in Barcelona im März 2010 und in London im November 2010 · 704 Seiten · Preis 39,90 EUR · ISBN: 978-3-942281-07-2

Erscheint demnächst

LAIKAtheorie 20

Moshe Zuckermann: Wider den Zeitgeist Bd. II – Zur Aktualität der Kritischen Theorie und dem Kulturbegriff bei Marx

Der zweite Band der Essays von Moshe Zuckermann versammelt Aufsätze aus den vergangenen Jahren und reicht von der Adorno-Rezeption im Nahen Osten über Reflexionen zum autoritären Charakter und eine Analyse des Verhältnisses von Zionismus und Kritischer Theorie bis hin zur Auseinandersetzung mit Marx' Kulturbegriff. Die nur bedingt in inhaltlichem Zusammenhang stehenden Essays verbindet gleichwohl eine gemeinsame Leitidee – die Kontinuität emanzipatorischen Denkens aus dem Geist kritisch-materialistischer Analyse. Der Verlag setzt damit die begonnene Reihe der gesammelten Aufsätze Zuckermanns fort. Ein weiterer, dritter Band ist zurzeit in Arbeit und wird im Herbst 2013 erscheinen.

Moshe Zuckermann: Wider den Zeitgeist II – Zur Aktualität der Kritischen Theorie und zum Kulturbegriff bei Marx · ca. 180 Seiten · erscheint im 4. Quartal 2012 · ISBN: 978-3-942281-39-3

LAIKAtheorie 21

Ilan Pappe/Jamil Hilal: Zu beiden Seiten der Mauer – Ansichten zur israelisch-palästinensischen Geschichte

Ilan Pappe, 1954 in Haifa geboren, Professor für Politische Wissenschaft an der Universität Exeter, und Jamil Hilal, geboren 1940 in Bethlehem, Doktor der Soziologie und bis 1991 im Führungsstab der DFLP (Demokratische Front zur Befreiung Palästinas), unternehmen in diesem Band erstmals den Versuch, Historiker aus Israel und Palästina in einen politischen Diskurs zur Geschichte des Konfliktes zwischen den beiden Ländern zu bringen. Es geht ihnen dabei um den Dialog über Geschichte, Identität und die jeweilige nationale Metaerzählung. Was bedeutet die Nakba für das palästinensische Volk, gibt es in Israel eine historische Aufarbeitung der Vertreibung? Was sind die Ursachen und Folgen des Sechs-Tage-Krieges, was die Konsequenzen des palästinensischen Befreiungskampfes, und welche Rolle spielt die PLO? Die Konsequenz dieses Diskurses ist ein radikaler neuer Ansatz zur Lösung des Konflikts bzw. der Überwindung der jeweiligen Nationalerzählungen vor dem Hintergrund der sozialen Frage in beiden Gesellschaften.

Ilan Pappe/Jamil Hilal: Zu beiden Seiten der Mauer – Ansichten zur israelisch-palästinensischen Geschichte · ca. 570 Seiten · erschient Anfang 2013 · ISBN: 978-3-942281-38-6

LAIKAtheorie 23

Moshe Machover: Israelis und Palästinenser – Konflikt und Lösung

Moshe Machover, 1936 in Tel Aviv geboren, Mathematiker, Philosoph und politischer Aktivist, verließ Israel 1968, nachdem die Mitglieder der linken Matzpen, zu deren Gründern er gehörte, zunehmend politischer Verfolgung ausgesetzt waren. Machover ging nach Großbritannien und lehrte bis zu seiner Emeritierung am Londoner King's College Mathematik und Philosophie. Seine bekanntesten Bücher, neben den wissenschaftlichen Fachveröffentlichungen zur Mathematik, sind *The Other Israel* und *Israelis and Palestinians*. Letztgenannter Band wird nun erstmals in deutscher Übersetzung erscheinen. Machovers Essays entstanden zwischen 1966 und 2011 und reflektieren neben der Geschichte der israelischen Linken vor allem den Konflikt zwischen Israelis und Palästinensern vor dem Hintergrund der regionalpolitischen Situation sowie die Bedeutung der palästinensischen Kämpfe für eine gesellschaftliche Veränderung in der gesamten Region.

Moshe Machover: Israelis und Palästinenser – Konflikt und Lösung · ca. 400 Seiten · erscheint Anfang 2013 · ISBN: 978-3-942281-40-9

Edition Provo

Band 1: Wir sind ein Bild der Zukunft – auf der Straße schreiben wir Geschichte · A.G. Schwarz, Tasos Sagris, Void Network (Hrsg.) · 366 Seiten, zahlreiche Bilder, Paperback · dt. Ausgabe 2010 · Preis: 24,90 € · ISBN: 978-3-942281-82-9

Band 2: Mitternacht auf der Mavi Marmara – Der Angriff auf die Gaza-Solidaritäts-Flottille · Moustafa Bayoumi (Hrsg.) · Mit einem Vorwort von Moshe Zuckermann · 362 Seiten, zahlreiche Bilder, Paperback · dt. Ausgabe 2010 · Preis: 19,90 € · ISBN: 978-3-942281-88-1

Band 3: Kampf im Herzen der Bestie – Militanter Widerstand in den USA · Dan Berger · 384 Seiten, Paperback · dt. Ausgabe 2011 · Preis: 19,90 € · ISBN: 978-3-942281-89-8

Band 4: Palästina – Innenansichten einer Belagerung · Saree Makdisi · 420 Seiten, zahlreiche Bilder, Paperback · dt. Ausgabe 2011 · Preis: 21 € · ISBN: 978-3-942281-90-4

Band 5: Fesseln spürt, wer sich bewegt · Stuart Price · mit Vorworten von: Rolf Gössner, Ulla Jelpke und Heinz-Jürgen Schneider · 368 Seiten, Paperback · dt. Ausgabe 2011 · Preis: 21 € · ISBN: 978-3-942281-00-3

Band 6: Im Wendekreis des Chaos – Klimawandel und die neue Geografie der Gewalt · Christian Parenti · ca. 300 Seiten, Paperback · dt. Ausgabe 2012 · Preis ca. 25 € · erscheint im 4. Quartal 2012 · ISBN: 978-3-942281-34-8

LAIKAtheorie

LAIKAtheorie 1 **Slavoj Žižek: Gewalt. Sechs abseitige Reflexionen,** 192 Seiten, Preis 19,90 EUR, 1. Auflage erschienen im Mai 2011 · ISBN: 978-3942281-91-1

LAIKAtheorie 2 **Slavoj Žižek: Totalitarismus. Fünf Interventionen zum Ge- oder Missbrauch eines Begriffs**, 224 Seiten, Preis 21 EUR, erschienen im Frühjahr 2012 · ISBN: 978-3942281-92-8

LAIKAtheorie 3 **Slavoj Žižek: Willkommen in interessanten Zeiten!**, 96 Seiten, Preis 14,90 EUR, erschienen im Oktober 2011 · ISBN: 978-3942281-93-5

LAIKAtheorie 4 **Werner Seppmann: Subjekt und System. Der lange Schatten des Objektivismus**, 304 Seiten, Preis 21 EUR, erschienen im März 2011 – ISBN: 978-3942281-95-9

LAIKAtheorie 5 **Ilan Pappe: Wissenschaft als Herrschaftsdienst. Der Kampf um die akademische Freiheit in Israel**, 192 Seiten, 19,90 EUR, erschienen im Juni 2011 · ISBN: 978-3942281-96-6

LAIKAtheorie 6 **John Bellamy Foster, Brett Clark, Richard York: Der ökologische Bruch. Der Krieg des Kapitals gegen den Planeten**, 496 Seiten, Preis 39,90 EUR · ISBN: 978-3942281-97-3

LAIKAtheorie 7 **Werner Seppmann: Dialektik der Entzivilisierung. Krise, Irrationalismus und Gewalt**, 476 Seiten, Preis 34,90 EUR, erschienen im Oktober 2011 · ISBN: 978-3-942281-09-6

LAIKAtheorie 8 **Bruno Bosteels: Alain Badiou – Werdegang eines Streitbaren,** 192 Seiten, Preis 19,90 EUR, erschienen im Frühjahr 2012 · ISBN: 978-3-942281-98-0

LAIKAtheorie 9 **Ed Pluth: Badiou – eine Philosophie des Neuen,** 232 Seiten, 21 EUR, erscheint im 4. Quartal 2012 · ISBN: 978-3-942281-99-7

LAIKAtheorie 10 **Tiqqun: Anleitung zum Bürgerkrieg**, 152 Seiten, Preis 17,80 EUR, erschienen im März 2012 · ISBN: 978-3-942281-08-9

LAIKAtheorie 11 **Werner Seppmann: Ausgrenzung und Herrschaft - Prekarisierung als Klassenfrage** ca. 260 Seiten, Preis 22,80 EUR, erscheint zum Jahreswechsel 2012/13 · ISBN: 978-3-942281-36-2

LAIKAtheorie 12 **Markus Metz, Georg Seeßlen: Bürger erhebt euch! Postdemokratie, Neoliberalismus und ziviler Ungehorsam**, ca. 382 Seiten, Preis 24,90 EUR, erschienen im März 2012 · ISBN: 978-3-942281-11-9

LAIKAtheorie 13 **Tiqqun: Alles ist gescheitert, es lebe der Kommunismus!**, ca. 400 Seiten, erscheint 2012 · ISBN: 978-3-942281-12-6

LAIKAtheorie 14 **Rainer Just, Gabriel Ramin Schor (Hrsg.): Vorboten der Barbarei. Zum Massaker von Utøya**, 144 Seiten, Preis 17,90 EUR, erschienen im Oktober 2011 · ISBN: 978-3-942281-19-5

LAIKAtheorie 15 **Daniel Bensaïd: Die Enteigneten. Karl Marx, die Holzdiebe und das Recht der Armen**, 120 Seiten, Preis 14,90 EUR, erschienen im März 2012 · ISBN: 978-3-942281-22-5

LAIKAtheorie 16 **Samir Amin: Das globalisierte Wertgesetz**, 136 Seiten, Preis 14,90 EUR, erschienen im März 2012 · ISBN: 978-3-942281-21-8

LAIKAtheorie 17 **Slavoj Žižek/Costas Douzinas (Hrsg.) Die Idee des Kommunismus Bd. I**, 280 Seiten, Preis 24 EUR, erscheint zur Frankfurter Buchmesse 2012 · ISBN: 978-3-942281-28-7

LAIKAtheorie 18 **Slavoj Žižek/Alain Badiou (Hrsg.) Die Idee des Kommunismus Bd. II**, 296 Seiten, 24 EUR, erscheint zur Frankfurter Buchmesse 2012 · ISBN: 978-3-942281-29-4

LAIKAtheorie 19 **Moshe Zuckermann: Wider den Zeitgeist Bd. I. Aufsätze und Gespräche über Juden, Deutsche, den Nahostkonflikt und Antisemitismus**, 216 Seiten, Preis 21 EUR, erscheint zur Frankfurter Buchmesse 2012 · ISBN: 978-3-942281-35-5

BIBLIOTHEK DES WIDERSTANDS

Die BIBLIOTHEK DES WIDERSTANDS dokumentiert und reflektiert Kämpfe für soziale Veränderung, weltweit von den Sechziger Jahren bis heute. Jeder Band ist ein LAIKA-Mediabook: ein Hardcover-Buch mit einer Dokumentarfilm-DVD. Rund einhundert Bände wird die Reihe insgesamt umfassen. Viele Filme erscheinen dabei erstmals im deutschsprachigen Raum. Die Bibliothek des Widerstands wird herausgegeben vom LAIKA-Verlag in Kooperation mit der Tageszeitung *junge Welt.*

Band 1: Der 2. Juni 1967
24,90 €, ISBN: 978-3-942281-70-6

Band 2: Angela Davis
24,90 €, ISBN: 978-3-942281-71-3

Band 3: Schrei im Dezember
19,90 €, ISBN: 978-3-942281-72-0

Band 4: Krawall
19,90 €, ISBN: 978-3-942281-73-7

Band 5: Rebels with a Cause
19,90 €, ISBN: 978-3-942281-74-4

Band 6: The Weather Underground
26,90 €, ISBN: 978-3-942281-75-1

Band 7: Die Schlacht um Chile
29,90 €, ISBN: 978-3-942281-76-8

Band 8: Dass Du zwei Tage schweigst unter der Folter!
24,90 €, ISBN: 978-3-942281-77-5

Band 9: Panteón Militar – Kreuzzug gegen die Subversion
19,90 €, ISBN: 978-3-942281-78-2

Band 10: Attac – Gipfelstürmer und Straßenkämpfer
24,90 €, ISBN: 978-3-942281-79-9

Band 11: Mir – Die revolutionäre Linke in Chile
19,90 €, ISBN: 978-3-942281-80-5

Band 12: Rudi Dutschke – aufrecht gehen*
29,90 €, ISBN: 978-3-942281-81-2

Band 13: Phoolan Devi – Die Rebellin*
19,90 €, ISBN: 978-3-942281-83-6

Band 14: Mumia Abu-Jamal
24,90 €, ISBN: 978-3-942281-84-3

Band 15: 25. April 1974 – Die Nelkenrevolution*
24,90 €, ISBN: 978-3-942281-85-0

Band 16: 5. Mai 68 – Die Phantasie an die Macht
29,90 €, ISBN: 978-3-942281-86-7

Band 17: Die blutigen Tage von Genua 2001 – G8-Gipfel, Widerstand und Repression
24,90 €, ISBN: 978-3-942281-87-4

Band 18: Lieber heute aktiv als morgen radioaktiv I – Die AKW-Protestbewegung von Brokdorf bis Wyhl
29,90 €, ISBN: 978-3-942281-01-0

Band 19: Lieber heute aktiv als morgen radioaktiv II
29,90 €, ISBN: 978-3-942281-02-7

Band 20: Black Panther*
24,90 €, ISBN: 978-3-942281-04-1

Band 21: Wir wollen Alles – Häuserkampf I* – Der Beginn einer Bewegung
29,90 €, ISBN: 978-3-942281-05-8

Band 22: Wir wollen alles – Häuserkampf II* – Der Kampf geht weiter
29,90 €, ISBN: 978-3-942281-18-8

Band 23: Lieber heute aktiv als morgen radioaktiv III – Die Krebsfälle in der Elbmarsch/ Der GAU in Fukushima
29,90 €, ISBN: 978-3-942281-02-7

Band 24: Lieber heute aktiv als morgen radioaktiv IV* – Gorleben und der Castor-Widerstand
29,90 €, ISBN: 978-3-942281-26-3

*erscheint im Laufe des Jahres 2012